教师教育系列教材

儿童心理发展与家庭教育

刘 梅 编著

清华大学出版社

北京

内 容 简 介

这是一本将儿童心理发展和家庭教育相结合的家庭教育指导类专业书籍。

本书系统地阐述了家庭教育的含义、性质、教育原则与具体方法,以及各年龄阶段儿童心理发展的特点、心理发展的关键内容、影响儿童心理发展的主要因素和不同年龄阶段儿童易出现的各种问题。同时,详尽地解答了家庭教育中困扰家长的一些实际问题,如家长应具备什么样的人生态度、价值理念和知识能力,如何避免家庭教育中出现误区,如何表扬孩子,惩罚孩子时需要注意哪些问题,如何做好儿童的早期教育,如何促进儿童的智力发育,如何避免儿童的不良情绪,如何培养身心健康的孩子,如何培养孩子良好的语言表达能力,如何帮助孩子做好幼小衔接,如何教会孩子学习,孩子逆反怎么办,如何预防青少年的心理问题,孩子说谎怎么办等问题。相信这些内容将有助于教师及家长科学地了解儿童、正确地引导儿童、理智地帮助儿童顺利健康地发展。

本书适合作为师范类心理学、学前教育学、初等教育学等专业的教材,也可供非师范类专业的学生、幼儿教师、教育工作者、心理学爱好者、社会工作者等阅读。

图书在版编目(CIP)数据

儿童心理发展与家庭教育/刘梅编著. —北京:清华大学出版社,2022.3
教师教育系列教材
ISBN 978-7-302-60244-6

Ⅰ. ①儿⋯　Ⅱ. ①刘⋯　Ⅲ. ①儿童心理学—师资培训—教材 ②儿童教育—家庭教育—师资培训—教材　Ⅳ. ①B844.1 ②G782

中国版本图书馆 CIP 数据核字(2022)第 035953 号

责任编辑:陈冬梅
封面设计:刘孝琼
责任校对:李玉茹
责任印制:宋　林

出版发行:清华大学出版社
　　　　　网　　　址:http://www.tup.com.cn, http://www.wqbook.com
　　　　　地　　　址:北京清华大学学研大厦 A 座　　　邮　　编:100084
　　　　　社 总 机:010-83470000　　　　　邮　　购:010-62786544
　　　　　投稿与读者服务:010-62776969, c-service@tup.tsinghua.edu.cn
　　　　　质量反馈:010-62772015, zhiliang@tup.tsinghua.edu.cn
　　　　　课件下载:http://www.tup.com.cn, 010-62791865

印 装 者:小森印刷霸州有限公司
经　　销:全国新华书店
开　　本:185mm×260mm　　印　张:12.25　　字　数:291 千字
版　　次:2022 年 5 月第 1 版　　　　　印　次:2022 年 5 月第 1 次印刷
定　　价:49.80 元

产品编号:082335-01

前　言

　　中国现代幼儿教育的奠基人、著名儿童教育家陈鹤琴先生曾经说过，家庭教育必须根据儿童的心理始能行之得当，若不明儿童的心理而妄施教育，那教育必定是没有成效可言的。

　　笔者写这本书，主要是缘于多年前所做的一个心理咨询案例。当时，来访者是一位重点高中的学生，由于心理出现问题，无法上学，妈妈带他来咨询。孩子一见面就对笔者说："阿姨，我去意已决！我现在之所以没死，是想在死之前买个录音笔留遗言，再买个保险箱留遗书，然后我就 game over(结束游戏)。"在笔者做了心理评估之后，发现这个孩子患有严重的抑郁症，而且有自杀倾向。于是，笔者立即建议妈妈带孩子到医院接受住院治疗。这位妈妈在得知孩子至少需要半年或一年的治疗时间后，说："那孩子的学习怎么办？"听了妈妈的话，笔者陷入了深深的反思：为什么会出现这种情况？这个孩子平时承受了多大的压力？面对孩子的心理问题，妈妈怎么会如此无动于衷？问题出在哪里？试想一下，如果妈妈了解关于孩子心理发展的相关知识，对孩子的成功与成才有准确的认知，是不是就不会这么焦虑？是不是就不会让孩子感觉活着比死去还要痛苦？

　　于是，笔者希望通过本书，详细介绍儿童心理发展的特点及规律，以及教师必须具备的人生态度、价值理念、教育的知识和技能，帮助教师了解孩子、掌握科学的教育方法，做到因材施教。

　　在本书的编写过程中，正值第十三届全国人民代表大会常务委员会第二十五次会议对《中华人民共和国家庭教育法(草案)》进行审议。该法案明确了家庭教育不仅是家庭内部的事务，也事关公共福祉。对于家庭教育，既要充分尊重父母或者其他监护人的自主性，也要有效发挥政府、学校和社会的促进作用，必要时进行国家干预，从而加强家庭教育的价值引领和教育功能，促进未成年人德、智、体、美、劳全面发展。家庭教育被正式纳入国家教育事业发展规划和法治化管理轨道。

　　世界上没有两片完全相同的树叶，也没有两个完全相同的孩子。最好的教育就是适合孩子的教育。

　　世上没有万能的钥匙，因为锁是不一样的，因此，本书也不可能包括家庭教育的所有内容。但是，如果能起到让家长学会思考，进而做出适当的改变，就已经足够了。笔者只是期待更多的人关注家庭教育，关心孩子的健康成长！

编　者

目　　录

第一章 家庭教育的前提——了解儿童心理的发展

家庭教育应从了解孩子的心理发展开始!

中国著名儿童心理学家、教育家陈鹤琴先生曾指出,总起来说,小孩子是好游戏的,是好奇的,是喜欢合群的,是好模仿的,是喜欢野外生活的,是喜欢成功的,是喜欢别人赞许他的。

儿童发展心理学为家庭教育的阶段性目标、家庭教育的针对性和科学性提供科学的理论依据和指导。一方面,儿童发展心理学指导家庭教育者把受教育对象的和谐、全面、健康发展作为教育的基本价值取向,保证家庭教育者充分认识、理解受教育者的心理发展规律;另一方面,儿童发展心理学对家庭教育者认识并理解自身心理发展、反思教育手段、改变现有教育方式有积极作用。

一、心理发展的含义

在心理科学中,一般从两个方面研究心理发展问题:一是广义的心理发展;二是狭义的心理发展。

从广义而言,心理发展包含心理的种系发展、心理的种族发展和个体心理发展。(1)心理的种系发展是指动物种系演进过程中的心理发展,研究它的学科领域是比较心理学,也称动物心理学。动物心理学是对动物演进过程中从反射活动到心理的出现,由低级动物到高级的类人猿心理(与人类心理接近,但有本质差异)的不同级别的现存代表进行比较研究,以构成动物心理发生发展的大致图景。(2)心理的种族发展是指人类历史发展过程中的心理发展,研究它的学科领域是民族心理学。民族心理学是对不同历史发展阶段各民族的心理进行比较研究,以探讨人类心理的历史发展轮廓。(3)个体心理发展是指人的个体从出生到成熟,再到衰老的整个生命历程的心理发展,研究它的学科领域是个体发展心理学。个体发展心理学是对人生命历程中各个年龄阶段的心理发展特点进行研究,以揭示现代人心理发展的规律。

狭义的心理发展仅指个体心理的发展,即指人的个体从出生到成熟,再到衰老的整个生命历程的心理发展。

一个人出生的时候是否具有心理?他的心理是怎样产生的?在人发展的各个年龄阶段(胎儿期、婴儿期、幼儿期、童年期、少年期、青年期、中年期、老年期),心理又是怎样发展变化的?它是按照什么规律发展变化的?这些发展变化在人的生活和教育上具有怎样的意义?……这些都是研究个体心理发展时必须阐述的问题。

二、儿童心理发展的含义及特点

儿童心理发展是指从受精卵形成到个体成熟，个体身体和心理上所发生的系统的、连续的变化过程。发展就意味着变化(但不是所有的变化都是发展)。儿童心理发展的变化有三个特点：一是系统性，即有序的、有规律可循的、模式化的，因而也是可预测的；二是连续性，即变化中依然保持着原有的成分或样子，如一个孩子，从襁褓中长到能牙牙学语，再到蹒跚学步，接着到进入幼儿园、小学、初中、高中等阶段，他的变化体现在从外形到语言，再到思维方式、情绪、人格等方面，而不变是指他(她)还是他(她)，没有变成别人，是一个连续的发展过程；三是持久性，即在时间上，变化有一个相对较长的持续时间，而不是暂时性的(如疾病引起的变化)，或瞬息万变的(如极短的时间内引起的快而多的变化)。根据这些发展特点，我们把儿童心理发展划分为以下几个阶段：胎儿期(受精卵形成至胎儿出生，约 280 天)、婴儿期(1～3 岁)、幼儿期(3～6 岁)、童年期(6～12 岁)、少年期(12～15岁)、青年初期(15～18 岁)。

三、儿童心理发展的性质

儿童心理发展具有特定的性质，主要有以下四点。

1. 儿童心理发展具有整体性

儿童心理是各种心理过程和现象(知、情、意和人格)有机联系的整体，心理发展是在各种心理过程的相互作用中实现的。理解心理发展的整体性需要把握两个要点：其一，作为整体的心理活动有其独特的质的规定性，它不等同于各种心理现象特征相加的集合；其二，心理的发展是在各种心理过程紧密联系、相互制约、相互作用的互动关系中进行的。例如，人格的形成，是在知、情、意三个心理过程的发展中逐渐形成的；同时，人格特征又通过不同的心理过程体现出来，如勤奋、积极、努力的人格特征，是在不断学习和坚持工作中逐渐养成的；反过来，一个勤奋努力的人，会在学习和工作中形成良好的人格特征。

2. 儿童心理发展具有社会性

儿童心理发展是受社会环境制约的，是在社会生活条件下及人际交往过程中实现的。以不同历史时期的儿童观为例即可看出，儿童观的不同导致了儿童处境的差异(见表 1.1)。

表 1.1　儿童观的一些特点

历史时期	特　点
古代	(1)儿童实际上不被当作人看待，杀婴行为并不少见； (2)发展不成熟的婴儿可能被看成不完全的人
中世纪欧洲	(1)较高的婴儿与儿童死亡率； (2)没有一个清晰的儿童观，儿童被看成"小成人"，而不是将儿童看作需要培养与引导的个体； (3)必要时会让儿童去参加工作或承担成人的职责

续表

历史时期	特　点
18 世纪的欧洲	(1)贫困以及情感上的漠不关心导致普遍的弃婴现象； (2)较高的婴儿死亡率； (3)严厉惩罚违反法律的儿童
19 世纪的欧洲与北美洲	(1)工业化有助于将儿童作为手工劳动者广泛地使用在工厂、矿山、田地、商店等地方； (2)对儿童具有矛盾的态度
今天的发展中国家	(1)5 岁以下的儿童死亡率仍较高，通常死于可预防的疾病； (2)对儿童权益有了更多的认识； (3)越来越多地使用疫苗接种来减少可预防疾病导致的死亡
今天的工业化国家	(1)加速发展的社会与技术的变化带来崭新的冒险与挑战； (2)儿童能接触大量的信息与娱乐活动，数量多得无法想象； (3)离婚率显著增长、家庭变小、出生率降低，出现更多不愿意生育孩子的夫妻、更多比例的老人及"年轻成人"； (4)电视与色情、游戏与暴力、网络与网瘾问题严重，儿童出现新的恐慌：怕父母离婚，怕孤独

📖 知识窗 1-1

现代的儿童观

(1) 儿童是一个社会的人，他应该拥有基本的人权(见表 1.2)。

表 1.2　儿童的基本权利(部分)

类　别	具体内容
民权与自由	(1)出生就有姓名权与国籍； (2)思想、良心与宗教的自由； (3)隐私的保护； (4)不受折磨或者其他丧失体面的对待或惩罚； (5)不被判处死刑及终身监禁
家庭环境	(1)在家庭中，对儿童的照顾与养育，父母有主要的受到国家帮助的职责； (2)儿童不能被带离家庭，除非有清晰的证据表明，是为了儿童更大的利益； (3)如果儿童被剥夺了家庭，抚养他的职责就由国家承担
健康与福利保护	(1)生命权； (2)获得可达到最高标准的身体健康和心理健康的权利； (3)为那些具有特殊需要的儿童提供特殊保育； (4)基本的生活标准与权利
教育休闲与娱乐权	(1)为所有儿童提供免费的义务教育； (2)学校的纪律要尊重学生的尊严； (3)学校教育方案要适应学生的社会性、身体以及心理的发展

续表

权利类别	具体内容
特殊的保护措施	(1)要确保没有 15 岁以下的儿童直接参加战争或者被招进武装力量中； (2)法庭要特殊对待儿童，要考虑儿童的年龄，主要是对其进行引导，而不是惩罚； (3)消除对剥削的恐惧

注：每一名儿童(包括 18 岁以下的任何人)，都有特别的与生俱来的权利。

资料来源：联合国《儿童权利公约》。

(2) 儿童是一个正在发展的人，故而不能把他们等同于成人，或把成人的一套规则强加于他们，或放任儿童自然、自由地发展。

(3) 儿童期不只是为成人期做准备，它具有自身存在的价值，儿童应当享有快乐的童年。

(4) 儿童是具有主体性的人，能在各种丰富的活动中不断构建自己的精神世界。

(5) 每个健康的儿童都有巨大的发展潜力。

(6) 幼儿才能的发展存在递减法则，开发得越早就开发得越多。

(7) 儿童的本质是积极的，他们本能地喜欢和需要探索学习。他们的认知结构和知识宝库是在自身与客观环境交互作用的过程中逐渐完成自我构建的。

(8) 实现全面发展与充分发展，是每个儿童的权利，其先天的生理遗传充分赋予了他们实现全面发展的条件，只有全面发展才能得到充分发展。

(9) 儿童的学习形式是多样的，如模仿学习、交往学习、游戏学习、探索学习、操作学习、阅读学习。成人应尊重幼儿学习的各种形式，并为他们提供相应的学习条件。

3. 儿童心理发展具有活动性

儿童心理发展是主体与客体之间相互作用的结果，而主客体相互作用的桥梁就是活动。心理发展不能简单地以先天排定的发展程序展开，也不能机械地归结为由后天环境所决定。对心理发展起决定作用的是主体与客体之间的相互作用。两者的相互作用是指：外界环境对个体的刺激和要求；主体对客观环境采取的一系列活动；动作和活动是主客体相互作用的中介。

这里的动作和活动包括外部动作和内化活动两个方面。活动的内化，也就是将外部的活动逐步改造为内部智力的活动。这也就是说，内化是一个过程。内化过程是一种特殊的转化过程，表现为概括化、言语化、简约化和超越化。在这里，超越是指能够超出外部活动的界限而转化为内部的智力活动。

4. 儿童心理发展具有规律性

儿童心理发展的规律性表现在心理发展的普遍性和特殊性的统一、心理发展的方向性和顺序性、心理发展的不平衡性等方面。

四、儿童心理发展的规律

1. 儿童心理发展是普遍性和特殊性的统一

每个孩子的心理发展都具有特殊性，不存在两个人心理特征完全相同的现象，这是心理的个性。儿童心理发展又有共性，即从个性中抽象出来的共同特征。如幼儿期的儿童普遍都表现出活泼好动、好奇好问，这是共性；但是每个幼儿活泼好动的程度与其他幼儿的程度又有所不同，这是个性。这就体现了儿童心理发展具有普遍性和特殊性相统一的规律。

2. 儿童心理发展具有一定的方向性和顺序性

儿童心理发展的方向性，是指心理发展的指向性，即发展的趋向是从简单到复杂、从低级到高级的发展。心理发展的顺序性，是指心理发展遵循确定的序列，如婴儿期、幼儿期、童年期、少年期等不同阶段定向连续的发展变化。这个发展次序是固定的，不能错乱。心理发展的方向性和顺序性是先天排定的向性和序性程序。正因如此，父母在教育孩子时，不能操之过急，必须学会耐心等待，要遵循孩子心理发展的规律，慢慢陪着孩子不断地成长。

3. 儿童心理发展具有不平衡性

儿童心理发展的不平衡性是指儿童的心理发展并不是随年龄的增长匀速发展的，而是按不均衡的速率向前进展，即在发展历程中，6岁之前是第一次发展加速期，6～12岁为平衡发展期，12～15岁是第二次发展加速期，也称为青春反抗期，18岁后进入缓慢变化阶段。整个儿童时期的发展具有快速期和非快速期的差别。

4. 儿童心理发展是连续性和阶段性的统一

儿童心理发展是一个连续构建的过程，个体心理随时间变化而不断发展变化，是一个连续的过程。但在连续性进程中又呈现不同的阶段性发展特点，是一个既有连续性又有间断性的过程，整个过程表现出若干连续的阶段，不同阶段有不同的质的内涵，表现出个体不同的心理年龄特征，既不能超越阶段等级，也不能颠倒顺序。所以，对儿童的教育要以儿童发展的阶段特点来进行，切不可跨越阶段对孩子进行超越其年龄承受的教育，否则就会影响孩子的正常发展。

五、儿童心理发展的关键期

关键期(critical period)，是指个体对环境(积极或消极)影响的敏感性增强的一段时期，在这段时间内发生的事情可能对其以后的发展依然有着决定性的影响。

关键期是个体在发展过程中受环境影响最大的时期。这期间，如果生长在适宜的环境中，儿童会习得良好的行为习惯，发展也会特别迅速；如缺乏适宜的环境，则会引起儿童病态反应，甚至阻碍儿童日后的正常发展。心理学家曾广泛研究儿童感知觉、语言、情绪、个性品质发展的关键期，以及关键期的发展对儿童日后发展的影响。结果表明，6 岁前的儿童具有巨大的潜力，是很多心理现象发展的关键期。所以，教育工作必须关注儿童心理发展关键期的问题，需要家长及教师注意选择最佳时机对儿童进行教育：既不能操之过急，盲目地揠苗助长、超前教育；又不能错失发展的关键时机，充分发挥幼儿学习潜力，促进儿童心理的健康发展。

📚 知识窗 1–2

关于敏感期的故事——"劳伦兹妈妈"

诺贝尔奖获得者康拉德·劳伦兹，曾经进行过一项有趣的实验。他把灰腿鹅的蛋分作两组孵化。第一组蛋由母鹅孵育，孵出的幼鹅和母鹅生活在一起。第二组蛋在人工孵化器里孵化，幼鹅出生后不让它们看见母鹅，而是让它们最先看到劳伦兹本人。结果，第二组幼鹅将劳伦兹当作母亲而形影不离地追随。

如果把两组幼鹅放在一起，用一个箱子将它们扣住，过一会儿再把箱子提起，受惊的幼鹅会朝两个方向跑：由母鹅养育的幼鹅朝母鹅跑去，而由劳伦兹抚养的幼鹅则向他跑来。劳伦兹把幼鹅的这种学习行为命名为印记。印记是指处于发育早期的幼龄动物追随生活环境中某一合适物体的学习现象。除了雁、鸭等鸟类，很多昆虫、鱼类和哺乳动物的幼龄个体同样具有印记学习能力。

印记学习只在特定时期才发生，我们称这个特定时期为敏感期(在人类心理发展中被称为关键期)。不同物种的敏感期长短相差很大。一般来讲，哺乳动物和其他生命周期长的动物的敏感期较长，人类婴儿的敏感期可从第 18 个月持续到 3 岁。生命周期短、性成熟快的动物敏感期较短，往往只局限于出生或孵化后前几小时或前几天。如果在此期间剥夺动物进行印记学习的机会，那么以后就不会再出现这种学习。

印记学习是一种局限性很强的学习方式，但其具有独特的不可逆性，是它区别于其他学习形式的重要特征。因此，需要利用个体发展的敏感期(关键期)，促进个体的良好发展。

儿童心理发展的关键期包括以下几个阶段。

(1) 婴儿期(1～3 岁)是个体感知觉、动作、情绪和依恋关系发展的关键期。

(2) 幼儿期(3～6 岁)是游戏、口头语言、自我评价和人格塑造的关键期。

(3) 童年期(6～12 岁)是学会学习、道德发展、同伴关系和亲子关系发展的关键期。

(4) 少年期(12～15 岁)是缓解心理冲突、自我意识第二次飞跃、预防心理社会问题的关键期。

(5) 青年初期(15～18 岁)是人生观、价值观快速形成的关键期。

六、关注儿童心理发展关键期的意义

儿童心理发展关键期问题的核心在于，儿童早期发展对毕生发展的关键意义。儿童早期发展对个体长期发展具有深远的影响。

(1) 儿童早期发展的优劣,对毕生心理发展的质量具有重要影响。

(2) 儿童早期是独特的发展时期,婴幼儿身体、心理、社会性和情绪都经历了特有的发展历程。

(3) 儿童早期的发展变化既迅速又显著,这些变化是个体获得动作、交流、游戏和学习能力的标志。

(4) 个体发展的早期对负面影响(营养不良、情感剥夺)最为敏感,且早期不良教育的后果可能持续终身。

结合前文分析可以看出,儿童在某个时期最容易习得某种知识和技能,或形成某种心理特征,而错过了这个时期,有关方面的发展会出现障碍,且难以弥补。

📃 知识窗 1-3

印度狼孩的故事

1920 年 10 月,一位印度传教士辛格在加尔各答的丛林中发现两个由狼哺育的女孩,大的约 8 岁,小的一岁半左右。据推测,她们可能是在半岁左右被母狼带到洞里去的。辛格给她们起了名字,大的叫卡玛拉,小的叫阿玛拉。当她们被领进孤儿院时,一切生活习惯都同野兽一样,不会用双脚站立,只能用四肢走路。她们害怕阳光,在太阳下,眼睛只睁开一条窄缝且不断地眨眼睛。她们习惯在黑夜里看东西。她们经常白天睡觉,一到晚上则活跃起来。每夜 10 点、凌晨 1 点和 3 点循例发出非人非兽的尖锐的怪声。她们完全不懂语言,也发不出人类的音节。她们两人经常像动物似的蜷伏在一起,不愿与他人接近。她们不会用手拿东西,吃东西时狼吞虎咽,如果有人或动物接近,便"呜呜"作声吓唬人;喝水也和狼一样用舌头舔。当在太阳下晒得热时,她们即张着嘴,伸出舌头,和狗一样地喘气,也不肯穿衣服,并随地便溺。

她们被领进孤儿院后,辛格夫妻异常爱护她们,耐心抚养和教育她们。总的来说,阿玛拉的发展比卡玛拉的发展快些。进了孤儿院两个月后,当她渴时,她开始会说"bhoo"(水,孟加拉语),并且较早对别的孩子的活动表现出兴趣。遗憾的是,阿玛拉进院不到一年便死了。卡玛拉用了 25 个月才开始说第一个词"ma",4 年一共学了 6 个字,7 年增加到45 个字,并曾说出用 3 个字组成的句子。进院后 16 个月卡玛拉才会用膝盖走路,2 年 8 个月才会用双脚站起来,5 年多才会用双脚走路,但快跑时又会用四肢。卡玛拉一直活到 17岁。但是她直到死也没学会说话,智力只相当于三四岁的孩子。

七、重视婴儿早期动作训练的原因

心理现象的本质是脑(神经系统)的机能,脑是心理发展的物质前提。婴儿期是大脑发育的奠基期与关键期。因此,加强婴儿动作的训练是促进婴儿大脑发育的关键,也是促进婴儿探索外界事物和与人交流的开始。因此，早期动作(双手抓握、自主爬行、独立行走)的发展对婴儿心理发展具有重要意义。

(1) 动作的发展是婴儿心理发展的源泉或前提，也是婴儿心理发展的外部表现。婴儿运用已有的动作模式和感知觉对外界刺激作出反应，获得对环境的最初的认识。没有动作，婴儿心理就无从发展。同时，婴儿动作的发展也反映了婴儿心理的发展水平(对婴儿的智力测试就是通过观察婴儿动作进行的)。

(2) 动作的发展促进婴儿认知能力的发展，为初步思维活动做准备。自主爬行和行走可以使婴儿更好地注意到视动现象——婴儿对视觉范围内物体移动以及前后变化的知觉。婴儿在翻身、爬行、走动，以及伸手够各种物体、抓握的过程中，形状知觉、距离知觉、深度知觉都能得到发展。空间知觉是由运动觉和视觉的联系来实现的，行走动作为这种联系的形成准备了条件。多方面接触物体的过程，也引起婴儿思维活动的产生。

(3) 动作的发展使婴儿的心理得到极大满足，而这种积极的心理状态又将推动婴儿更积极地去探寻新的天地，接触更多的新事物以得到更大的心理满足。

(4) 动作的发展为有目的的活动——游戏和早期学习准备条件。随着婴儿的成长，游戏将逐渐成为他们活动的主要内容。他们将在游戏中学习动作和发展各种技能，而且不断地探索了解外部世界。

(5) 动作的发展促进婴儿的独立性。伴随着动作技能的提高，婴儿探索世界的范围逐渐扩大。这不但能帮助他们深入了解这个世界，而且能帮助他们不断地提高独立应对问题的能力。

(6) 动作技能的发展加深了婴儿与父母的情感体验，促进婴儿社会性和社会交往能力的发展。

总之，人类发展是一个整体的过程：动作技能的发展对其他方面的发展有非常显著的影响。所以，需要父母重视婴儿早期动作的训练。

八、婴儿情绪发展的意义

情绪既是婴儿先天具有的反应能力，又是其社会化的开端，婴儿早期情绪是生物-社会现象。初生婴儿的情绪基本上都是生理的、本能的反应，是生理需要和机体内外某些适宜、不适宜的刺激引起的。出生后，进入人类社会环境，在人际交往中逐渐实现情绪的社会化。

情绪对婴儿生存和发展具有重要的意义，需要父母给予积极的关注。

1. 情绪是婴儿早期适应环境的首要心理承担者

婴儿出生后，要在成人的抚养下，才能生存。婴儿的生存需要各种物质条件和安全环境。成人满足婴儿的需求，需要双方的密切沟通。在婴儿习得语言能力之前，这种沟通通过感情性信息的应答来完成。婴儿对环境有需求时会通过相应的情绪发出信号，这种主动的情绪信号是先天的情绪感应能力。婴儿的种种需求就是通过情绪信息在母婴之间传递的。母婴之间良好的应答和互动使婴儿得以健康成长，心理得到发展，从而体现出情绪对婴儿生存和发展的适应性价值。

2. 情绪是激活婴儿心理活动和行为的驱动力

情绪本身具有驱动性，婴儿具有自生长、自发展的内驱力，这种内驱力可以分为两个层次。①本能性的驱动力。这是生理需要驱使有机体摄取食物和回避危险。②心理社会性驱力。对婴儿而言，单纯生理性驱动力的驱动作用，不足以实现和满足婴儿的需要，只有以情绪这种心理反应能力，把婴儿的内在需求以情绪为信号表现于外，传递给成人，才能更好地满足其基本需求。在婴儿社会化进程中，情绪的心理社会性驱动作用不断增强。随着婴儿的成长，情绪的作用进一步在社会意义上支配、控制并调节婴儿的行为。所以，情绪对婴儿心理和社会行为发展具有重要的驱动作用。

3. 情绪的社会性参照能力

情绪的社会性参照能力表现在两个方面：一是婴儿对他人情绪的分辨；二是婴儿如何利用这些情绪信息来指导自己的行动。如当婴儿处于陌生的情境时，他们往往从母亲的面孔上搜寻表情信息，以帮助自己作出反应或采取相应的行动。这种情绪能力在婴儿七八个月时才发生，之后，随年龄的增长而不断提高。

📄 **知识窗 1-4**

情绪的社会性参照能力

情绪的社会性参照能力是指情绪的信号作用和人际交往能力。这是婴儿情绪社会化的重要现象和过程。情绪的社会性参照能力对婴儿的发展具有非常重要的意义：婴儿能够通过他人(尤其是母亲)的表情信息解读他人的心理倾向，并据此来决定自己的行为；婴儿获得安全感，利于调整自己的行为；促进婴儿探索新异刺激的活动；有助于亲子情感交流，丰富婴儿的情感世界。

九、婴儿的先天差异

细心的父母会发现，出生不久的婴儿就会表现出极大的不同。

有些婴儿属于情绪性的。即情绪反应突出，负面情绪反应占优势，多表现为愤怒、悲伤和恐惧。有的主导情绪是愤怒，有的则是悲伤。

有些婴儿属于活动性的。他们表现为积极探索周围环境，乐于从事运动性游戏。其中，有些婴儿活动性很强，存在较多的攻击性行为；有些婴儿则喜欢从事富有刺激性和探索性的活动，很少有攻击性。

还有些婴儿情绪反应强烈，极易冲动。他们表现为情绪不稳定且多变，缺乏情绪和行为的自我控制能力。

更有些婴儿具有强烈的社会交往需求，能积极、主动地与他人接触和交流，与人交往时很容易表现出"自来熟"的特征。

这些差异实际上是婴儿气质类型的不同所致。心理学家(巴斯等人)根据婴儿对活动的倾向性和行为特性，将上述婴儿的气质类型划分为情绪性、活动性、冲动性和社交性四种。

🔖 知识窗 1-5

气　质

气质，通常称为脾气、秉性或性情，它是人格的生物和情绪基础。它由人的神经活动类型决定，是天生的。气质类型是指表现在人身上的一类共同的或相似的心理活动特性的典型结合。而且，气质类型没有绝对的好坏善恶之分，每种气质类型都有好的部分，也都有不好的部分。所以，父母需要有良好的心态，尊重每个孩子独特的气质类型，切不可生硬地和孩子的气质类型较劲。

对婴儿的早期教育，要与婴儿的气质特征相符合、相适应。要创设良好的抚养环境，以符合婴儿气质发展需求的方式，鼓励并促进其表现出更多恰当的行为。这样，即使孩子先天具有不良个性心理特征和消极行为，只要父母能以优化的教育积极而又正面地引导，为其创设一个良好的、和谐的家庭环境，婴儿的适应障碍就会逐渐随着年龄的增长而降低。

十、儿童期心理发展的主要内容

1. 儿童大脑的发育

脑是心理发展的物质前提。儿童的脑发育是环境和教育的基础与前提，是一生发展的奠基期与关键期。

2. 自我和社会意识发展

2～3 岁时，儿童活动能力加强，知识增多，自我意识增强，常常自行其是。这是一种自我意志的表现，常表现为不听话、拒绝成人干扰，甚至执拗，心理学上称为第一反抗期。这种反抗现象是努力要求扩大活动领域和增强自主活动的表现，是具有积极性的。家长必须用循循善诱的方法对待儿童的不听话，既不能放纵导致任性，也不能强加压制，使儿童的心理发展受到挫折，影响未来个性的形成。5～6 岁后，自制力开始形成，儿童逐渐懂得克制自己的行为。儿童入学后喜欢集体游戏，男、女学童还不清楚性别差异。8 岁以后，游戏或社会性接触使男孩、女孩开始分离。9 岁开始，在许多活动、兴趣及态度方面，出现性别差异，游戏、交友时，男孩、女孩开始分开。这种性别隔离，有时表现为冷淡、轻视，有时对立，常形成小团伙，并出现领头人。对小伙伴的批判和介意，易受同伴意见的暗示。不是很重视装束打扮，但也知道相互比较，尤其是女孩到 10 岁时已有集体荣誉感，逐渐形成集体意识。

3. 情绪

3 岁时，儿童已有分明的喜、怒、哀、乐。5 岁时，情绪明显分化，可以清楚地表现出羞耻、忧虑、嫉妒、羡慕、失望、嫌恶、希望、自我宣传等。6～8 岁时，情绪易波动，对成人的情绪变化敏感。9 岁后，情绪变得复杂，腼腆减少，自制力增加。

4. 智力

儿童一般在两岁半以后，说话及对语言的理解能力发展迅速。3～4 岁是一生中词语增加最多的阶段。关于记忆的再认作用，从 3 岁开始急速发展，数的意识也逐渐明朗，7～8 岁已能默默地思考，但对想象与现实的分化仍未完成，好发问、求知欲旺盛，但仍停留在零碎的知识上，具象理解能力较抽象理解能力强，9 岁后词汇量明显增加，抽象概念及历史的时代概念已开始发展，有了处理抽象数学的心理能力。

十一、儿童心理发展的基本特征

(1) 性格可塑性强。家庭、学校和社会的熏陶，特别是父母和老师的言行，对培养儿童性格有重要影响。父母过于溺爱，子女可能会出现任性、放肆、神经质、以自我为中心、缺乏责任心和耐力；父母对子女过于冷淡，可造成子女向他人寻求爱抚，或缺乏感情，冷淡、退缩、抑郁；父母过于严厉，可能会使子女胆怯，丧失自尊心，也可能使子女用同样的严厉态度对待弱者，向外发泄，甚至出现攻击行为。因此，对儿童教育应该做到爱而不骄，严而民主，言传身教。

(2) 好奇心强，喜欢模仿探索。儿童好奇心强、辨别力差，对新鲜事物感兴趣；模仿力强，容易沾染社会上的不良习气。

(3) 情绪波动大。儿童情绪很不稳定，富有热情但不能持久，看问题片面，好走极端，表现出一定程度的冲动性。细小成功可使其得意忘形；微小挫折又可使其垂头丧气。

(4) 智力发展最佳时期。儿童期是智力发展最快的时期，因此早期教育和早期(5～6 岁)入学是儿童智力开发的重要措施。

(5) 玩具与游戏对于增加儿童知识、促进其思维和想象力的发展有很大好处，是智力开发的一种重要手段。

十二、儿童心理发展的影响因素

影响儿童心理发展的因素主要有遗传因素、家庭因素、学校(幼儿园)教育因素和早期经验等。

1. 遗传因素对儿童心理发展的影响

遗传为儿童心理发展提供了潜在的动力设备和生物前提，遗传在与环境的相互作用中对儿童发展起着动因作用。

人通过基因遗传给后代一个足以与外界环境发生反应的生理结构和机能，这个生理结构载有潜在的智能库，储存着潜在的动作图式，储存着对外界信息加工的潜能；同时，这个生理结构具有生物性动力，具有内驱力、好奇心以及需要、情绪的先天动因，它为儿童心理发展提供物质保障。

(1) 遗传因素影响儿童智力、能力的发展。人通过遗传可以获得潜在的智能库，这种潜在的智能库在与外界相互作用的过程中被激活，每个人基因排列组合的差异，导致对外界的敏感性和倾向性的差异、对外界信息刺激加工方法的差异，从而影响人的智力和能力的差异。

遗传因素决定大脑的结构形态和大脑皮层细胞群内配置、酶系统和生物化学变化的特点以及大脑皮层神经过程的特性，会直接影响儿童智力、能力的发展。大脑两半球的一侧优势研究表明，右脑发达的人形象思维能力较强、创造力较强，左脑发达的人逻辑思维能力较强。

(2) 遗传通过气质类型影响儿童人格的发展。①气质通过影响个体与环境的相互作用来塑造人格。气质影响父母的教养方式，从而影响儿童人格的形成。遗传因素为人提供不同的生物性力，从而导致人的体质与神经系统类型的差异，表现在能力的强度、速度、分配、转化和生成方面。这就使人原始的气质有了差异，表现出气质的外部特质不同，诸如感受性、耐受性、活动性和反应持续性、反应再生性、反应灵活性、反应规律性、反应速度、反应节奏等，这是儿童人格形成的生物基础。例如，专注性强的人容易注意力集中，耐受性弱的人容易意志力差。再如，在产房中，有的新生儿安静些，容易入睡；有的新生儿好动些，手脚乱动，哭叫不停。儿童的这些先天的气质表现，会直接影响父母的教养方式。一个脾气暴躁的儿童，在等待母亲哺乳时，会大哭大叫，容易引起母亲的手忙脚乱，导致母亲对儿童态度不好，长期发展下去，儿童就易形成急躁的性格。反之，一个脾气温和的儿童，会较耐心地等待母亲哺乳，这样母亲就会高高兴兴、有说有笑地给孩子哺乳，长此以往，儿童就易形成温文尔雅的性格。尽管人的性格是后天形成的，但由于先天生理上的差异，在心理发展上也会有差异。②气质中反应性水平的差异影响人格的形成。反应性是气质中能量水平的一种行为特质，其生理机制决定刺激需求，个体为了满足这种刺激需求，经常会选择相应的情境和活动，坚持下去，就会逐渐形成一种习惯的行为方式，形成一种人格特征。研究表明，高反应性个体喜欢低刺激值的活动与环境，低反应性个体寻求具有丰富刺激的活动与环境。

(3) 变异或遗传病，可导致低能儿或非正常人格。遗传因素导致低能儿的典型例子就是唐氏综合征的出现。唐氏综合征是由染色体结构异常导致的一种疾病。正常人的染色体有23对(前22对男女都一样，最后一对女子是XX、男子是XY)。有的人在21号染色体中多了一条，即21-三体综合征，是先天愚型，可导致智力落后和行为异常。这类孩子智力严重缺陷，样子呆傻，严重者生活不能自理，智商大部分为25～45。

另外，男性的染色体中存在过多的 X 或 Y，会导致反社会行为的出现。在专门机构收容疗养的病人中，表现出过分粗暴的或侵犯性犯罪行为的 XYY 男性，比其他男性要多 2～3 倍。这就告诉我们，在不良环境的影响下，染色体变异的人反社会行为的可能性更多一些。

许多精神病患者生育孩子之后，虽然把孩子交给正常人抚养，但仍然可能会患精神病。家族研究、双生子研究和领养研究，都获得一个共同的结论：在基因上与精神分裂症患者相联系的人比基因上与精神分裂症患者没有联系的人更容易患精神分裂症。

📖 **知识窗 1-6**

关于遗传对个体影响的相关调查

赫斯顿(Heston)、丹尼(Denny，1986)对精神分裂症病人生的子女交给别人抚养和正常人生育的子女交给别人抚养的情况进行了调查。其结果表明，寄养环境(托儿所、家庭)对继子成年后的心理社会适应性并没有重大影响，这两组继子在精神病的形成中表现出的差别主要是遗传造成的。

近亲结婚所生子女，先天畸形和胎儿、新生儿死亡率比一般人高 3～4 倍。如父母都患有精神分裂症，其后代患病的概率为 46%，而一般人群当中只有 1%。如果父母当中有一方患精神分裂症，其后代患病的概率锐减到 13%，同卵双生子同时患精神分裂症的概率是异卵双生子的 3 倍。所以，直系血亲或三代以内旁系血亲之间不能结婚。

2. 家庭因素对儿童心理发展的影响

家庭为儿童心理开始形成提供最初的社会环境，为儿童心理发展奠定基础。

(1) 家庭体系对儿童心理发展的影响。家庭是儿童最初接触的社会环境。儿童与父母和其他家庭成员之间的关系，可以看作各部分相互作用的体系，家庭体系处于一组更大的体系(邻里、社区和广阔的社会)中，这些体系通过父母的价值观念、行为模式、教养方式以及对儿童的态度，直接或间接地影响着儿童。

(2) 亲子相互作用对儿童心理发展的影响。父母与子女在行为方式等方面相互影响、相互作用。研究表明，亲子关系对儿童心理发展影响极大。对儿童的行为反应，母亲若能及时给予正反馈，如相互微笑、相互玩耍，能够对自己孩子的需要、心境、行为反应给予理解，并及时给予爱抚和关照，达到母子同一性，儿童就易产生良好人格；否则，对自己的孩子冷淡、关注不够，或反应迟钝，或急躁粗心，就会造成儿童某些身心障碍。如果儿童失去母爱，得不到父母的亲近，就会造成儿童智力低下、语言障碍、冷漠孤独、性情粗暴、攻击性强、行为蛮横。伯林(Berlin)等人发现回避型儿童的母亲相对于其他类型的母亲在陌生情境中表现出更多的对儿童消极表达的控制。弗雷德里克森(Frederickson)研究认为，安全依恋促使一个人形成在沮丧时维持心理健康的能力并能增强他的洞察力等。由此可见，融洽的亲子关系能为儿童提供身体和情感的安全依赖，促使儿童与养护者形成安全的依恋关系，进而影响他对自己和他人的情感和期望，产生情绪动机功能。

(3) 家庭结构对儿童心理发展的影响。家庭中不同的人际交往与儿童青少年心理发展有密切的关系。目前我国家庭的主要结构有两种类型：一种为"核心家庭"，即两代人家庭；另一种为"扩展型家庭"，即三代人(或四代人)家庭。两代人家庭与三代人家庭对幼儿在独立性、自制力、敢为性、合群性、聪慧性、情绪特征、自尊心、文明礼貌及行为习惯 9 种个性品质的发展上有较大的差异。①两代人家庭的幼儿个性发展水平高于三代人家庭的幼儿。②两代人家庭的幼儿个性的 9 种品质均要好于三代人家庭的幼儿；9 种品质中，有 6 种存在显著差异，其中独立性、自制力、行为习惯的差异特别显著，而合群性和聪慧性则无显著差异。两种类型家庭均以合群性、文明礼貌的发展水平较高。③两代人家庭与三代人家庭的幼儿个性发展在 3 岁阶段并没有显著差异，但从 4 岁以后差异开始显著，并随年龄的增加而扩大。④3 岁幼儿除独立性外，其他各项中两代人家庭与三代人家庭均无显著差异，从 4 岁以后个性的诸品质差异性才明显地暴露出来，体现出不同家庭结构的不同教育与影响对幼儿个性形成和发展的制约作用。

(4) 家长抚养方式对儿童心理发展的影响。对婴幼儿采取什么样的抚养方式，对儿童青少年心理的形成有很大的影响。西方人在谈中国子女养育方式及儿童心理发展时认为，中国很少像西方那样，让孩子单独在一张床上或一个房间里睡觉，小孩子与父母同睡，经常被抱在母亲怀里，与母亲之间经常有密切的身体接触，这一方面使他们获得充分的安全感，另一方面也使他们养成了依赖感。西方青年独立性较强，中国青年依赖性较强，这在早期的抚养方式上可以找到原因。

过去有些中国父母，孩子刚生下来，就用带子绑住他们的手脚，西方人认为，这一抚养方式象征着中国父母喜欢限制儿童活动。在成年早期"不许乱动""要听话"的告诫，也会影响其日后的性格。因此，中国人与西方人比较起来，表现出"抑制""谨慎"的特性。

研究发现，家长在教育方式上有两个重要的行为维度：接受—拒绝和限制—允许。这两种行为维度构成不同的教养方式，而父母的教养方式直接影响儿童的心理发展。鲍姆林特(D. Baumrind)研究认为，民主—权威型父母对儿童既高度控制、提出合理要求，又积极鼓励儿童独立自主，尊重儿童人格，这样的儿童有能力、有责任心、独立性强、自信、善于控制自己、爱探索、喜交往。专制型父母对儿童缺少理性控制，滥用家长职权，不尊重儿童的看法，较粗暴专制，温暖、慈爱少一些，这样的儿童有中等能力，独立性、自我控制能力弱一些，往往易忧虑、多疑、不喜欢和同伴交往。放任型父母对儿童随随便便，缺乏管教，任其发展，这样的儿童独立性差、依赖性强、不善于自我控制，遇事易紧张或退缩。因此，民主—权威型教养方式较好，而专制型、放任型教养方式较差。

(5) 家长特征对个体心理发展的影响。班杜拉强调，人的人格是在观察学习过程中获得的，所以父母的政治态度、意识形态、思想作风、兴趣爱好、言谈举止、生活习惯、情绪状态、气质风度、性格特征、价值取向、思维方式、认知风格等对儿童心理发展都有巨大的影响。有的父母和蔼可亲、通情达理、乐观洒脱，孩子也就善于与人交往；有的父母放荡不羁、行为野蛮、打架斗殴，孩子往往也蛮不讲理、攻击性强。离异的父母对其孩子的人格影响较大，正验证了"不幸的婚姻产生不幸的孩子"这句话。许多研究表明，离婚父母或分居父母的孩子的过失行为比正常父母的孩子更为普遍。

3. 学校(幼儿园)教育因素对儿童心理发展的影响

(1) 教育的主导作用。学校(幼儿园)教育是由教育者按照一定的教育目的、一定的教育内容，采取一定的教育方法对儿童施加有目的、有计划、有系统的积极影响的过程。实施教育的主要场所是学校和幼儿园。儿童的大部分时间都是在学校里度过的，一天 6 小时，每周 5 天，每年 36 周，这样算下来到高中毕业大约有 15 000 小时。学校(幼儿园)教育对儿童心理的发展起着巨大作用，它影响着儿童的记忆、思维、问题解决以及社会道德认知的发展。教育对儿童心理发展的这种主导作用充分体现出教育与发展的辩证关系，具体表现在以下几个方面。

①儿童心理的发展依赖于教育提出的要求和指出的方向，如果没有适于儿童心理发展的教育，儿童心理就无法得到发展。②教育可以使儿童不断掌握知识技能，同时促进儿童心理能力的发展。③教育可以加速或延缓儿童心理发展的进程。关于小学生运算思维品质培养的相关实验研究说明，小学生运算思维的智力品质可以通过教育来培养。④教育可以使具有一般遗传素质的人成为科学家，使学习困难的学生变为优等生，使问题儿童成为生产能手，使遗传素质有缺陷的人获得一定的能力。总之，教育能使心理发展的可能性变成发展的现实性。

(2) 教师领导类型对学生的影响。教师的领导类型对班集体的风气有决定性影响，另外对课堂教学气氛、学生的社会学习、态度和价值观、人格发展以及师生关系均有不同程度的影响(见表 1.3)。

(3) 教师人格特征对学生的影响。具有热忱关怀、真诚坦率、胸怀宽广、作风民主、客观公正、自信自强、耐心自制、坚韧果断和热爱教育事业等品质的优秀教师，会在教学中体现出这些优良的人格特征，也能更有效地培养儿童的良好人格特征。

表 1.3　教师领导的类型、特征及学生的反应

教师的领导类型	教师的领导特征	学生的反应
强硬专断型	(1)对学生时时严加监视； (2)要求学生接受命令和遵守严格的纪律； (3)认为表扬会"宠坏"儿童，所以很少给予表扬； (4)认为没有教师监督，学生就不能自觉学习	(1)屈服，但一开始就厌恶和不喜欢这种领导； (2)推卸责任是常见的事； (3)学生易被激怒，不愿合作，可能背后伤人； (4)教师一离开课堂，学生学习就明显松散

教师的领导类型	教师的领导特征	学生的反应
仁慈专断型	(1)不认为自己是一个独断专行的人; (2)表扬学生,关心学生; (3)他专断的症结在于他的自信,他的口头禅是"我喜欢这样做"或"你能让我这样做吗"	(1)大部分学生喜欢他,但看穿他这套办法的学生可能恨他; (2)在各个方面都依赖教师——在学生身上没有多大的创造性; (3)屈从,并缺乏个人的发展; (4)班级的工作量可能是多的,质量也可能是好的
放任自流型	(1)在和学生打交道时,几乎没有什么信心,或者认为学生爱怎样就怎样; (2)很难做出决定; (3)没有明确的目标; (4)既不鼓励学生,也不反对学生; (5)既不参加学生活动,也不提供方法或帮助	(1)不仅道德差,而且学习也差; (2)学生中有很多"推卸责任""寻找替罪羊""容易被激怒"的行为; (3)没有合作; (4)谁也不知道应该怎么做
民主型	(1)和集体共同制订计划和做出决定; (2)在不损害集体利益的前提下,很乐意给别同学提供帮助、指导和援助; (3)尽可能鼓励集体活动; (4)给予客观的表扬和批评	(1)学生们喜欢学习,喜欢同别人尤其是教师一起工作; (2)学生工作的质和量都很高; (3)学生相互鼓励,而且独自承担某些责任; (4)不论教师在不在课堂,行为问题都很少

(4) 教师期望对学生的影响。著名的"皮格马利翁效应"表明,教师对学生的期望、期待、热情关注是影响学生学业成绩和人格品质的重要因素。

(5) 教师与学生的关系效应。学生与教师的相互交往,特别是教师对学生的态度是学生心理发展的重要成因。

(6) 教育教学组织方式影响着学生心理的发展。班级学生数量的不同,影响着学生心理的发展。研究表明,较小规模的班级往往更有利于学生的学习和人格发展。学生越少,教师花在维持纪律上的时间就越少,而用来培养学生自我约束能力的时间就越多,学生之间的交流也就越积极,也越具有合作性。

4. 早期经验对儿童心理发展的影响

早期经验的获得,对儿童一生的发展具有重要作用。

(1) 胎内环境直接影响胎儿发育。胎儿已能对母腹内外的刺激有反应,母亲的营养、情绪、健康等直接影响胎儿的发育。

(2) 早期经验影响儿童智力的发展。生理学对脑的研究指出,从胚胎到 2 岁,脑基本发育成形,所以早期经验对智力发展影响很大,早期经验能充分发挥大脑潜力,幼儿已具有 140 亿个神经细胞,如果采取措施使其潜力充分得以发挥,可使现代人更聪明。

(3) 亲子关系影响儿童的心理发展。儿童一出生，就需要与母亲或看护人相互交流，这种亲子之情是儿童最初的社会化情感，婴儿如果经常从母亲那里得到抚爱，他的性格就会比较温和友爱，形成信赖感。如果婴儿失去母亲的积极关注与照料，母爱剥夺对儿童心理有直接不良影响。心理学家哈洛(H. F. Harlow，1970)曾把出生不久的小猴单独养在一个物质条件丰富的笼子里，使其失去与母猴及其他小猴相互交流的机会，一年后发现，被隔离的小猴情绪不稳定、恐惧、畏缩、不合群、无探究行为、攻击性强。斯皮兹(P. A. Spitz，1945)对孤儿院儿童的研究发现，这里的儿童虽然能得到充分的生理需求，但得不到必要的亲子之情，他们表现出痴呆、冷漠、孤僻、智力水平低等状况。鲍尔比(J. Bowlby)对 15～30 个月的婴儿被迫离开母亲的分离焦虑现象的研究认为，婴儿与母亲分离，不仅直接引起婴儿失望反抗的苦恼情绪，而且容易导致病态人格的发生。

十三、儿童心理发展的相关理论对家庭教育者的启示

1. 正确认识受教育者

(1) 受教育者的心理发展具有阶段性，必须遵循客观规律进行教育，盲目地超前教育是不可取的。

(2) 每个受教育者都具备与其发展阶段相适应的学习能力，存在着成长的巨大潜力，需要教育者提供适宜的生长环境，不要对受教育者施加过大的学习压力。

(3) 受教育者具有学习的选择和批判的能力，他们不是被动、消极地接受，而是有着独立的品格和见解，所以教育者要尊重受教育者，与他们平等相处。

(4) 受教育者的性格是在和谐与合作的环境中逐渐养成的，所以他们性格的发展应当在拓宽知识和增长经验的过程中逐渐走向成熟，而不是单一地拓宽知识。

(5) 教育的结果重要，教育的过程同样重要。受教育者接受教育的过程不仅是一个接受知识的过程，也是一个不断发现问题、分析问题、解决问题的过程。

2. 家庭教育者的角色意识

(1) 家庭教育者是受教育者自我成长的促进者，而不是控制者。家庭教育者不能把传授作为自己的主要任务和目的，而应成为受教育者成长的激发者、引导者，各种能力和积极个性的培养者，把教育的重心放在如何促进受教育者人格的发展上。家庭教育者应从"道德说教者"的传统角色中解放出来，成为受教育者健康心理、健康品德的促进者，引导受教育者学会自我调适、自我选择。

(2) 家庭教育者是教育发展的研究者，不是传统经验的复制者。家庭教育者在教育过程中要以研究者的心态置身于教育情境中，以研究者的眼光审视和分析教育理论与教育实践中的各种问题，对自身的行为进行反思，对出现的问题进行探究，对积累的经验进行总结，逐渐形成规律性的认识。

3. 家庭教育者和受教育者的关系

(1) 在教育和被教育的过程中，双方共同成长。

(2) 在教育与被教育的地位上，双方彼此平等、互相尊重。

(3) 在教育与被教育的互动中，双方相互沟通、相互启发，从而达成共识、共享、共进。

第二章　家庭教育的内涵

苏联教育家苏霍姆林斯基曾把儿童比作一块大理石，他说把这块大理石塑造成一座雕像需要 6 位"雕塑家"：一是家庭；二是学校；三是儿童所在的集体；四是儿童本人；五是书籍；六是偶然出现的因素。从排列顺序上看，家庭被列在首位。可见，家庭在塑造孩子的过程中起到极其重要的作用，这是学校教育和社会教育所不能替代的。

一、家庭教育的定义

家庭教育就是在日常生活中，家长有意识地通过言传身教、交流等方式，对子女施以一定的教育影响，继而家庭成员彼此相互影响的一种社会活动。

家庭教育通常包括以下几项内容：教育的主体是家长；教育的对象是子女；教育的主要场所是家庭；教育的目的是教育孩子学做人、做好人，成为对国家和社会有用的人；教育的途径是家庭生活环境和父母及周边人的影响；教育的方法是通过言传身教、权威影响、魅力感召等。

📖 知识窗 2-1

家庭教育内涵的演变

随着社会的发展，家庭教育的性质和功能、内容和方法也在不断地发生变化。传统的家庭教育在人们心目中的含义就是家长对子女的照顾和教导，而现在，家庭教育概念的演变表现为以下五点。

(1) 从认为家庭教育就是家庭内部的私事，发展到家庭教育是关乎全社会的事情。

(2) 从认为家庭教育是一个封闭的系统，发展到家庭教育必须与学校教育、社会教育相联合和合作。

(3) 从认为家庭教育就是家长对于子女的教育，发展到家庭成员之间的相互教育和影响。

(4) 从认为家庭教育只是对学前孩子的教育，发展到终身教育，所有家庭成员在各个年龄阶段都受家庭教育。

(5) 从认为家庭教育的任务就是学习生活技能，处理家庭人际关系，发展到各个方面促进家庭成员的身心健康和全面发展。

家庭教育内涵的演变，标志着社会的进步以及人们对家庭教育认识的进步。

二、家庭教育的独特性

家庭教育是由家长塑造和营造一个适宜子女成长的环境，通过环境和家长的言传身教对孩子进行熏陶、耳濡目染的隐性持续性的教育。它不同于学校教育和社会教育，既不具有系统的知识性和专业性，也不需要社会专业人士来教授。它更多地取决于家长的主观能动性、对家庭教育先进理念的认知度、对家庭教育科学技能和方法掌握运用的有效性。

📖 **知识窗 2-2**

家庭教育重要性的经典语录

家庭教育是社会肌体的一个细胞，孩子降生以后，第一个学校便是家庭，作为这个学校的第一任教师，便是他的父母。

——托尔斯泰

一个国家如果科技文化不发达，那一定是他们的学校教育出了问题；如果社会风气不良好，则一定是他们的家庭教育出了问题。

——王东华

家长教育孩子的任务是完成孩子精神人格的塑造，即培养孩子的六大精神软件：一是自尊心，二是自信心，三是责任心，四是主动进取的精神，五是学习兴趣，六是良好习惯。

——董进宇

在一个人或者是一个绅士的各种品性之中，德行是第一位的，是最不可缺少的。他要被人看重，被人喜爱，要使自己也感到喜悦，或者也还过得去，德行是绝对不可缺少的。如果没有德行，我觉得他在今生来世都得不到幸福。

——洛克

我们可以向母亲和父亲讲，从儿童懂事的初期起，就应该让公民的品德在儿童心灵中形成、树立和巩固起来。公民意识和公民情感发源于儿童时代。播在儿童心灵中的一粒小小的种子，会生出茁壮的幼芽，长出深根。

——苏霍姆林斯基

播下一个行动，收获一种习惯；播下一种习惯，收获一种性格；播下一种性格，收获一种命运。

——詹姆士

家庭教育真正的困难并不在于孩子身上的问题太大，而在于父母头脑中的障碍太多。广泛的无知、狭隘的观念、简陋的思维反映出家长的认知缺陷。假如一个人的胃有问题，那么他吃再多的美食也无法获得营养；假如父母自己的认知有缺陷，那么再多的知识和建议也无济于事。

——孟迁

父母对自己的要求，父母对自己家庭的尊敬，父母对自己一举一动的检点，这是首要的和最基本的教育方法。

——马卡连柯

没有父母的爱培养出来的人，往往是有缺陷的人。

——马卡连柯

父母的说教是"显教育"，父母的行为是"潜教育"。

——刘梅

三、成功家庭教育的影响因素

1. 家庭的结构

家庭的结构是指家庭人员的构成及其排列顺序。中国现有的家庭结构主要有核心家庭、扩展家庭、缺损家庭(单亲家庭和重组家庭)。

2. 家庭的经济条件

家庭的经济条件是指家庭收入的多少，家庭生活水平的高低。家庭的经济条件与家庭教育有着重要的关系。

3. 家庭的生活方式和文化氛围

家庭的生活方式是指家庭成员之间处于什么样的关系，家庭成员在长期的生活中形成什么样的生活习惯和生活作风。

家庭的文化氛围是指家庭的精神生活状态，家庭成员有什么兴趣、爱好、追求。

家庭生活方式和文化氛围构成了家风。

4. 家长的素质

家长的素质关系孩子的成长。家长的素质包括道德素质、文化素质、心理素质和教养素质。道德素质决定家庭教育的指导思想和方向；文化素质衡量对知识的重视程度；心理素质影响孩子的人格完善；教养素质决定孩子的发展方向。

四、家长的素质对家庭教育的影响

家长的素质对家庭教育的制约是很强的，它直接制约着家庭教育的成败、水平和方向。家庭教育的执行者是家长，无论什么教育思想、教育观念、教育原则、教育内容都要通过家长去贯彻执行。家长在家庭教育中起主导作用，是家庭教育诸多因素中最关键的因素，是影响家庭教育诸多因素中最重要的因素。

每一个人，从做父母的那一天起，就自然而然且责无旁贷地承担起抚养、保护、管理、教育孩子的责任。父母对子女所负的责任是多方面的，不仅要保障子女的身体健康，还要传授其知识、发展其智力，培养其适应社会生活的各种能力；对他们进行思想品德教育，培养他们高尚的审美情趣。

孩子是父母的影子。特别是小孩子，他们年龄小模仿力强，可分辨能力不足，跟什么人就容易学什么样，大人对他们的影响是不容忽视的。父母同孩子天天生活在一起，潜移默化，耳濡目染，孩子的道德、品质、性格、言行举止都会深深地打上家长的烙印。

所以，家庭教育与其说是家长教育子女的过程，不如说是家长如何提高自身的素养和育子能力的学习实践过程。

五、核心家庭对家庭教育的影响

核心家庭或称二代家庭，由父母与子女组成，这是目前我国家庭中比例最高的家庭。它的特点是人口少，关系简单。核心家庭对家庭教育有两方面的影响。

1. 核心家庭对家庭教育的有利因素

(1) 家长肯下功夫。核心家庭由父母与子女组成，父母与子女是直接的血缘关系，关系非常亲密。父母与子女根本利益一致，子女的发展直接关系父母的切身利益。因此，父母对子女特别关心，肯下功夫，能投入全部心血和精力，物质投资和智力投资充足，愿意满足孩子精神和物质的需求，家长的这种责任心是教育好孩子的重要条件。

(2) 易于建立感情。核心家庭人口少，一般都是三口或四口之家，家长与孩子直接接触的时间较多，易于建立感情。家里最高的权威就是父母，孩子没有别的依赖，只能听父母的。家长也只有对孩子全面负责，没有别人的助力，没有别的指望，更易于尽心尽责。

(3) 矛盾少。核心家庭的家庭关系简单，层次少，矛盾就少，有了矛盾也易于协调，教育思想容易统一。

2. 核心家庭对家庭教育的不利因素

(1) 教育力量小。核心家庭人口少，教育力量小。教育的力度往往取决于父母的工作性质，如果父母忙于自己的事业，没时间管孩子、管理孩子不当，或者父母争吵、冷战，则孩子的教育往往容易缺失或者不健全。

(2) 容易放任自流。核心家庭父母大多有工作，或工作繁忙，如果孩子课余时间在家中无人照顾，就容易放任自流，受社会不良环境的影响养成不良生活习性。

(3) 孩子较孤独。核心家庭人际关系简单，孩子在家接触不到其他人，又没有玩伴，容易产生孤独感。如果父母的生活习惯是较封闭的，不喜欢出门，不善与人交往，亲戚朋友又接触得少，则不利于培养孩子的人际交往能力。

(4) 父母有分歧，孩子遭罪。核心家庭的父母双方如果脾气不合，观点相左，容易产生争执。对孩子的教养问题的处理，非常容易成为父母矛盾冲突的导火线。孩子因为父母的争吵，会备受恐惧，有时还成为"出气筒"。

📖 **知识窗 2-3**

核心家庭如何教育孩子

(1) 分工明确化。家长应该充分发挥自己在家庭中的优势，比如让擅长家务的家长管理家政工作；让擅长学习的家长督导孩子的学业等。同时父母之间也要尽力克服不利因素，彼此谦让和协调，配合默契。

(2) 管理制度化。可以共同商议，制定比较合理易行的家规，然后大家相互督促，照章办事。家长应该每天安排一定的时间和孩子一起交流、学习。

(3) 周末社会化。家长要扩大交际圈，休息日多和亲朋好友来往，让独生子女不会感到孤独，并学会人际交往。

(4) 培养能力化。要培养和锻炼孩子的生活自理能力，加强分辨能力、抵制能力和信息筛选能力，增强道德选择能力，这样即使父母双方都忙于自己的工作，也不怕自己孩子受到外界的不良影响。

六、扩展家庭对家庭教育的影响

扩展家庭是指由祖辈、父母和孩子组成的家庭。当然也有些家庭包括曾祖辈，即四世同堂。

1. 扩展家庭对家庭教育的有利因素

(1) 教育力量大。扩展家庭人口多，家庭层次多，第一个优势就是教育力量大。在这种家庭里，祖父母可以协助父母照顾、管理、教育第三代，孩子可以得到更多的爱和更充分的教育，生活上的照顾和日常的管理也比较周到。孩子在家也可以得到应有的照顾和教育，不至于"脖子上挂着钥匙"满大街跑，而且，寒暑假无人照顾的问题也得到了解决。

(2) 容易学会人际交往。家庭层次多，关系复杂，孩子在家可以学到如何处理人际关系，如何孝敬老人。家庭生活丰富，情商就高，在这样的家庭中生活的孩子社会化意识就会增强，处理各种关系的能力就会提高。

(3) 有老人直接参与教育。家庭中有老人参与教育更有利于孩子成才，因为老人是过来人，教育孩子的经验比较多。老年人一般比较细致，教育也会更深入。

2. 扩展家庭对家庭教育的不利因素

(1) 矛盾多。扩展家庭层次多，关系复杂。特别是祖辈和父辈年龄差距大，观念不同，习惯相异，对生活的理解不同，对孩子的教育态度也就不同。在教育方式、教育内容、教育态度上往往有分歧。这是不同的经历造成的，很难完全一致。如果处理不好，就会相互抵制，甚至使孩子形成两面性格。

(2) 隔代溺爱严重。扩展家庭中更容易溺爱。众所周知，隔辈人的爱更"厉害"，祖辈人把孩子看成一颗明珠。结果造成孩子的自私、任性，患上"四二一综合征"。

(3) 易形成"代沟"。扩展家庭中权威最大的是祖辈，而祖辈往往观念比较陈旧，跟不上时代步伐。可孩子年纪小、观念新，与祖辈形成鲜明对比。这往往会造成矛盾，形成"代沟"，给家庭教育增加困难。

📖 知识窗 2-4

扩展家庭如何教育孩子

首先，祖辈人要更新观念，跟上时代步伐，向孩子靠拢，与孩子形成理解的关系。当然优良的传统不能丢，要把传统美德与现代意识有机地结合起来，这样就不会形成"代沟"。

其次，要增强理智的爱，防止溺爱，教育孩子要学会爱他人，把"溺爱"变成"逆爱"。

最后，家庭内部要一致，教育要形成合力。

📖 知识窗 2-5

隔代教育应注意的问题

最应该注意的是：平时多与晚辈沟通，多交流育儿经验，以弥补隔代教育的不足。

(1) 不要因为怕危险而限制孩子的活动，如孩子的摸爬滚打，只要注意保护孩子就不会出事。

(2) 不要总是抱着孩子，要让孩子多与大自然接触，每天至少有一个小时的户外活动。

(3) 尽量让孩子自己动手做事，不要包办或代替孩子做其能做的事情。

(4) 如果长辈与晚辈观念上有冲突，要多进行沟通，不要固执己见，要多向晚辈学习新的育儿理念与方法，提高自己科学育儿的水平。

(5) 不要因为自己当年没有满足儿女的需求，以"补偿"心理来养育孙辈。

(6) 在对待孙辈的态度上，要与孩子的父母保持一致。

(7) 避免纵容孩子养成贪吃零食、不按时吃饭的习惯。

(8) 避免按自己的口味做饭，让孩子吃得过咸，孩子的口味应该清淡一些。

(9) 适当增减孩子的衣服。在运动时，尽量不要给孩子穿过多的衣服，否则会影响孩子的运动能力和抵抗力。

(10) 不以买东西的方式讨好孩子，以免养成孩子与大人讨价还价的坏毛病。

七、缺损家庭对家庭教育的影响

缺损家庭是指孩子因某种原因失去父亲或母亲，而与父亲或母亲组成的单亲家庭。心理学家把18岁以前失去父亲、母亲或双亲的家庭称为"不幸家庭"。单亲家庭属于不幸家庭。现在缺损家庭中比例最高的是父母离异造成的单亲家庭，少量的是因为父亲、母亲或双亲去世。缺损家庭对家庭教育的影响，总体上是不利的，主要有以下几点。

1. 精神影响

缺损家庭的家长在精神上受到打击，影响家庭教育的效果。因丧偶、离异，家长精神上有极大的失落感，精神负担重，心理压力大，无心管教孩子，因而容易对孩子放任。更为严重的是因丧偶或离异，家长往往精神上受到极大的打击，出现变态心理。家长情绪不正常，沉闷、孤独、烦躁，这些不正常情绪会直接影响孩子，使孩子的情绪低落。孩子心理上受到刺激，心灵上受到伤害，易出现孤僻、胆怯、冷漠的心理，或出现冒险、野蛮的行为。

2. 思想影响

缺损家庭的家长为了弥补子女失去的父爱或母爱，而过于娇惯溺爱，就会使孩子形成不健康的思想。特别是离异的家庭，家长怕对孩子管严了，孩子就跑到父亲(母亲)那里去告状，怕孩子的父亲(母亲)把孩子夺走，于是千方百计地拉拢孩子、迁就孩子，使孩子变得任性、自私。而离异的双方都想和孩子亲近，都溺爱孩子，往往使孩子钻空子，变成一个"小油条"。

3. 舆论影响

舆论的影响会加重孩子的心理负担。缺损家庭的孩子往往比较害怕舆论，怕小朋友和街坊邻居谈论自己的家庭。父母离异的孩子在父母离异前，在家庭逐步走向破裂的过程中已饱尝了家庭"战争"的苦恼，离异后又饱尝了孤独的苦恼。如果别人再经常拿父母离婚的事取笑他，他的心情会受到极大的打击。这样的孩子往往在情感、性格方面会受到不良影响，甚至产生心理疾病。

4. 个性影响

爱的缺损造成孩子个性的畸形发展。离异家庭的孩子如果缺少母爱，对孩子的影响很大。母爱对孩子特别是幼年期的孩子来说是最伟大的爱、不可缺少的爱。失去了母爱就会使孩子的心理产生巨大的震动、空虚和悲伤。孩子长大了也离不开母爱，母爱蕴含了温情、细腻、善良、勤劳和无私的奉献，这些对孩子的成长都是不可或缺的。

父爱对孩子也是很重要的，虽然失去父爱不会像失去母爱那样产生强大的震动，但失去父爱对孩子性格、情感的影响比失去母爱还要大。父爱在孩子心里就是坚强、勇敢、刚毅、果断、幽默、豁达、能力的象征。父亲在，孩子就有一种安全感，父亲那种对艰难挫折的承受力和克服困难的毅力，是意志磨炼的精神支柱。

对孩子来说，父爱和母爱都不能缺失，缺了哪一种爱都容易让孩子产生心理阴影，都会对孩子造成不良影响。家庭教育中"阴盛阳衰"或"阳盛阴衰"都容易使孩子性格畸形发展。

📑 知识窗 2-6

缺损家庭如何教育孩子

(1) 鼓励孩子勇敢面对现实。告诉孩子不要被父母的离异吓倒。大人离婚不是孩子的错，没有必要不敢见人，不要有自卑感，要顶住舆论的压力。家长应鼓励孩子自信、自尊、自强、自立。

(2) 给孩子更多的爱。对于离婚的家庭，孩子无论和谁一起生活，父亲或母亲都要给孩子安稳的生活，让孩子觉得，不论和谁在一起生活，都没有情感上的缺憾。

(3) 要让孩子接触异性亲友(指与家长异性的亲友)，以补偿孩子失去的感情。如母亲应带孩子多与男性亲友往来，使孩子多受男性影响，以弥补自己在性别上的不足；反之，父亲应让孩子多接触女性的亲友。虽然这些亲友代替不了亲生父母，但孩子在性格上却可以得到适当的补偿。

(4) 鼓励孩子融入社会。单亲子女，特别是父母离异的单亲子女，往往会受到来自社会各方面的歧视，他们的性格容易变得内向、自卑，甚至孤僻。家长要多和孩子进行思想交流，在精神上给予支持。教育孩子自尊、自强、自爱，鼓励他们积极参加集体活动，不要逃避社会，主动与人交往，虚心向他人学习，培养自己开朗、乐观的性格。

八、家庭经济条件好对家庭教育的影响

1. 家庭经济条件好对家庭教育的有利影响

家庭经济条件好对家庭教育来说是一件好事，它增强了家庭教育的底气，最大的优势是可以增加智力投资。

家庭经济条件好是家庭稳固的重要条件，当然不等于说条件好就安定、没矛盾，但相对来说，因为吃和穿吵架的机会就会减少。家庭富裕给孩子创造了一个舒适、温暖的环境，这些条件对子女身心发展是有利的。

2. 家庭经济条件好对家庭教育可能产生的不良影响

家庭富裕本是好事，但家长如果不会利用富裕的条件来教育孩子，好事也会变成坏事。比如说家长用钱买爱、买时间、买责任。事实上，现在很多问题孩子都是因父母忙于赚钱，无暇顾及陪伴孩子成长，结果，等父母钱赚够了，也发现孩子的心离父母越来越远。

还有的父母对孩子放任，让孩子任意挥霍，使孩子欲望膨胀，最后养成又馋又懒，贪图享受的"公子哥"。有的家长挣钱多，财大气粗，自恃有钱，对孩子就搞封建家长制那一套，结果引发孩子的逆反心理。更严重的是，有的家长有钱后，不知怎么花钱，在家赌钱，生活不检点，搞得家破人亡。

常言道："富不过三代。"原因不在于孩子，而在于家长忘记了自己致富的原动力就是吃苦耐劳和顽强的毅力，而自私地剥夺了孩子独立成长的机会。

九、家庭经济条件差对家庭教育的影响

1. 家庭经济条件差是家庭教育的不利因素

经济是基础，没有好的经济基础很难有好的教育。家庭经济收入少，入不敷出，生活极端困难，这样的家庭智力投资相对较少，很难保证有好的家庭教育。孩子在社会上也容易受歧视，这些对孩子身心的发展是不利的。

另外，家庭生活困难、负担重，家庭成员之间因经济问题而发生冲突和矛盾的可能性就大一些，争吵会多一些。家长在强大的经济压力下生活，往往会形成压抑的心理，整天为生活愁眉苦脸，唉声叹气，有时还会因此而责骂孩子。

2. 家庭经济条件差可以转化为有利因素

家长要善于将经济条件差转化为有利因素，可以顺势对孩子进行艰苦朴素的教育。在暂时还不能马上脱贫致富的情况下，在精神上不要垮，要以乐观精神对待困难，正视困难，并利用困难教育孩子。古代就有"寒门出贵子"之说，很多成功人士都有童年苦难的经历。

十、家风对家庭教育的影响

家风是一种综合的教育力量，它是思想作风、生活习惯、情感、态度、精神、情趣及其他心理因素等多种成分的综合体。它通过日常生活影响着孩子的心灵，塑造着孩子的人格，是一种无言的教育、无字的典籍、无声的力量，是一种最基本、最直接、最经常的教育。它对孩子的影响是全方位的，孩子的政治态度、世界观、人生观、性格特征、道德素养、为人处世及生活习惯，没有一个方面不打上家风的烙印。可以说有什么样的家风就有什么样的孩子，正如法国教育家卢梭所说，"家庭生活方式本身就是一种教育"。

知识窗 2-7

和谐家风检测

(1) 家庭成员理智，善于调节和控制自己的情绪。

(2) 家长不当着孩子的面吵架，相亲相爱。

(3) 家长与孩子保持亲密无间的关系。

(4) 家庭成员尊敬老人，关心老人。

(5) 孩子的朋友来家做客时家长表示热情的欢迎。

(6) 与邻里和睦相处。

(7) 家长开朗、乐观，不在孩子面前流露愁苦、抑郁等情绪。

(8) 家庭成员对客人热情、诚恳。

(9) 对有困难的人同情、关心和帮助。

(10) 以友善的态度为人处世。

十一、良好家风的内涵

1. 积极向上的精神风貌

当今社会工作、生活压力大，有点不满意是正常的，但在孩子面前，应当克制，少说泄气的话。家长要在家庭中营造积极向上的氛围，与孩子一起讨论时事政策，从正面引导孩子热爱祖国、热爱党、热爱社会主义。在这样的家庭里，孩子有了思想问题，家长能帮他们提高认识。积极向上的环境会使孩子感到一股推动力，鼓舞他们积极向上，朝气蓬勃地生活。他们能从家长身上汲取力量，为形成自己高度的政治责任感和正确的人生态度打下良好的基础。

2. 和睦的家庭关系

良好家风的重要基础是团结、平等、和谐的家庭关系。家庭关系不正常，互相指责、埋怨、争斗，孩子在家庭中面对的是冷淡、冷酷、敌对情绪，会在心里留下痛苦的伤痕。

◪ 知识窗 2-8

家庭关系对孩子的影响

1. 家庭关系影响孩子的身体健康

1967年，美国学者鲍威尔等人对13名年龄在3～11岁个子长得矮小的孩子进行了观察，结果显示：孩子个子长得矮小，不是因为孩子患了生长发育激素不足的疾病，而是他们家庭的家庭关系造成孩子精神情绪上的障碍，导致孩子发育迟缓。观察还发现，13个孩子中有5个孩子的父母是离婚或分居的，3个在婚姻上闹纠纷，还有5个孩子的父母关系不和，行为不端。在这些家庭中，父母的恶劣情绪常发泄到孩子身上，使孩子的大脑皮层受到不正常的刺激，孩子的神经系统功能失调，导致内脏功能阻碍，造成孩子发育异常。

一份对500名肠胃病人的调查结果显示，因情绪不良而患病的占74%。可见，家庭关系对孩子身心发展影响很大。

2. 家庭关系影响孩子的智力和品德的发展

某重点大学对81名大学生进行调查，发现这些由于考试成绩较好升入大学的学生中，家庭和睦的有55名，占67.9%；父母性格热情开朗的有70名，占86.4%。可见，良好的家庭气氛促进了孩子的学习。

◪ 知识窗 2-9

亲子关系十要诀

(1) 没有两个人是一样的。

(2) 一个人不能妄图控制另一个人。

(3) 沟通的意义取决于对方的回应。

(4) 孩子的学习来自家长的行为和情绪，而不是家长的指令。

(5) 所有行为背后必有其正面的动机。

(6) 有足够好的方法，每个人定会追随。

(7) 凡事总有至少三个解决方法。

(8) 成长过程是一个学习过程。

(9) 应该帮助孩子成长而不是代替孩子成长。

(10) "爱"不可以作为筹码。

3. 浓厚的学习气氛

在信息爆炸的 21 世纪，不学习就会被淘汰，这对家风提出了新的要求。现代家长应该创建学习型家庭，让孩子从书香中、从学习气氛中得到熏陶。家长无论工作多忙，也要花点时间和孩子一起读书，讨论问题，做智力竞赛，玩学习游戏等，这样不仅能丰富家庭的业余精神生活，也能促进孩子的学习。

知识窗 2-10

学习型家庭

学习型家庭，实质上是一种家庭文化，是一种家庭的生活方式。学习型家庭的重点不在于学习的"数量"，而在于"质量"。即不是指家庭成员读了多少书，得了多少张文凭，书房有多少藏书，而是指从家庭教育需求来看，是否有以下重要的表现：(1)通过学习，父母能自我转变，转变教育观念，重新评价孩子标准的人才观，建立新型亲子关系的亲子观，转变教育行为和态度的教育观；(2)家庭成员之间和谐人际关系的建立，夫妻之间和亲子之间双向沟通与交流讨论；(3)家长在孩子学习碰到困难、挫折时对孩子的鼓励和情感支持；(4)家长能合理支配时间，每天都能有共同时间，与家人共同活动和相互交流。

4. 乐观、活泼的生活情趣

生活要有情趣。幽默的话语、爽朗的笑声、营造出的家庭气氛，有利于培养孩子乐观、开朗、自信的性格。有些家长总怕与孩子嬉戏打闹有失长辈的威严，其实不然。与孩子在一起快乐地做游戏有助于调节两代人的感情，孩子和你亲近了，就会听你的话；家长如果总绷着脸，孩子反而会敬而远之。家里最好有一个固定的交流时间，这样既增进了彼此的感情和亲情，又保证了大家学习和休息的需要。

5. 严格的生活制度

在家庭中要照顾每个人的特点，但又不能完全各行其是，必须有一定的生活规律和必要的生活制度。例如，制定生活起居制度，使孩子养成按时作息的习惯。制定劳动制度，每个人都要分担一定的家务劳动，让孩子养成劳动的习惯。制定文明规范，使孩子讲礼貌，语言文明，举止大方。家庭里有了严格的生活制度，就能做到"活而有序"。良好的家庭制度，对家庭成员既是约束又是促进，能使人更快进步。

6. 勤俭朴素的生活作风

家庭要提倡勤俭朴素，它是我们中华民族的优良传统。有助于净化人的心灵，防止腐化堕落。家人在生活上不要攀比，不要超出家庭经济条件许可去追求高消费。家庭的支出要分轻重缓急，统筹安排，勤俭持家，计划开支，量入为出。在生活上要相互谦让，互相照顾，这样家庭才能安宁幸福，孩子也才会在良好的家风中形成良好的性格。

7. 干净整洁的家庭环境

家庭是教育孩子的场所，应该让家庭中的每样物品都会"说话"，都起到教育作用。应该让孩子在家里看到的是干净、明亮、整洁、有条理的生活环境，使他们感到舒适愉快。这样的环境才能培养出爱整洁的孩子。这也是家风传承不可缺少的环节。

当然，随着时代的发展，家风的内容也要更新，家长要创造出具有时代特点的崭新的家风。

总之，为了培养孩子良好的道德情操，促进孩子德、智、体、美、劳全面发展，家长要力争做到遵纪守法、文明礼貌、克己奉公、道德高尚，使家庭成为孩子净化心灵的场所。

十二、家庭教育中家长应具备的素质

1. 高尚的道德素质

道德素质主要是指家长的思想和道德状况。家长的思想反映家长是如何看待社会、看待人生的。家长的思想品德就是家长日常生活中的行为准则。

2. 较高的文化素质

家长的文化素质包括家长的文化程度、文化修养、智力、能力等。家长的文化素质对家庭教育有很大的制约作用。

家长的文化素质高，一般有广泛的学习兴趣，有追求新知识和探索真理的精神。家长重视文化知识的作用，关心子女的智力开发和文化学习，能够指导、辅导孩子学习，启发孩子的学习兴趣，能够给孩子营造一个良好的智力环境，对孩子的成长是十分有利的。

📳 知识窗 2-11

父母文化素养对孩子学习成绩影响的调查

德国的社会学家做过一个调查，他们按学生父亲的职业和受教育程度划分的十年级学生的在校学习成绩分别是：父亲未接受过良好的教育和训练的子女在校学习成绩：优秀的占 6%，良好的占 52%，一般的占 41%，及格的占 1%；父亲是熟练工人的子女在校学习成绩：优秀的占 7%，良好的占 61%，一般的占 30%，及格的占 1%，没有回答的占 1%；父亲是专科学校毕业的干部子女在校学习成绩：优秀的占 16%，良好的占 59%，一般的占 24%，及格的占 1%；父亲是大学本科毕业的干部子女在校学习成绩：优秀的占 15%，良好的占 63%，一般的占 21%，没有回答的占 1%。

以上情况充分说明了家长的文化素养高低，对子女的学习成绩有重大的影响。

如果家长胸无点墨，不学无术，整天浑浑噩噩，孩子很难在家中安心学习。苏霍姆林斯基说："不学无术的人，不管他们(名义上)受过哪一级教育，对于社会来说都是危险的。不学无术的人，其本人不可能是幸福的人，其子女也会受到危害。"

当然，历史上也有不少文化程度低的家长培养出了高水平的孩子，但这个问题，第一，不是规律；第二，如果家长文化程度高，可能孩子的水平会更高；第三，文化素养不单指文化程度，家长虽然文化程度不高，但文化修养不低；第四，家长其他方面的素质高，教育思想和方法正确，也可以弥补文化水平低的弱点。总的看来，家长的文化素养和孩子的学习、品德有密切关系，但也不是绝对的。

家长文化素养作用的发挥和家长其他素质也密切相关。不过，在科学技术高度发展的今天，家长不断提高自己的文化素养，对子女的身心发展一定有好处。

3. 健全的心理素质

(1) 愿意等待的心态。父母要清楚孩子的成长是一个过程，而且是长时间且充满不确定性的过程。孩子就像花儿一样，不同的花有不同的花期，有的孩子是迎春花，有的孩子则是菊花，所以，家长需要耐心地等待，在时光慢慢流淌中静待花开。

(2) 敢放手的心态。有的父母只要求孩子学习好，其他的什么都不舍得让孩子做，这样就错过了孩子能力形成的关键期。所以，为了让孩子未来在社会上能很好地立足，父母必须学会放手。

(3) 允许孩子出错的心态。相信孩子，在可承受的容错范围内，给孩子一个充裕的空间，让孩子去尝试。做错事也是长见识的过程。

(4) 不攀比的心态。每个孩子都有自己独特的优点和特长，用一把尺子来衡量就扼杀了孩子的天性。同时，也会造成孩子与父母的对立与冲突。

(5) 不跟风的心态。父母不要盲目跟风，对孩子有全面、客观、清楚的了解，正确选择与规划，提出适当的教育要求，选用适当的教育方法，避免孩子无所适从。

4. 良好的教养素质

家长的教养素质主要是指家长的教子观、人才观和亲子观。

教子观主要是家长对孩子发展能力的认识和对自己教育能力的认识。教子观包括以下几方面。①教育价值。教育价值是指家长认为家庭教育有没有价值？有没有效？该不该教？②教育态度。教育态度是指在进行家庭教育时对孩子的认知、情感和行为的反应。比如，有些家长在教育孩子上比较积极，有些比较消极。教育态度不同，对孩子要求和情感就不同。③教育内容。教育内容是指除了智力开发，还有心灵塑造、性格培养、行为习惯的养成、良好心理素质的养成以及身体健康的维护。④教育支持。教育支持是指家长对孩子的学业、兴趣、爱好等的支持。家长对孩子的教育投资，包括物质的和精神的。⑤教育方式。比如是专制型还是溺爱型，是冷漠型还是民主型。

📖 **知识窗 2-12**

新式教育观

美国教育家特里斯根据多年研究，成功运用新思维和新法则的组合，提出新式教育观。所谓新思维，是指突破原来教育的陈旧理念，寻找新颖科学的教育途径。

(1) 着重塑造孩子的心灵。原来教育理念注重孩子智力开发，新思维强调心灵的塑造。科学家贝尔在进行的一系列实验表明：最成功的工程师不是智商最高的人，而是那些与同事合作良好的人。所以，新思维主张，家长要向孩子示范如何友好、礼貌地与人相处。

(2) 父母需有效赞扬孩子。父母在赞扬孩子时，关键把握"有效"这一点。即要做到：赞扬必须明确而具体，原则是对事不对人，少许而经常。

(3) 向孩子讨论"禁忌"。1994年，美国教育专家在南卡罗来纳州对五年级和七年级学生的一项研究发现，那些曾经同父母坦诚谈论"禁忌"的孩子，更不容易走向邪路。"禁忌"内容是指吸毒、赌博、金钱、性等。因为事实上，如果家长不对孩子谈论"禁忌"，孩子也可以通过发达的媒体广泛地接触到；而且，家长越遮遮掩掩，孩子越寻寻觅觅。

所谓新法则，就是把新思想巧妙地运用于教育和培养孩子的行为中。

(1) 家长对孩子的限制要随着孩子的成长而变化。随着孩子的成长，家长对孩子的限制要逐步放宽，放心让孩子去做自认为应该做的事。

(2) 家长要给孩子起示范作用。孩子在成长过程中，如果没有道德方面的模范领路人，那么孩子将来的发展危险性极大。

(3) 家长要和孩子一起玩耍嬉戏，共享欢乐。细心的家长会发现，孩子喜欢找孩子玩，因为孩子在一起玩游戏的同时，更是要进行心灵的交流。所以，家长要培养自己的童心，和孩子玩到一起，如此才会受到孩子的欢迎。

人才观就是家长认为什么是人才，自己的孩子要成为什么样的人才。通常家长头脑中的人才观是：分数=知识=智力=文凭=成才。

有一项调查显示，96%的家长希望自己的孩子能考上大学。但目前的教育资源有限，只能让少部分的孩子上大学。于是，读书上大学成了很多孩子唯一的成长和成才目标。学校教育成为应试教育，家庭教育更是成了学校教育的得力助手。造成的直接后果是家长行为"畸形"，孩子的学习方法和习惯"畸形"，大家都成了应试教育的"牺牲品"。

新的人才标准应当是：具有一定的知识或技能，能够进行创造性劳动，为物质文明、精神文明、政治文明、社会文明及生态文明建设做出积极贡献的人。

亲子观就是父母如何看待子女和父母的关系。是父母权威至上，专制教育；还是尊重孩子，民主教养。不同的亲子观念，会养育出不同的孩子。

美国的史提夫·可兹认为，现代社会，再完善的管理科技，都取代不了良好的家庭教育与健康的亲子关系。

十三、家长的道德素质对家庭教育的影响

(1) 家长的道德素质决定家庭教育的指导思想、方向。

(2) 家长的道德素质决定家长给孩子树立一个什么样的榜样，并以自身为榜样引导子女坚持什么样的生活道路。

为了孩子，家长在政治上应该积极向上，具有正确的世界观、坚定的信仰、崇高的生活目标，有理想、有追求、有高度的政治热情和责任感。

(3) 家长的道德素质影响孩子的个人品质。孩子年龄小，就会从父母的言行举止、待人接物中体会到父母赞成什么，反对什么，喜欢什么，厌恶什么，并且总是努力做父母所喜欢的事。如果天天接触的是父母的不道德行为，时间长了，孩子就会形成相应的道德价值观念，在善恶、是非、荣辱等问题上迷失方向。有的孩子走上犯罪道路，就是从小受到父母的坏影响。

要培养道德高尚的人，家长的品德必须高尚。家长的品格对孩子构成一种巨大的教育力量，家庭教育其实就是人格的渗透。正如苏霍姆林斯基所说："只有人格才能影响人格的发展和规定，只有性格才能养成性格。"家长无时无刻不在充当着孩子的生活导师，道德的教员。因此，家长必须随时随地加强自己的道德修养，如此才能做到"以德育德"。

十四、家庭教育中存在的误区

1. 片面追求学习成绩，忽略孩子的身心健康

很多父母重视孩子的学习，而忽视了孩子的成长规律。孩子不是知识的容器，孩子的生活不能变成学习—吃饭—睡觉的单一循环。与他人建立积极的关系、有生活目标、自我接纳、自主，才能为未来幸福生活奠基。每一位家长需要先从教育理念上进行改变，并将其有意识地融入自己的教育行为中，从而提高家庭教育的质量。作为子女的引路人和教育人，家长不能过分溺爱孩子，要理智施爱，爱而不娇，要有长远的眼光，使爱子女的动机与效果达到统一。对子女的期望也要从实际出发，避免盲目，掌握好分寸。孩子成长是一个漫长的过程，一时的成绩优良、表现好坏并不能代表孩子一生的发展。在孩子成长过程中可能会出现很多问题，家长面对孩子的教育问题，需要不断地学习，不断地提高自己的家庭教育素养，掌握科学的教子方法，使孩子健康、快乐地成长。

2. 盲目攀比，否认孩子先天的差异

很多家长会不自觉地口中不离"别人家的孩子"这句话，但这恰恰是中国孩子最为痛恨的。因为在比较的过程中，孩子们常常面临着被指责、被否定，而家长的本意是希望孩子能够通过找差距不断来提高自己，但比较的结果常常与家长的想法背道而驰——孩子不是听不进去，就是以沉默或更加激烈的方式进行反抗……

实际上家长片面追求"别人家的孩子",是否认了不同孩子间的先天差异。那么不同孩子间的这些差异,哪些是由先天因素决定的,哪些是由后天因素决定的?如果不清楚,一味地比较只会引发亲子之间更深的矛盾和误会。

气质是指心理活动的动力特征,性格是指对人和事物的态度。我们从概念就可以看出,前者是先天决定的,后者是后天养成的。在每个人的成长过程中,气质、能力、兴趣是具有先天差异的,而性格是后天逐渐养成的。如果我们拿孩子的先天因素和后天因素进行比较,很容易就会采用错误的教育方式。

生命完全是偶然事件,每个孩子的不同是因为他出生时所配置的基因不一样。那么,我们作为家长应该怎么办?这并没有十分特殊的方法,只有尊重才能帮助家长找到解答孩子成长难题的那把独特的钥匙。因此,我们要注意千万别和人家孩子比,孩子之间的不同很多都是由遗传的基因决定的。

3. 重视财富的积累,忽视孩子精神品质和人格建设

现代人的快节奏生活让作为家长的我们忙得不可开交。工作、应酬、生意、竞争⋯⋯在家庭之外受了太多的劳累,回到家中理所应当地认为回家就是为了彻底休息。于是扔给孩子一部手机,让他别来烦自己。父母拿着手机要么打游戏,要么看视频,以此来消磨时光。孩子呢?拿着手机在自己的世界里玩得不亦乐乎。虽然回到了家,但其实家长并没有理解回家的意义。等到家长玩够手机的时候,也就没收了孩子的手机,告诉孩子要好好学习,然后把孩子"拴"在作业上。

父母挣钱是为孩子的将来着想,可孩子现在有了问题,何谈将来呢?很多父母的教育逻辑是:自己这么辛苦赚钱都是为了孩子,孩子应该好好学习,不能辜负自己的期望。父母和子女的交流停留在给孩子钱上,孩子是不能够放养的,粗犷的教育方式早已过时,精心陪伴的精英教育是教育的主流。父母只有在家里,多陪伴孩子,多与孩子交流,才能够认识孩子,走近孩子,参与孩子的成长。如果仅仅是给孩子钱,单纯地认为满足了孩子的物质需求,孩子就能茁壮地成长,那是把孩子当成了一株植物。

诚然,挣钱很重要,因为更优质的教育资源、更好的人生舞台,都需要物质基础。很多家长孜孜以求的奋斗目标就是——给孩子多挣点钱,再多攒点钱!但是,孩子成长不光需要钱,也需要家长的优质陪伴。也许有人会反驳:我的时间都拿去挣钱了,怎么陪伴孩子呢?宋代李邦献说:"为子孙作富贵计者,十败其九;为人作善方便者,其后受惠。"清代林则徐说:"子孙若如我,留钱做什么?贤而多财,则损其志;子孙不如我,留钱做什么?愚而多财,益增其过。"所以,家长应尽可能抽出宝贵时间找到适合自己孩子的陪伴方法。

陪伴不是挂在嘴边的一句话,真正放下手里的工作,精心准备一场谈话是陪伴的开始。

如果确实没有足够的时间陪伴孩子,那么,在有限的时间里,建议父母为孩子提供"优质陪伴"。

📑 **知识窗 2-13**

家庭教育的必要理念

(1) 孩子的成长比成功重要，成才比成绩重要。

(2) 每个孩子都是独特的。

(3) 高贵的精神品格才是孩子受益终身的财富。

十五、家庭教育中父母应具备的能力

1. 了解与分析孩子能力

家长只有对孩子进行全面、客观、清楚的了解，才能提出适当的教育要求，选用适当的教育方法。所以，家长要花时间、花精力，通过多种途径和方式去了解孩子。

📑 **知识窗 2-14**

妨碍家长了解孩子的因素

(1) 家长的主观随意性。有的家长自以为最了解孩子，"知子莫若父，知女莫若母"，总以为看着孩子长大哪有不了解之理？其实不一定。孩子小的时候，思想单纯，对家长没有任何掩饰，活动范围也在家长身边。随着年龄的增长，孩子上学后，家长想了解孩子就没那么容易了。孩子不仅有自己单独的活动范围，独立意识逐渐强烈起来，而且离开父母的时间大大增加。家长了解孩子的方法和途径必须随着这些变化而变化，不能单凭"想当然"去推测孩子。

(2) 忽视沟通，拒绝沟通。良好的沟通是家庭民主的一个重要标志。有的家长忽视这个问题，甚至拒绝沟通，也就直接妨碍了家长了解孩子。

(3) 轻信、胡猜。有些家长轻信孩子或者自己胡猜，因此不能很好地了解孩子。有些孩子知道家长愿意听好消息，不愿意了解真实的情况，或者以生硬粗暴的态度对待孩子犯错误，所以为了避免家长的责罚，他们就报喜不报忧，这样就影响家长了解孩子的真实情况。

(4) 专制、侵权、不守信用。了解孩子的重要前提是不能侵权。但有相当一部分家长毫无尊重孩子权利的意识，行为也毫不注意，随心所欲地偷看孩子的日记、手机等，希望了解孩子的秘密。

(5) 不了解孩子的身心特点，不寻找原因。要教育好孩子，就要先了解孩子的身心特点、发展规律，如果不了解这些，就如盲人摸象，容易走入教育的误区，而且会给孩子带来一定的伤害。

📑 **知识窗 2-15**

了解孩子的方法

(1) 通过观察日常生活行为来了解孩子。通过日常生活的密切接触，家长可以充分地观察，了解孩子的行为特点、道德观念、心理状态等。孩子的内心想法常常无意识地表露出来。比如，毫不掩饰地对性的问题进行提问，往往说明孩子对异性并没有特别注意。一旦孩子对性的问题缄口不提，或有意回避，反倒说明他已经意识到了这一问题。

(2) 家长要学会善于倾听孩子诉说。只有认真倾听孩子诉说，不轻易打断孩子的话，让孩子把话说完，才能了解到事情的真相，了解孩子的内心意图。不要急着指导评价，主观猜测。

(3) 通过具体事情来了解孩子。一个老师向家长反映，他的女儿在家里私自拿钱。妈妈耐心地了解事情后发现，女儿之所以拿钱买小玩具，是想让其他小朋友和她一起玩。妈妈自我反思，是因为自己工作忙，又怕孩子不安全，就经常把孩子关在家里，时间长了，孩子与小朋友越来越疏远，小朋友都不愿意跟她玩耍。了解了这件事情的始末，妈妈并没有责怪孩子，而是告诉女儿，邀请小朋友到家里做客，妈妈热情招待，帮助女儿建立良好的伙伴关系。

(4) 借助老师的评价和孩子同伴的反映来了解孩子。教师的评价和孩子同伴的反映能够帮助家长了解孩子，但是，家长要有自己的见解，客观地看待他们对自己孩子的评价。

(5) 借助心理测试及其他测试来了解孩子。心理测试及其他测试可以帮助家长更科学、全面地了解孩子，孩子性格倾向、智力水平、特殊才能、人格发展、心理素质等都可以通过测试得到比较可靠的鉴定。

(6) 借助问卷调查来了解孩子。问卷调查的好处是节省时间、有针对性。比如，要了解孩子的爱好、兴趣，孩子是否对自己满意，孩子人际关系如何，等等，可以在问卷中提问或者做出选项。如，你最喜欢做的事是什么？你喜欢什么样的同学？你不满意父母的哪些做法？你希望父母怎么对待你……家长可以根据了解的情况来自行设计问卷，让孩子配合答题，从而较快地了解孩子内心世界、思想动态等。

此外，家长还可以通过暗示法、游戏法、投射法、绘画法等来了解孩子。

2. 正确选择与教育规划能力

家长在对孩子即将接受的教育做出选择之后，对孩子教育的有关事项做全面整体的安排和策划所需要的能力。

3. 亲子教育沟通能力

家长掌握了与孩子进行良好沟通的技巧，不仅有利于家庭和谐氛围的营造，而且能拉近与子女之间的距离，直接影响家庭教育的效果。

4．教育实施能力

教育实施能力包括生活教育实施能力、孩子问题行为处理和劝导能力、借助各种媒介教育孩子的能力、塑造孩子良好个性品质的能力。

5．与学校、社会沟通能力

教育需要学校、社会、家庭三方面进行协作沟通，共同促进孩子快乐成长。

6．家庭教育环境设计能力

家庭教育环境设计能力包括家庭物理环境的设计、和谐家庭氛围的创设，以及良好的家风家教培养。

📖 知识窗 2-16

合格父母的评判

大概做父母的都想知道自己是不是一个合格的家长，尤其是年轻的父母。为了能够有一个衡量标准，请你回答以下问题，在符合你的实际情况的答案上面打上"√"即可。

1．当你的孩子参加开学典礼时，你怎么办？
(1) 把孩子送到学校门口；
(2) 去学校了解本学期的学习内容和老师的要求；
(3) 只是想帮助、整理一下书包及其他；
(4) 对这件事漠不关心，像往常一样去工作。

2．当孩子失去信心时，你怎么办？
(1) 想办法让孩子多做事；
(2) 随时关注孩子做对了什么，哪怕是一件小事也给予表扬和肯定；
(3) 随孩子自由去发展；
(4) 常用小事对孩子羞辱和奚落。

3．当孩子考了高分或低分时，你怎么办？
(1) 考了高分，询问是否完全懂了，考了低分，询问原因；
(2) 不论是高分还是低分，总是和孩子一起分析考题；
(3) 考了高分，给予物质奖励；考了低分，给予皮肉之苦；
(4) 孩子向你汇报考分时，你只顾忙着做自己的事。

4．当孩子只想依赖时，你怎么办？
(1) 教孩子照料家中饲养的动物和培植的花卉；
(2) 留心从点滴事情上培养孩子的独立生活能力；
(3) 总觉得孩子做事不符合自己的愿望；
(4) 想到孩子总归是孩子，不能让他们做事。

5. 当孩子不能集中注意力学习时，你怎么办？

(1) 严厉地指责孩子；

(2) 随时培养孩子的注意能力，哪怕是球赛也让孩子注意看"5号"队员是怎样过人的；

(3) 总认为孩子是贪玩的；

(4) 对这个问题，没有做出反应。

6. 当你发现孩子死板时，你怎么办？

(1) 特地为孩子买台录音机；

(2) 鼓励孩子自己有条理地安排学习和着装；

(3) 仍然制定一条家规：功课没有做完，就不能出去玩；

(4) 当众夸奖孩子安分守己。

7. 当孩子需要一个安静的学习环境时，你怎么办？

(1) 让孩子到邻居家学习；

(2) 制订计划确保孩子每天能在固定的时间里安静地学习；

(3) 允许孩子边看电视边学习；

(4) 孩子学习时毫无顾忌地与串门的客人谈笑。

8. 当发现孩子的缺点时，你怎么办？

(1) 到学校告诉老师；

(2) 和老师一起认真观察寻找有利于孩子成长的最佳方案；

(3) 强求孩子效法其他孩子的优点；

(4) 认为孩子长大以后，自然会纠正。

9. 当孩子进入青春期，生理和社会活动发生变化时，你怎么办？

(1) 到图书馆或网上寻找课外辅导读物；

(2) 努力理解孩子，除补充讲解课本外，还谈谈课本上没有涉及的原理和逻辑，让孩子明白学习的责任感；

(3) 用回忆自己当年的方法启发孩子；

(4) 使用打骂的方法强迫孩子在家学习，不准与社会上的人来往。

10. 当你发现孩子在谈不健康或无聊的书籍时，你怎么办？

(1) 显得过于急躁和担忧；

(2) 将你读过的报纸和杂志上的有关内容和孩子一起讨论，并推荐一些有知识性、趣味性、文学性的书籍；

(3) 认为能培养孩子的阅读能力；

(4) 粗鲁地恫吓或打骂孩子。

以上10个问题，如果你多数选择(2)，则说明你是一个合格的母亲或父亲；如果你多数选择(1)，说明你是一个较合格的母亲或父亲；如果你多数选择(3)，说明你是一个非常一般的母亲或父亲；如果你多数选择(4)，则说明你是一个不合格的母亲或父亲。

📑 **知识窗 2-17**

家庭教育禁语分析

1. "我揍死你！"

类型：暴君型

这是一句空洞的话，家长说这类话只会降低自己的威信，对孩子没有任何实际的效果。因为，当你说这句话时，表明你对孩子已经无计可施了。而且这是一句大话和空话，是根本无法兑现的(你也不准备去做)，孩子并不会因此而停止他的活动。

打骂孩子的父母是最无能的父母。如果你不喜欢打骂孩子，只是一时气愤难以忍耐，那么打骂将宣告你的失败。如果你就是喜欢打骂孩子，那么你就是一个需要治疗的病人。

2. "你怎么这么笨！"

类型：指责型

被指责的孩子通常有这样两个结果：懂事要强的孩子在巨大的心理压力下努力证明自己不笨，但这个过程充满了对自己的否定和责备。还有的孩子，在"你真笨"的标签效应下，丧失了自信和尊严，将来真的就成了一个"笨蛋"。

3. "我求求你了！"

类型：卑躬屈膝型

家庭教育中最怕出现这样一种局面：奖励不管用，惩罚不能使。孩子识破了你的一切动机，软硬不吃。如果你说了这样的话，就意味着你已经"缴械投降"，对孩子无计可施了，此时，孩子会从内心更加蔑视你。

其实，孩子不需要贿赂。从本性上讲，他们是要做好孩子的，孩子的好行为产生于他们自己的意愿。孩子只有在自觉的情况下，才能成为原则的遵守者。纪律束缚应当建立在相互尊重及合作的基础上。如果家长尊重孩子，孩子就容易接受家长的领导和指导。

4. "你滚，想去哪里就去哪里！"

类型：情绪发泄型

父母与孩子发生冲突时，双方都唇枪舌剑，互不相让。你说出这句话，是对孩子的最后通牒，想逼迫孩子就范。当然这话并不是当真的，只不过想用它来结束这场口舌之争。但是，孩子没法应对。他本不想离家出走，可一旦就此低头，便会显示自己的"软弱"，为了保留自尊和面子，他当然要逞英雄。"走就走！"就这样，或许孩子真的离家出走了。

5. "再哭让狼把你叼走！"

类型：无知型

诸如此类的话，还有"再不听话就把你送给要饭的""让警察来抓你""让大夫给你打针"等。如果家长经常用这些语言恐吓孩子，可能会使他产生条件反射和恐惧感，造成胆小、软弱的个性品质。在他眼中，要饭的、警察、大夫等都与恐惧相连。有的孩子会因此做噩梦。另外，要改变孩子对这类事物的恐惧，需要很长时间的纠正。

6. "你看人家，哪像你这么没出息！"

类型：盲目攀比型

如果你的眼睛总是盯在别人家孩子身上，总拿别人家孩子的长处比自家孩子的短处，不仅会引发孩子对家长的抵触情绪，而且容易破坏孩子价值观的建立，使孩子失去内在的心理平衡，不利于孩子内心的自我悦纳，影响孩子良好的自我评价系统，让孩子失去自信心。

7. "小孩子懂什么，一边玩去！"

类型：专制型

在教育孩子上，你透露的是专制思想，没有平等民主意识。在你的眼里，孩子什么都不懂，没有自尊，没有思想，所以可以不尊重孩子的人格。而这种摆家长权威、耍家长派头、居高临下的做法，只能妨碍孩子民主意识和协调能力的发展，同时，人为造成的地位的不平等，易造成亲子关系紧张。

8. "我们就指望你了，你要争气！"

类型：补偿型

家长为了弥补自己的人生缺憾，把所有的希望加在孩子身上，期望通过孩子来实现自己的愿望。把孩子的发展看作自己的唯一指望，这是一种丧失自我的表现。孩子是你人生的重要内容，但不是你人生的全部内容。孩子有自己的人生、人格、愿望、爱好，家长不能把孩子当作实现自己愿望的工具。如果家长对自己得过且过，而对孩子却患得患失、不断威逼诱惑，最后只会落得费力不讨好。

9. "我的脸让你丢尽了！"

类型：虚荣型

家长认为孩子的某些行为令你感到羞耻，希望通过责怪让孩子认识到错误，以期改正。但在孩子看来，你很自私，只顾自己的面子，不顾他的感受。孩子会觉得你的面子比他还重要，这会让孩子对你感到失望和难过。另外，孩子也可能变得满不在乎，产生更严重的逆反心理和行为。

10. "再不听话，我就不要你了！"

类型：恐吓型

一些家长为了让孩子听话，常对幼小的孩子说类似的话，对家长来说，这当然是气话。但是，小孩子会信以为真，因为他无法分辨是气话还是真话，以为你真的要遗弃他，这会让孩子产生恐惧感和不安全感。一个没有安全感的孩子，很难建立自信心，他的自我价值观的建立也会受到影响。而当这句话失去效力，孩子知道你只是吓唬他时，也有可能慢慢地对你的话失去了信任，甚至可能因此学会撒谎。

十六、家庭教育的基本内容

1. 品德的教育

德育反映一个人的思想品质和道德风貌，决定着一个人的发展方向。日常生活中德育比智育更重要。

2. 健康人格的塑造

人格主要包括行为习惯和性格两个部分。

(1) 习惯的养成。良好的习惯应当从小养成，墨子曾经拿束丝作比喻："染于苍则苍，染于黄则黄……故染不可不慎也。"就是说孩子生下来就像一束白丝一样，你把它染成青色的就是青色的，染成黄色的就是黄色的……所以说，染丝不可不谨慎。孔子则说："少成若天性，习惯如自然。"就是说小的时候养成的习惯会像人的天性一样自然、牢固，以至于以后所取得的成功、创造的奇迹，很多方面都是由小的时候形成的习惯所支撑的。

孩子在小的时候应该养成 7 个良好习惯：阅读习惯、做事有计划、持之以恒、勤恳节俭、孝敬父母、关爱他人、不说谎。

(2) 性格的培养。孩子应从小开始培养 6 个完美性格：快乐活泼、安静专注、勇敢自信、勤奋善良、独立自主、富有创新精神。

📖 **知识窗 2-18**

培养孩子正面性格的途径

(1) 勿对孩子控制过严。

(2) 鼓励孩子多交朋友。

(3) 教会孩子与人融洽相处。

(4) 物质生活避免奢华。

(5) 让孩子爱好广泛。

(6) 引导孩子学会摆脱困境。

(7) 拥有适度的自信。

(8) 营造快乐的家庭氛围。

3. 良好心理素质的养成

心理素质包括责任心、自信心、自我控制能力、独立性等诸多内容。培养孩子良好的心理素质，需要父母首先具有良好的心理素质。因为孩子大多的行为习惯、思想情感或思维方式，是从父母身上通过平时生活中的点点滴滴，在潜移默化中习得的。

📖 **知识窗 2-19**

心理健康的标准

美国心理学家马斯洛和米特乐曼提出了十条心理健康标准。

(1) 有足够的自我安全感。

(2) 能充分地了解自己，并能对自己的能力做出适度的评价。

(3) 生活理想切合实际。

(4) 不脱离周围现实环境。

(5) 能保持人格的完整与和谐。

(6) 善于从经验中学习。

(7) 能保持良好的人际关系。

(8) 能适度地发泄情绪和控制情绪。

(9) 在符合集体要求的前提下，能有限度地发挥个性。

(10) 在不违背社会规范的前提下，能恰当地满足个人的基本需求。

4. 智力的开发

智力开发不是仅围绕学校课堂教学关注孩子的知识学习，也并不单纯是培养孩子的特长、提高孩子的智商，而是包括增长知识、培养习惯和提高能力等多个层面。在智力开发上，父母可以做到以下几点。

(1) 及早发现孩子的能力倾向。个体智能发展水平差异在学龄前就出现了，越早发现某一特长，这一特长就越容易得到发展。家长要善于捕捉孩子身上的闪光点，及早评估孩子的能力倾向。家长要做的就是创设更多的机会，让孩子充分展示自己的才能。游戏是孩子生活中不可或缺的一部分，喜欢游戏是孩子的天性。家长应允许孩子根据自己的喜好自由地选择游戏类型，让孩子在游戏过程中淋漓尽致地发挥自己的聪明才智。家长则可通过仔细观察孩子在游戏过程中的表现，全面、准确地评估孩子的能力倾向。只有如此，家庭教育才能有针对性地、正确地引导孩子的发展方向。

📖 知识窗 2-20

智力的含义及影响因素

智力一般是指人们认识客观事物并运用知识解决实际问题的能力。集中表现在反映客观事物的深刻、正确、完全的程度上和应用知识解决实际问题的速度和质量上，往往通过观察、记忆、想象、思考、判断等表现出来。它是在人类掌握知识经验和认识实践活动中发展的，但又不等同于知识和实践。

一般认为，影响孩子智力发展的因素有三个。一是遗传。遗传素质是先天的，是一种生物现象，人类通过遗传将祖先的许多生物特点传给下一代，为开发孩子的智力提供了生物基础。中国科学院心理研究所的调查发现，50%以上的低能和痴呆儿童是由遗传导致的。二是环境。环境是智力发展的外在条件。就家庭环境而言，一类是指维系人的生存所必需的物质环境，如食物营养、栖身场所等；另一类是指社会环境，即儿童所处的家庭的人际环境、教育条件等。三是兴趣和需要。即儿童智力发展的内在动力在于儿童自身的需要。因此，智力开发不是父母一厢情愿的事，当孩子处于完全被动的状态下，所谓的智力开发不会有积极的效果，甚至会酿成悲剧。

(2) 教育方法恰当，让孩子充分体验成功。智能不仅仅包括通常意义上的"智力"范畴，还涉及语言、数学逻辑、音乐、身体运动、人际关系等方面。每个孩子智能组合方式和水平不同，不同孩子的智能表现有差异，存在强项和弱项。因此，家庭教育必须从孩子的实际情况出发。在实际生活中，只有极少数的孩子能在智能的各方面都表现出众，样样出类拔萃。对大多数孩子而言，每个人都拥有自己相对突出的智能表现。家长要善于因材施教、因势利导，正确引导孩子发现和认识自己的长处。同时，家长要以平常心接受孩子在智能方面表现出来的短处，多创设有利条件使这些智能得到尽可能多的发展和提高。家长不应不切实际地苛求孩子样样优秀，否则，不仅达不到预期目标，而且容易使孩子产生严重的挫败感，对其身心发展不利。

(3) 在教育目标上要展现出更广阔的视野。在传统的观念中，唯有科学家、工程师、教授、学者等研究人员才是人才。多元智能观的提出，为我们展现出更广阔的视野：只要在某一方面有一定才能，能够在某一领域有所作为者都可称为人才。

(4) 营造良好的家庭氛围。氛围是指心理环境尤其是情感环境、意识环境，它是家长言传身教之外的一种更加微妙的教育力量。智能作为一种非稳固的、内在的特征，受环境和教育的影响。家庭是孩子生活的基本空间，是孩子接受教育的第一场所，营造良好的家庭氛围对孩子的成长具有重要的作用。有关研究表明，民主的、平等的、和谐的家庭气氛，能够保证家长教育和影响的效果，有助于正确引导孩子的发展方向，保证孩子身心健康。相反，专断的、紧张的、经常有冲突的家庭气氛，势必对孩子的成长产生不利的作用和影响。因此，家长要尽自己所能为孩子营造和睦、安宁、愉快的家庭气氛。此外，重视家庭环境的美化，给孩子创造一个洁净、舒适的生活空间对孩子的健康成长同样重要。

📖 知识窗 2-21

多元智能理论

多元智能理论(theory of multiple intelligences)是由美国教育学家和心理学家加德纳(H. Gardner)博士于 1983 年在其《智能的结构》一书中提出，并在后来的研究中得到不断发展和完善的人类智能结构理论，是一种全新的人类智能结构的理论。它认为人类思维和认识的方式是多元的。

多元智能理论自提出以来，在美国和世界其他 20 多个国家和地区的教育工作者中引起了强烈反响。该理论的内涵和我国目前正在倡导实施的素质教育有密切的内在联系，我国自 20 世纪 90 年代以来对多元智能理论予以较多介绍，并且越来越认识到多元智能理论的重要价值，认为"多元智能理论是对素质教育的最好诠释"。

📖 知识窗 2-22

家庭教育误区对照

(1) 知识传授多，智力开发少。很多父母把知识的积累和智力的发展等同起来，错误地认为多教孩子认几个字、背几首诗就等于开发了孩子的智力，因此不顾孩子的接受能力，硬性灌输各种知识。

(2) 娇惯宠爱多，严格要求少。父母对孩子百依百顺，言听计从，甚至姑息、迁就孩子的错误，缺乏必要的约束。

(3) 物质满足多，精神给予少。父母过多地满足孩子物质上的需要，而不注意满足孩子精神的需要，如限制孩子交朋友等。

(4) 期望要求多，因材施教少。不少父母对孩子期望过多、过高，而符合其智力水平、个性特点的具体措施却很少，造成教育缺乏针对性或与孩子身心发展规律相背离，事与愿违，两败俱伤。

(5) 身体关心多，心理指导少。有些父母过分关注孩子身体方面的发展，为孩子拼命增加营养，却忽视了孩子的心理健康，导致孩子大量心理、行为问题的出现。

(6) 关心智力因素多，培养非智力因素少。很多父母关心孩子的焦点是智力因素的开发，而对其情感、意志、品质、兴趣、爱好、个性等非智力因素的发展缺乏应有的重视，致使在孩子智力发展的背后，隐藏着情感淡漠、意志薄弱、品德不良、性格孤僻等非智力因素方面的危机。

(7) 硬性灌输多，启发诱导少。有些父母教育孩子不讲究方式、方法，强迫孩子接受自己的观点，按照自己的意志去行事。孩子稍有反抗，轻则怒斥一番，重则棍棒相向、拳脚相加，严重地挫伤了孩子的自尊心和自信心，使他们变得懦弱、自卑，或在逆反心理的驱使下变得难以管教。

(8) 脑力劳动多，体力劳动少。把读书当成孩子成才的唯一途径，尽一切可能为他们提供优越的学习环境，不让孩子分担任何家务，不注意培养孩子的基本生活能力和劳动能力，使孩子变得"高分低能"，眼高手低。

(9) 父母分歧多，统一要求少。家庭成员之间为孩子的教育各持己见，互不相让，对孩子缺乏统一要求，使教育的作用相互抵消。

(10) 为个人着想多，为社会着想少。很多父母把孩子当作自己的私有财产，根据自己的心理和需要任意摆布，使孩子从小就被束缚在家庭、自我这个小圈子里，向孩子灌输利己主义的思想，而很少把孩子当成社会财富的一部分，很少教他们在社会的大熔炉里公而忘私、舍己为人、锻炼成长。

对于这些误区，为人父母者，应当逐条对照，看看在自己身上是否也有类似的情况。无论如何，都应该尽快尽早地提高警惕，调整自己，以免越陷越深。

知识窗 2-23

家庭教育缺陷自检

(1) 互相抱怨。孩子出了问题，夫妻互相抱怨，家长、老师互相抱怨，甚至抱怨孩子。

(2) 限制性信息太多。父母过多地使用"不"字，比如"不能""不行""不许"等语言，给孩子设置了许多条条框框，禁锢孩子的思想和行为。

(3) 说教、唠叨、比较——造成孩子逆反。

(4) 过分施爱、过分关照、过分干涉、过分严厉。

(5) 亲子关系错位。亲子关系变成了主仆关系、领导与被领导的关系、警察和犯人的关系、经济合伙人的关系，把孩子当成私有财产等。真正适宜孩子成长的亲子关系，父母应该是孩子的人生导师、知心朋友和"充电器"。

(6) 缺少童心。许多家长经常用衡量大人的标准来衡量孩子，导致孩子不愿意和父母说心里话。

(7) 只关注孩子的分数，不考虑孩子的感受。

(8) 忽视品德教育和心理健康。

十七、家长准确评价自己孩子的注意事项

(1) 评价要有发展心理学的基本知识。孩子对自己的认识是从父母对他的态度开始的。如果父母总是以否定的态度对待孩子，孩子在将来就很难有正面积极的自我评价，有损于孩子自信的建立。

(2) 评价要有依据，不能随心所欲。

(3) 切忌贬低性的评价。

(4) 避免感情色彩过重的评价。

(5) 避免错误归因评价。

(6) 不要总是评价孩子。

十八、家长可以大有可为的方面

(1) 在家庭氛围的营造方面，家长是大有可为的。家长平时要善于为家庭制造欢乐和幽默，为家庭带来欢声笑语，营造祥和安逸的家庭氛围，夫妻和睦，邻里和谐。

(2) 在培养自身的积极品质方面，家长是大有可为的。营造良好的家庭氛围，家长首先自身要快乐，要积极乐观地度过每一天。家长要具备乐观的能力和积极的个性，要热情、慷慨、仁慈、公正、善良、轻松、幽默、主动、宽容，总之，具备的优秀品质越多越好。

(3) 在具体的学习任务和课外活动上，家长是大有可为的。如让孩子参加游泳班，练习踢足球，帮助孩子提高学习能力，制订阅读计划，鼓励孩子参加奥林匹克数学竞赛，指导

孩子写周记等。总之，在各种课外学习上，家长可以投入精力和物力，尽最大努力帮助孩子学习，拓宽孩子的视野。

家长的这三个大有可为，可以预防矫正孩子的"无为"。因为当家长在"有为"之后，孩子出现问题的可能性就小一些，教育中出现消极情绪的机会也会少一些。

没有哪一种教育方法适合所有的孩子，也没有一本书能够做到让所有的父母都学会如何教育好孩子；我们只是尝试着去探寻教育孩子的奥秘。但是，每个孩子的具体情况都不同，每个家庭也不会完全一样，更何况我们的社会也在不断地变化，所以我们只有边学习、边探讨、边实践，只有抱着这样的心态做父母，才会少犯错误。

没有人会不犯错误，也没有完美的父母，只要我们抱着谦逊、学习的态度，至少能够得到孩子的理解，毕竟我们也是第一次做父母。

📖 知识窗 2-24

父母十大恶行排行榜

(1) 体罚。痛打、重击、打耳光、猛捶及其他各种肢体攻击，既没有任何教育效果，又容易引起孩子愤恨，使他们心理上产生怨恨和敌意。

(2) 恐吓。这跟体罚息息相关。施暴父母常常抱怨孩子撒谎和鬼鬼祟祟等表现，实际上，这些表现恰恰是其心不甘情不愿又必须顺从父母时的自然反应。

(3) 吼叫。一般情况下，父母一吼，孩子会显得紧张不安；但如果他们知道，这是父母无计可施时的办法，便懒得再理会。

(4) 令出即行。这与吼叫常常相辅相成，但肯就范的孩子不多。当一个人被使唤得团团转或唯命是从时，他往往丧失了自尊、自重的能力。成年人痛恨别人对其颐指气使，孩子亦然。

(5) 唠叨。父母通常是想不出别的办法，或没有更有效的方法而为之，其结果往往以唠叨收场。

(6) 空洞说教。多数孩子听到你那些老调重弹、空洞无物的说教，根本无动于衷。孩子明知自己犯了错，但宁可自己领会犯错的滋味，也不要旁人频频指出。

(7) 迁怒。当孩子令父母失望，或父母在生活中、工作上或其他什么地方遇到困难、受到压力时，孩子随便一些不尽如人意的表现，便会惹得父母发火。父母迁怒于孩子，在生气时说的一些话，会严重伤害孩子的自尊心。这种伤害，甚至可能会刻在孩子的心灵深处，伴随其一生。

(8) 羞辱和嘲笑。诸如"你的表现像三岁小孩"之类的话，拿孩子的自尊开玩笑，冷嘲热讽，其后果只能让孩子对自己产生怀疑。

(9) 圈套。孩子犯了错误，家长明知故问，等孩子为脱困而撒谎后，则当面戳穿，严加指责，甚至施以惩罚。这必然会造成严重的沟通问题，使亲子关系进一步恶化。

(10) 强化罪恶感。有些父母喜欢用"我为你做牛做马，可你……"之类的怨言，令孩子感到不安，甚至产生罪恶感。有罪恶感不见得是坏事，但过度施加罪恶感，则会令孩子过分不安、紧张、自责，产生自卑、依赖等心理问题，无法建立开放独立的人格。

以上"恶行"，在我们周围也屡见不鲜，值得大家警惕。

第三章　家庭教育的原则及基本方法

一、家庭教育需要遵循的原则

(1) 家庭教育需要遵循的基本原则。

① 尊重未成年人身心发展规律和个体差异；

② 尊重未成年人的人格尊严，保障未成年人的合法权益；

③ 尊重家庭教育规律，贯彻科学的家庭教育理念；

④ 有利于未成年人全面发展、健康成长；

⑤ 家庭教育、学校教育、社会教育紧密结合、协调一致；

⑥ 结合实际情况采取灵活多样的措施。

(2) 家庭教育需要遵循的具体原则：正确导向原则、理性施爱原则、启发诱导原则、要求适度原则和教育一致性原则。

二、家庭教育中遵循正确导向原则的方法

在家庭教育中，应坚持用正确的价值观对子女的身心发展施加影响，正确引导，使他们朝社会与家庭期望的方向成长。

(1) 家长的教育行为受多方面因素的影响，如社会地位、人生哲学、个人性格、榜样示范等。其中，家长对人生的看法，决定着教育孩子的主要方向。因此，需要家长具有正确的世界观、人生观和价值观，只有这样才能在教育孩子上起到正确引导的作用。

(2) 家庭教育与学校教育的主要区别之一是，家庭教育不像学校教育那样具有明确、自觉的培养方向和系统严格的教育要求。但不论家庭教育的导向是否明确与自觉，家长的思想言行对子女身心发展的影响都是深远的。假如每个家长都自觉地用正确的价值观对子女施加积极的教育影响，必然能收到改善家庭教育、提高育人水平的成效。

(3) 家长的教育态度和方式是家庭教育价值导向的具体体现。只有以培养能生活在现代社会的好公民为自己的教育目标，重视充分挖掘孩子的潜能，促进其个性发展，并能因此增进人们的幸福感和推进现代化进程时，才能在家庭教育中坚持以现代化为目标的价值导向，尊重孩子的人格，相信他们的前途是光明的，他们的某些缺点也将随着社会的改革与发展得到改正，从而摆脱传统世俗观念的束缚，与孩子平等相处，关心他们的进步，注重情感交流，形成和谐、融洽的关系；注重耐心说服，循循善诱，这种民主型的教育态度和方式，正是现代化价值导向在家庭教育中的具体反映。

三、家庭教育中遵循理性施爱原则的方法

在家庭教育中，家长不但要以无私的亲情疼爱孩子，更需要情感与理智相结合，坚持科学教育。爱孩子是人的天性，也是家庭教育的基础。无私的爱，会对孩子产生巨大的感化力量。对子女爱之深，知之切，才能够细致入微地体察孩子的喜怒哀乐；才能够理解孩子的思想和行为；才能够对孩子循循善诱，耐心教育。

爱孩子，尊重他们的人格，培养他们的自尊心、自信心，针对孩子身心发展特点和能力水平进行教育，既不能操之过急、揠苗助长，也不能听之任之、放任自流，这种爱才是理智的爱。

理性施爱要求在教育孩子时，做到晓之以理，动之以情，导之以行。首先要教育孩子理解和掌握道德评价的是非善恶标准及在满足道德需要时获得的道德体验，如自尊心、责任感、义务感、集体荣誉感、民族自豪感和爱国主义情感等。儿童的道德观念、道德感的形成与发展，经历着从直觉到自觉、从自我到社会的发展过程。幼小的孩子的认知和情感，往往是由直接情境引起的，自觉性较低而又以道德体验为主；随着年龄的增长，孩子受某种道德事物形象的联想的激发，比较自觉的情绪体验得到发展；随着身心的发展，那种伴有道德理论思维的、更加自觉的道德体验得到发展。一旦子女理解了某种行为和道德规范的意义，就会产生更加深刻而稳定的道德体验，并由此改善自身的道德状况，形成良好的道德品行。当这种道德行为准则在儿童头脑中形成坚定而持久的观念时，儿童便会自觉遵守，力求实现，并在复杂多变、具有道德冲突的情境中克服外在和内在的困难和障碍，坚决执行。

家庭教育的理性施爱原则，要求既要有父母疼爱子女的亲情，又要有教师教育学生的师情，做到爱而不纵，严而不苛，教育有度。

四、家庭教育中遵循启发诱导原则的方法

在家庭教育中，要承认孩子在学习、成长中的主动地位和独立人格，注意调动他们的积极性、主动性和创造性，引导他们自觉地形成和发展良好的个性品质。这就是启发诱导原则的意义所在。

(1) 运用启发诱导原则时，要注意调动孩子在教育过程中的积极性，使他们的内在动因与学习、行为责任感结合起来，言行一致，理论与实践相结合，使他们的个性得到充分发展。

(2) 启发诱导的重要手段，是运用精神奖励、物质奖励、信息诱因、恰当期望等激励因素，激发孩子的行为动机和为达到目标的意志行为。从我国家庭教育的现状看，存在很多问题：有的采用了各种激励手段对孩子进行教育，有的偏于物质激励，有的偏于精神激励；有的注重学习成绩的激励，有的注重行为品德的激励。在激励过程中，有的期望值过高，施以高压强制性教育；有的激励无度，情绪失常；有的则是激励手段与意向相悖，使孩子

无所适从。这些都是违背启发诱导原则的做法，往往会导致家庭教育没有成效。

(3) 运用启发诱导原则，要注意家庭影响的整体性、适度性、有序性和动态性。整体性是指家庭要主动配合学校教育和社会教育，对孩子施以一体化的教育影响。每个家庭成员各个方面的影响应该全面一致，前后贯通。适度性是指在启发诱导中，运用激励手段进行刺激时要适当考虑教育对象的年龄、认知能力、兴趣、需要、情绪、性格等，掌握激励因素变量的适当分寸。有序性要求启发诱导的教育内容和要求应前后有序，稳定而持久。动态性要求在对孩子进行教育时，启发诱导的激励方式和程度，应充分考虑他们身心发展的动态过程，使家庭教育作为外部影响同内部环境的矛盾运动相适应，如此才有利于他们内心吸收，促进孩子的身心健康。针对孩子的发展水平，抓住适当时机，把握激励分寸，方法灵活多样，只要运用得当，就会产生调动孩子积极性、主动性、创造性的良好教育效果。

五、家庭教育中遵循要求适度原则的方法

没有要求就没有教育，严格的要求才是认真有效的教育。教育子女也应该坚持严格要求。但严格要求不等于苛刻要求，而是从教育目的出发，针对孩子的发展实际，提出内容适当的教育要求。家长要尊重孩子的特点，由浅入深，由简单到复杂，提出并深化教育要求，拓展教育内容。操之过急，要求过多过严，使孩子难以做到，就会损伤他们的自尊心、自信心，不利于他们的健康成长。

教育要求的合理适当，主要体现在要求的目的性、可行性、渐进性和实效性。

(1) 教育要求应从教育目的、目标出发，教育要求的目的性有助于促进孩子身心健康和个性成熟完善。

(2) 教育要求的可行性，是指所提出的教育要求，应符合孩子的发展水平，使之稍做努力，便可获得成功。

(3) 教育要求的渐进性，是指所提的教育要求符合从易到难、从简到繁的顺序，考虑到知、情、意、行相互关系，形成系列。

(4) 教育要求的实效性，是指家庭教育中对孩子的任何要求，不应徒有形式，而在于使教育要求为孩子所接受，转化为孩子的观念和行为，有效地促进孩子长大成人，发展成才。

家长对孩子教育的适当合理，可以转化为孩子的自身要求。比如要求他们注意力集中，态度认真，可以满足孩子求知、自尊及获得成功的需要；要求孩子遵守集体规则，与同龄伙伴友好相处，能够满足儿童社会交往的需求，使他们体验到共同游戏与和睦相处的乐趣。儿童的合理需求获得满足后形成的积极情绪，对启迪他们的聪明才智、培养他们热情开朗的性格和健全的个性品质有深远影响。

六、家庭教育中遵循教育一致性原则的方法

家庭教育一致性原则，是指家庭教育应将来自各方面的教育影响加以协调，使家庭成

员的教育价值观、要求和手段、方法一致起来，前后贯通，从而保证孩子的个性品质按照正确的方向发展。在家庭教育中，教育一致性的基本要求有以下几点。

首先，家庭成员的教育目标和教育要求要一致，及时互通情报，共同研究教育孩子的问题，互相配合，彼此维护威信。在父母和老人之间，取得教育孩子的一致见解，看法有分歧的，不可当着孩子的面争论。

其次，家庭成员的教育态度和方式，也应基本一致，不可有的过严，有的过宽，使孩子无所适从。

最后，应主动创造对子女教育的良好环境，配合学校，加强对孩子的学习辅导和生活指导。要特别重视儿童身心发展的关键期，及时开发智力，培养个性，要主动配合学校对孩子进行青春期教育。与此同时，家长要注意研究孩子身心发展的特点，做到教育前后连贯衔接。

教育的前后一致，是指基本要求的一致。但随着儿童的成长与发展，对家庭教育的要求也应提高。只有家庭教育与学校教育、社会教育密切结合，正规教育和非正规教育相结合，才能对儿童形成强有力的教育影响空间。只有学校的计划教育与家庭、社会的"遇物而诲，择机而教"形成整体，才能获得最佳的育人效果。

总之，只有在家庭教育中认真遵循上述具体原则，坚持对孩子进行德、智、体、美、劳等全面发展教育，采用科学的教育方法，才能收到科学育人的成效。

📖 知识窗 3-1

家庭教育十忌

(1) 父母之间不一致。表现出对同一问题的不同态度，例如，严父慈母型或严母慈父型。

(2) 长辈晚辈不一致。表现出祖父母和外祖父母对儿孙隔辈亲，过分宠爱。

(3) 朝令夕改。昨天的要求和今天的要求不一样，而明天的要求又和今天的要求不一样。

(4) 公开教育与私下教育不一致。表现在公开场合考虑影响和面子从严要求，而在私下却放任自流，得过且过，甚至进行错误的教育。

(5) 家庭教育和学校教育不一致。表现在溺爱孩子，对学校的教育和严格要求不配合，乃至表现出不满和对立的情绪。

(6) 言教与身教不一致。表现在要求孩子严格，可自己做的却是另外一回事。

(7) 对男孩、女孩期待不一致。对男孩期待过高，而对女孩则期待过低。

(8) 对最大的与最小的孩子抚育、期待不一致。表现为对最大的孩子疏忽，对最小的孩子亲近。

(9) 满足物质需要和精神需要不一致。表现在吃、穿、用上较注重，而忽视思想教育和智力开发。

(10) 德、智、体发展要求不一致。表现在注重孩子的学习成绩，忽视孩子的品德教育和体育锻炼。

七、使用说服教育法引导孩子的原因

说服教育从某种程度上说是运用语言的艺术。为了让孩子能从心里接受自己的教育，就要采用多种方法，如讲解、谈心、讨论、书信交流和行为示范等。

说服教育法是家庭教育最基本的方法之一，也是家长用得最多的方法。说服教育法是通过摆事实、讲道理，使受教育者明辨是非、善恶，提高品德水平的一种方法。它从正面进行教育，从提高品德入手，以理服人，启发自觉，调动内在积极因素，引导子女不断进步。无论通过哪种途径，采用何种方法进行教育，一般都要伴以说服教育。英国哲学家洛克曾说过，"说理是对待儿童的真正办法"。可见，说服教育是一种很重要的方法。

八、使用说服教育法的前提

(1) 全面了解孩子。家长要耐心地听孩子说话，了解孩子内心真实的需要，然后给予恰当的指导。

(2) 要实事求是，有的放矢，就事论事。把孩子和孩子的问题分开来看待，孩子是孩子，问题是问题。

(3) 准确地把握教育良机。兴趣是最好的教育突破口，当孩子饶有兴趣地问家长一些问题的时候，家长要把握孩子问题的实质，进行有效教育。

(4) 情理统一，心理协调。家长要性情稳定，特别是妈妈要温柔、体贴，爸爸要开朗、大气。

(5) 说服要有耐心，说话要有艺术。家长说话应言之有理，有感而发，多用建议替代命令、指责。

九、使用说服教育法时应注意的事项

1. 切忌讽刺、挖苦，要以理服人

有些家长常把说服教育当成讽刺、挖苦、训斥，实际上这不是说服教育，是"精神虐待"，这样的做法会让孩子产生敌对情绪、逆反心理，还会给孩子心灵造成创伤，严重的会逼孩子走上绝路。另外，孩子不会从正面理解这种刺激，往往不服气，或麻木不仁，产生"抗药性"，于是家长以后的耐心说服、谆谆教导，孩子都当耳旁风听不进去。

如果家长的讽刺、挖苦被孩子接受了，那么对孩子危害更大。因为这是对他们自尊心的伤害，这种内伤更难医治。表面上看，他们对讽刺、挖苦无动于衷，可他们心理负担很重，容易形成心理疾病。家长要清楚，教育要以理服人，而不是以势压人。家长在与孩子谈话时态度要和蔼，要以平等的身份和孩子交谈，不要板着面孔训人。只有让孩子觉得你既是严师又是挚友，你的教育才能被孩子心悦诚服地接受。

2. 切忌唠唠叨叨，要简练、深刻

有的家长教育孩子太过随意，张嘴就来，翻来覆去总是那么几句话，唠唠叨叨，没完没了，孩子对这种教育自然会特别反感。

心理学研究表明，当第一次听到新信息时，大脑获得的刺激量最大，印象也最深刻，但同一内容反复太多，就会使大脑皮层产生某种抑制，自动关闭其接受系统。在这种情况下再唠叨下去，你的话只能变成无关痛痒的废话，成为一种"精神噪声"，使孩子产生逆反心理。所以，家长必须提高教育水平，讲究语言艺术，做到简练、深刻。

3. 切忌空话、大话、套话、假话，要有情感性

现在的孩子知识面要比父母辈更广，孩子需要的是更高水平的教育，对于那些低水平的平庸的说教、套话、大话、空话等早已经厌烦。他们特别讨厌那些"冷冰冰的道理""空洞干瘪的说教""言不由衷的装腔作势""冷酷、僵化的训诫"，他们需要坦率的、真诚的、充满感情的教育。只有在情感上产生共鸣，才能激起内心的波澜，达到良好的教育效果。父母的说服教育要力争做到"情是真的、心是暖的、语言是生动的"。

情感在品德形成中起着催化剂的作用，只有激发受教育者的积极情感，说服教育才能对他们的思想认识起到重要的作用。为此，家长要善于以自己满腔的热情和坚定的信念去引起孩子情感上的共鸣，激起孩子思想上的波澜，从而使话语转化为他们内心的信念。要使说服教育富有感染性，关键还在于家长对家庭教育的内容有深刻的体会和理解，对孩子真正地关心和爱护。

4. 切忌盲目性，要做到"事先备课"，有针对性地进行教育

家庭教育固然具有"遇物而诲"的特点，但是也需要精心准备，在和孩子谈话前，应先"备课"。所谓"备课"，是指家长在教育孩子前要先准备一下，讲什么道理，选取什么事例，准备达到什么目的，都要精心准备。每次讲道理都要说得有水平，有新意，说到孩子的心坎上，这样才能打动孩子的心。不说就不说，要说就要在孩子的心中产生震动，让话语入耳入脑。

5. 切忌脱离实际，要站在孩子的角度，符合孩子的年龄特点和实际需要

说服教育只有特别注意研究孩子的心理，符合孩子的心理水平才能产生共鸣。

根据孩子年龄特点进行说服教育，我国古代有很多可借鉴的经验。"孟母断机杼"就是采用深入浅出，寓教于喻的方法，既生动又形象，适合青少年的年龄特点。总之，在进行说服教育的时候，要采用孩子易于接受的方法，低年级可以采用讲故事、讲寓言的方式，高年级可以采用讲典故，让孩子自己读文艺作品等方式。

十、运用行为训练法教育子女的方式

为了指导孩子的行为，培养孩子良好的习惯而进行的反复要求、反复练习、反复检查

督促的方法叫作行为训练法。

行为训练法重点是训练孩子的行为，它涉及的范围很广，如学习习惯、卫生习惯、劳动习惯、文明礼貌习惯、孝敬父母习惯、待人接物习惯以及其他的生活习惯和道德习惯。

行为训练法的重点是训练，但它的方式不单仅限于训练，还包括一系列的方式、方法，一般有模仿训练法、指导训练法和强化训练法，根据训练法的顺序，一般有以下一些方式。

1. 讲清道理，配合训练

训练前应给孩子讲清道理，让孩子明白为什么要进行这方面的训练，只有孩子明白了训练的重要性和必要性，才能提高参加训练的自觉性。例如，训练孩子晚上睡觉前要洗脚，就要讲清楚晚上洗脚有什么好处，脚上有很多穴位，用热水泡一泡，可以免去一天的疲劳，穴位得到按摩可以增进健康，洗脚可以洗掉脚上的污垢，不易生脚气、脚病等，孩子懂得了这个道理，一洗脚确实很舒服，以后就会主动洗脚。当然，对于幼小的孩子不要讲太深的道理，讲太深了，孩子听不懂等于没讲，还不如强制训练，等孩子养成好习惯，年龄大了，也就懂得它的好处了。如培养孩子刷牙的习惯，就要告诉孩子如果不刷牙，牙齿上残留的食物就会生细菌，细菌会把牙齿腐蚀成洞，孩子年龄小不了解细菌，且他的牙齿还没有洞，怎么说也不信，在这种情况下就不用讲太多道理。

2. 提出要求，具体指导

孩子年龄小，光讲大道理不行，在进行训练时必须有耐心，要具体指导。现在的家庭独生子女多，不少孩子从小娇生惯养，上了小学连起码的生活经验都没有，如果不给予具体指导，很难形成良好的习惯。有些事并不是孩子不想做，而是家长没有教。例如，要教孩子养成卫生习惯，就要教孩子如何刷牙、洗脸、洗脚，如何叠被子、擦桌子、扫地等。如果不手把手地教，孩子刷牙就可能横着刷而不是竖着刷，洗脸、洗脚就会弄一地水，擦桌子就会乱抹，擦玻璃就会越擦越脏。没有指导的实践，就有可能养成不良习惯。所以，在培养习惯时必须给予具体指导。

具体指导要从细小的动作入手，从坐、立、行走开始。对握笔姿势、看书姿势、敬礼姿势都要给予指导。要教孩子学会如何给大人递东西，如何接老师发的课本，如何说话，甚至咳嗽时如何用手帕捂嘴，等等。指导还可以扩展到更广的方面，除行为习惯、日常生活的指导，还有学业指导、职业指导、健康指导、人格指导等。

同时，指导要因人而异，根据孩子不同的年龄、性格特点，采取灵活的、有效的方法。

3. 严格要求，反复训练

严格要求，反复训练是行为训练法的核心。在对孩子进行行为训练时，只要父母提出要求，就要让孩子反复按要求去做，即使逼迫孩子也要非做不可。刚开始时，孩子可能很不情愿，但家长也要逼迫孩子去做，时间长了，孩子习惯了，就会变成愉快的行动。严格训练最忌讳的就是溺爱——向孩子妥协，在训练过程中家长一定要下狠心，否则就会前功尽弃。

4. 反复检查，经常督促

为了使孩子能长期坚持下去，家长在训练的过程中要反复检查、督促，做得好给予表扬、奖励，做得不好要予以批评、惩罚，并要求孩子重新练习。例如，训练写作业仔细认真的习惯，家长就要天天检查孩子的作业，偶尔有一天不整齐也不行，有一点错误也不允许，必须重写重做，时间长了，孩子就会养成仔细认真的好习惯。这个工作非常烦琐，也是很恼人的，但必须坚持，否则就不叫训练。

5. 正确评价，强化巩固

在训练中为了使孩子能坚持下去，就要给一些必要的评价，使孩子的行为得到强化。评价是依据家人的要求，对孩子的行为给予一定的判断、褒贬的方式。它可以激励孩子坚持良好的行为习惯，预防和克服不良的行为习惯。评价时要注意主观评价与客观评价相结合，另外评价不只是家长的评价，还要注意孩子的自我评价。孩子的自我评价实际上是一种自我教育，它能调动孩子内部的积极因素，有意识地克服和抵制不良习惯，主动地按正确要求去做。但是，只有自我评价还不够，还要发挥集体监督作用，这也是家庭内的互评，它可以对孩子起到督促作用。

十一、使用行为训练法进行家庭教育时应注意的事项

1. 训练必须是反复训练

训练要强调反复，不反复训练难以养成习惯。家庭教育是一个长期工作，养成一个好习惯不是一两天、一两个月的事情，需要长期抓，持之以恒。矫正一个不良习惯，更不是两三天的事，"冰冻三尺非一日之寒"。"习惯成自然"是需要时间的。国际上有一个普遍的说法是一个好习惯的养成需要 21 天。特别是孩子年龄小时，自制力不强，要培养仔细认真的习惯，父母必须天天检查，直至养成习惯后再放手。培养良好行为习惯的工作必须一竿子插到底，切不可"前紧后松""一曝十寒""三天打鱼两天晒网"，要有耐心，要不怕反复，要持之以恒。

任何一种方法，不管它多么科学，都不是用一两次就能解决问题的，需要长期坚持，特别是习惯的培养，坚持就是胜利。

2. 训练必须是严格训练

训练还要强调严格。训练就要有个"狠劲"，不见实效不收兵。训练的过程是个痛苦的过程，即使孩子不愿意，家长也得咬着牙让孩子坚持下去。只有经过痛苦的磨炼，才能养成好习惯，一旦养成习惯，痛苦就变成愉快了。然而，有些家长对孩子过于溺爱，总下不了狠心，孩子一求饶，一掉眼泪，家长的心就软了，结果什么好习惯也养不成。

知识窗 3-2

家庭教育格言

习惯影响人格，人格更会影响习惯。也许可以说，年龄越小，习惯对人格的影响越大；年龄越大，人格对习惯的影响越大。因此，在儿童时期重在培养良好习惯，就是为健康人格奠定基础。

——孙云晓

任何一种习惯都是反射行为，行为的习惯性有多深，它的反射性就有多大。哪里有习惯，哪里就有神经系统在工作。神经体不仅可以有天赋的反射，而且在活动的影响下，也有掌握新的反射的能力。

——乌申斯基

十二、使用家规制约法教育孩子的方法

"制约法"就是用纪律、规范、制度等约束孩子，使其按正确的要求去做，并逐步形成良好的道德品质的方法。孩子自觉性不高，需要一定的家规制约。要克服不良习惯既需要内部的意志力，也需要外部的强制力，完全自觉是做不到的。孩子犯了错误，对其进行一定的批评教育乃至惩罚都是必要的，当然这只能是辅助手段，但没有也是不行的。

1. 制定家规要适合孩子的年龄特点和家庭情况

制定的家规可贴在墙上，也可用口头形式规定。有些家庭貌似没有家规，但实际上有约定俗成的没有条文的家规。当然最好是明文写出。我们今天定家规没有什么固定的格式，只要适合孩子，适合时代要求就可以。一般来说，应该有道德要求、学习要求、生活规范和卫生习惯等。

2. 贯彻家规

有了家规就要认真贯彻执行，家规定得再好，不执行也是无用的。执行家规是家规制约的关键。家规执行得好坏，关键在于家长是否用家规严格要求孩子"一以贯之"。要执行好家规就要经常提醒孩子按家规去做，培养孩子执行家规的意识，事事处处用家规提醒孩子，事后用家规进行总结对照，使家规真正成为约束孩子行为的"法律"。

3. 奖励和惩罚

家规制约法要真正起到制约作用就要运用奖励和惩罚的手段。对认真执行家规的孩子给予表扬与奖励，使孩子执行家规的行为得到强化，促使其更好地执行家规；对违反家规的孩子要给予批评与惩罚。古代的家规是很严厉的，家长一说拿家法来，实际上就是要打，对违反家规的人要予以严惩。

今天我们当然不主张打，但必要的惩罚是不能废除的。比如，孩子违反了家规，没收

他最喜欢的玩具，不让他看他最喜欢看的电视节目，将该带他到公园玩的项目取消，在一定时间内冷淡孩子或不与他说话等都是惩罚。没有奖励和惩罚，家规就失去了威严。奖励和惩罚可以说是家规制约法的生命。

📇 知识窗 3-3

常用家规内容

(1) 多说"谢谢"和"请"。

(2) 乐于夸奖他人。

(3) 己所不欲，勿施于人。

(4) 乐善好施。

(5) 量入为出。

(6) 交新友勿忘旧友。

(7) 敢于认错和道歉。

(8) 学会倾听。

(9) 勤读圣贤书。

(10) 重智慧和勇气。

(11) 勿纵物欲。

(12) 气盛时切忌有鲁莽草率之举。

(13) 举止须有风度，容颜须呈自信。

(14) 要事勿谈于街巷，留神"隔墙有耳"。

(15) 对方工作未完勿先付报酬。

(16) 为赢得一场战役，宁可输一场战斗。

(17) 勿做饶舌者，勿传播马路新闻。

(18) 慎待一无所有者。

(19) 困难面前应做最好的打算和最坏的准备。

(20) 勿轻易承诺做不到的事，学会坦率而有礼貌地拒绝。

(21) 勿奢望生活中事事公平。

(22) 勿低估原谅的作用。

(23) 勿因夫妻吵架而摔门出走。

(24) 患重病至少向三个人求医。

(25) 重视家具和着装，如想使用五年以上，买你认为是最好的。

(26) 勇于面对现实和投入生活，因为当回首往事时，人们更多的是为未做之事而遗憾。

(27) 新颖、高尚、能改变世界的观念来自独创。

(28) 即时理事勿拖延。

(29) 敢于自认无知。

(30) 写下生前必须完成的事，随身携带，时时对照。

十三、使用家规制约法时应注意的事项

(1) 制定家规要合理、公正。也就是说，要符合孩子的年龄特点，要求要适中，要符合实际，过严、过宽都不利。制定家规要参考时代的要求，要借鉴古今中外的经验，也要有一定的针对性(针对孩子的问题)。为了便于培养孩子良好的道德品质，在家里，每一个阶段应重点强调一两个规定，以便于集中力量养成或矫正某一两个习惯。规定太多、太滥是无意义的。制定家规最好征得孩子的同意，如果能和孩子共同商讨决定更好，孩子认同了才有自觉执行的基础，不能完全靠行政命令。家规一经制定就要相对稳定，不能朝令夕改。

(2) 家长要起榜样作用。詹姆斯·鲍德温曾经说过，孩子们从来不会好好听从长辈的教导，但他们永远都在模仿长辈。家长教育孩子用得最多的方式是语言，而科学实验结果却表明：一个人的学习能力是听觉最弱，记忆时间最短；视觉最快，记忆时间较长；感觉记忆最深刻。所以，对于孩子来说，最有效的教育方法就是榜样示范。因此，家规不只是给孩子制定的，家长也要带头执行，否则孩子就有不执行家规的借口。一旦出现这种情况，家规就失去了威严，所以家长一定要认真执行家规，给孩子做出榜样。家长的行动可以使墙上贴着的家规变成形象的家规，有利于孩子模仿，坚定地执行家规。

(3) 防止家规"软化"现象。规矩就是家长和孩子之间的一份承诺协议。而在实际运用中，往往是家长自己先打破游戏规则，由此就会出现家规"软化"现象，家规就不能起到应有的约束作用。出现家规"软化"现象最主要的原因是监督"软化"。如果在监督过程中不坚持原则，使"家规变通"，搞所谓的灵活性或"家规扭曲"，在执行过程中家规走了样，就会失去监督系统的严肃性，使家规失去威慑力量。因此，在贯彻家规时必须有严格的检查制度、奖惩制度。

(4) 正确使用惩罚。不少家长认为惩罚就是打，其实不然。惩罚是给孩子痛苦的体验，痛苦的体验不一定是肉体上的疼痛，强制性地剥夺孩子的某些权利，限制某些精神上的需求和欲望都能达到惩罚的目的。如，不让看电视，不让出去玩耍，写检查，公开认错、道歉，等等，也就是说限制孩子的自由，不允许孩子做想做的事，让孩子去做不愿做的事都是一种惩罚手段。父母应该根据孩子的年龄、性别、性格采取不同的惩罚方式。

📖 知识窗 3-4

家庭教育名言

我们不能为了惩罚孩子而惩罚孩子，应当使他们觉得这些惩罚正是他们不良行为的自然后果。

——卢梭

代孩子做其该做的事便是企图替代孩子成长。任何替代孩子成长的企图，最终都会在孩子的身上产生负面效应。孩子学不到，会依赖和缺乏自信。孩子在成长过程中学不到该学的东西，长大后要付出很大的痛苦代价。

——李中莹

📄 知识窗 3-5

家庭教育常用的客观评价法

评价法是依据一定的要求和标准，对孩子的思想和行为予以肯定或否定的方法。它有助于孩子良好思想和行为的形成、发展和深化，预防和克服不良思想和行为的滋长。

常用的客观评价的方法有以下五个。

1. 赞许

赞许是对孩子良好的品德的赞同和称赞。赞同是肯定，称赞是好评，但都是一种不太正规的评价方式。赞许可以用口头或评语表示，也可以用点头或微笑等动作表示。如，对孩子说，"对""很好""就应这样""不错""太好了"等，也可以是赞许的目光、亲切地拍拍肩膀、点头、微笑等。

2. 表扬

表扬是对孩子良好品德的好评，是比较正式的评价方式。表扬有口头表扬和书面表扬两种。在家庭中常用的是口头表扬，家长不在孩子身旁时也可以用写信等书面表扬的形式。表扬可以当面表扬，也可以背后表扬，通过第三者传到孩子耳朵里。可以个别表扬，也可以当众表扬，如在全家人面前，在亲朋好友面前，在孩子的同学、朋友面前表扬。一般来说，当众表扬效果更好。

3. 奖赏

奖赏是对孩子较为突出的优良品德的奖励。奖赏的办法有颁发奖状、授予奖品，以及颁发纪念品等。奖品是物质奖励，可以满足孩子的物质需要。奖状和纪念品主要是满足孩子的精神需要。有时把孩子的成绩贴在墙上，给孩子照一张纪念照也是很好的奖赏。

以上三种方法都是奖励的方法，都属于正强化。正强化可以增强孩子的荣誉感和自尊感，促使其自觉地坚持正确的思想和行为。它的优点是，可以使孩子明确认识和肯定自己品德中的优点和长处，并在情感上产生愉快的体验，引起和增加他们巩固和发展这些优良品德的愿望和信心。运用奖励法要明确奖励的目的，奖励要公正合理，要符合实际，要适当，要恰如其分。

4. 批评

批评是对孩子不良行为的指责。当孩子犯了错误，错误较轻或态度较好，可采用口头或书面形式进行个别批评或当众批评。批评是家长使用最多的方法，但往往也是用得最不恰当的方法，因此必须慎之又慎，尽量用暗示、商讨、交换、自责、对比、迂回、勉励、比喻等方式进行。注意时机和地点、场合，尽量不伤孩子的自尊心。

5. 惩罚

惩罚是一种强刺激，当孩子犯的错误特别严重或屡教不改，不惩罚不足以引起教育作用时使用的一种手段。它是一种教育的辅助手段，要慎用，且不能体罚；要及时、适度；事后一定要和孩子沟通，说明惩罚的理由；不要带情绪，不可常用。

批评和惩罚是负强化。负强化也有教育意义，因为孩子在受到批评或惩罚的否定性评价后会引起不愉快甚至痛苦的情绪体验，从而产生内疚、悔恨，能促使其吸取教训、痛改前非，也可以使孩子明辨是非，清楚地记住什么是错的，什么是不能做的，从而克制自己的不良欲望，改正自己的缺点和错误。

十四、使用表扬、奖赏法时应注意的事项

（1）表扬、奖赏前必须了解事实。表扬、奖赏必须在充分了解事实的基础上进行，不但要了解孩子的表现，还要了解孩子的思想。表扬一定要慎重，一定要准确，否则易造成不良影响。

（2）表扬、奖赏时要注意动机与效果的统一。在表扬时，父母要特别注意客观、公正、实事求是，尤其要注意动机与效果的辩证统一。在表扬、奖赏方面，不能只注意外在的行为，而忽略内在的动机。否则，表扬不但会削弱教育效果，还会起反作用。

（3）表扬、奖赏时要掌握分寸。什么情况用赞许，什么情况用表扬，什么情况用奖赏要掌握好分寸，做到恰如其分。一般来说，小进步用赞许，中等进步用表扬，突出成绩用奖赏。家长对孩子的评价是孩子自我认识的基础，也是孩子学习自我评价的途径。因此，家长评价准确不准确、恰当不恰当对孩子学会正确评价自己是十分重要的。

评价过高易使孩子骄傲自满，沾沾自喜，停滞不前；评价过低则没有激励效果，起不到推动作用。表扬、奖赏太少，孩子得不到心理满足；表扬太频繁，孩子觉得无所谓，就失去了表扬、奖赏的作用。表扬调子太高了，孩子认为"假"；表扬调子太低了，孩子会认为你没有把他看在眼里，是敷衍他。总之，要尽可能做到恰如其分地表扬孩子。

（4）表扬、奖赏要及时。孩子经过努力取得成功，或是经过努力有好的表现就应马上给予表扬，不要延缓。这样才能使他印象深刻，在大脑中建立的兴奋区比较牢固，起到更大的强化作用。如果拖延时间太久，孩子对所做的事情已经淡忘，大脑中的兴奋中心已经转移，就会降低表扬、奖赏的效果。

（5）表扬、奖赏要适合孩子的年龄特点，要有针对性。对于不同年龄段的孩子，表扬、奖赏的分量应该不同，要根据孩子的年龄特点和个性特征进行。如，对年龄小的孩子可以把表扬、奖赏拔高一点，激发孩子的上进心；对年龄大的孩子就不要拔高，以免他们认为

故弄玄虚；对好自满的孩子表扬、奖赏要慎重，不要过分表扬，以免骄傲的心理情绪抬头；对自卑感强的孩子，要适当加重表扬，以增强他们的自尊心和自信心；对比较敏感的孩子要注意尺度，以防他猜疑你的用心；对满不在乎的孩子，就要加重语气，给予强刺激，引起他的兴奋。

(6) 表扬也要客观真实，符合实际。家长表扬孩子要考虑他的实际情况，要客观真实。不要盲目表扬，过度夸张，否则会使奖赏显得虚假、不真实。现在的孩子心理成熟早，尤其是有了一定判断力的大孩子，他会揣摩父母言语中的真实性，如果表扬失真，被他识破，就会失去效力。因此，家长要措辞得当，不要过分拔高，要能表扬到孩子心坎上。

(7) 奖赏以精神奖励为主，把精神奖赏与物质奖赏结合起来。一说到奖赏，许多家长就认为是指给孩子买东西。其实奖赏不一定是纯物质的，精神奖赏运用得好比物质奖赏效果还好。如，给孩子开个庆祝会，带孩子去旅游，把奖状贴在家里最显眼的地方，把亲朋好友请来当众宣布孩子的成绩，召开家庭会议为孩子戴光荣花、留影纪念，带孩子去看电影，去郊游，等等。当然，对于物质奖赏我们也不反对，只要能起到正面的激励作用就可以，如给孩子买文具、图书、文体用品、玩具以及衣物、食品等。但要注意不要单纯物质刺激，以免孩子产生为满足物欲而去"努力"的思想，最好的方法是把精神奖赏和物质奖赏结合起来。

特别要注意的是，奖赏时一定要让孩子知道为什么得到奖赏，奖赏不是目的，只是一种手段。因此，在奖赏的同时要使孩子明确为什么要奖赏他，使奖赏的指向性更强。也就是说，要让孩子充分认识到自己进步的具体表现是什么，进步的原因是什么，今后如何更好地努力，这样才能真正起到激励作用。要把物质奖赏变成精神力量，推动孩子更快进步。

十五、使用批评法教育孩子时应注意的事项

(1) 要有明确的目的。为什么要批评孩子，大部分家长都非常清楚，可有时一急就忘了目的，而采取不恰当的方法，使孩子感到挨批评并不是因为自己犯了错误，而是因为家长的急躁。所以，批评孩子时家长头脑一定要清醒。要记住批评只是手段，不是目的。批评绝不是使孩子心灰意懒、垂头丧气，而是帮助孩子认识错误，改正缺点，大踏步前进。批评孩子的目的绝不是自己出气，而是为了教育孩子。批评孩子也绝不是单纯因为孩子伤害了家长，给家长丢了面子，而是因为孩子的思想言行违反了社会的道德要求，如果不及时教育，孩子的缺点、错误就会越来越严重。

(2) 要注意态度。孩子犯了错，家长往往比较生气，一气之下就会打骂孩子。孩子犯错误，家长生气是可以理解的，但打骂孩子却是不正确的。家长不姑息、不纵容、严格要求孩子是完全正确的，但采用讽刺、挖苦等方式对待孩子却是错误的。不少家长教育孩子失败的原因，不是因为自己的动机，而是因为对待孩子的态度。批评教育孩子并非横眉立目、训斥挖苦，而是以理服人。家长对孩子的批评可以严肃，但不能粗暴，对事情可以狠狠批评，但对人要满腔热情。孩子看到家长的态度是真诚的、善意的，就容易接受，这样才有

利于孩子改正缺点、认识错误。如果孩子认为你是故意找碴儿，成心与他作对，你说多少也没用。

特别要注意的是，在批评时要让孩子感到人格上的平等，体现尊重、爱护和信任，家长不要奚落、挖苦孩子，不要有损孩子的人格。不尊重孩子的人格，势必引起孩子的对立情绪，抵消批评的效果。孩子遭到人格的侮辱就会有抵触情绪或破罐子破摔。所以，不能因为一时生气就什么都不顾，一定要保持冷静，脑子里想着：注意态度，不要伤了孩子的自尊心。要体现出批评也是一种关怀，要从爱护出发，着重于提高认识，在尊重人格的基础上进行，不能损害孩子的身心健康。

(3) 要公正合理，恰如其分。有些家长一看到孩子犯错误就急了，批评起来难免过火，以为这样的强刺激对孩子会起到较深刻的教育效果。殊不知，越过火孩子越反感，并不能取得应有的教育效果。所以，批评更要慎重，更要讲究方式、方法。应该做到既严肃又耐心，使孩子心服口服。

要让孩子心服口服，家长就必须公正、合理，批评要实事求是，不要以为说得越多越好。过激语言只能使孩子感到无所谓，反正我的错误没那么严重，爱说什么就说什么吧，于是把你的话当耳旁风，不往心里去。认为你无非就是撒撒气而已，批评的效果无形中就降低了许多。当然，批评太轻也不行，太轻不足以引起孩子重视，不能触动孩子的心灵。最好的办法就是调查清楚，合理、公正、适度地批评。所谓"度"，就是质与量的界限，凡事超过了"度"就会走向反面。

(4) 要一分为二，不要全盘否定。家长批评孩子的时候爱犯的一个毛病就是全盘否定。因为孩子犯了错误就把孩子说得一无是处，对于教育孩子是毫无意义的。孩子小，有缺点、犯错误是正常的，绝不要一见孩子犯了错就攻其一点，不及其余。有的家长会把孩子的错误看得很严重，夸大错误的程度，有的甚至曲解了错误的性质。比如，3岁的孩子撒谎都是因为这个年龄段的孩子想象力的发展，分不清现实和想象，把想象当成现实，而有的家长就判定为品德问题；再比如，孩子偶尔拿家中的钱，就上纲上线，上升到品质恶劣的程度，贴上"品质不好""坏孩子"的标签，让孩子没有翻身的机会。所以，我们在看待孩子的错误时，要了解孩子的身心发展特点，要弄清楚是什么原因、什么性质的错误。

(5) 要掌握好批评的时机。一般来说，家长都是孩子犯了错误立即就批评，而没有考虑时机。有的可以当时批评，有的可以缓一缓，让孩子思考一下再批评。有些特殊时间不应该进行批评，比如，吃饭时批评孩子对他的消化器官的影响很大，容易使孩子得肠胃病；还有在睡觉前受到严厉的批评，孩子会郁闷，会影响睡眠，容易神经衰弱，流着眼泪睡觉对眼睛也不好。

批评的时机最好根据孩子的气质、性格和孩子当时的情绪来决定。抓住批评的时机很重要，孩子在不同的心理状态下，对待批评的态度也不同，一般来说，心情不佳时不利于认识自己的问题，有时会有抵触情绪，心情平静时有利于认识错误。所以批评要选择有利时机，有时可以在与孩子玩耍中提起孩子的过失，有时可以在孩子受到奖赏、高兴时，提醒孩子改正不足之处。时机抓准了，可以事半功倍；时机抓不准，往往事倍功半，甚至适得其反。

(6) 要选择批评的场合、地点。家长批评孩子应该避开他人，一般不要当着孩子的朋友、同学、邻居、亲戚的面批评孩子。因为孩子很爱面子，有自尊心，当着众人数落孩子，孩子面子上挂不住，要么直接顶撞父母，造成尴尬的局面；要么孩子自己生闷气，影响孩子的身心健康。所以，批评孩子时最好与孩子私下单独交谈，如果有可能，可以边散步边交谈，或坐在花园谈。适当的场合既能保护孩子的自尊心，又有利于孩子接受意见。

(7) 要注意批评的次数。对孩子的错误，不要翻来覆去批评个没完，一次错误批评一两次就可以了。连续的负强化会使孩子心理上长期处于紧张状态，感到无所适从，严重的会产生自卑感，甚至破罐子破摔。所以，家长一定不要对孩子的错误反复、连续地负强化。

(8) 要善于等待，允许孩子有个认识过程。家长批评孩子往往心急，总想"立竿见影"，要求孩子立即承认错误，写检查，做保证。以为孩子全都认可了就改正了，其实不然。孩子对错误有一个认识过程，有的快，有的慢。有的孩子经过批评得到猛醒，可有的孩子对家长的批评还有一个消化的过程。在孩子还没有彻底认识错误时要求孩子百分之百地"认罪"，其实是自欺欺人，就算孩子低头"认罪"了也可能是假的。因此，家长应允许孩子一点点加深认识，善于等待，不要心急。即使孩子当时认识到了自己的错误，其行动上也要有一个转化的过程，要允许孩子出现反复，孩子的进步不可能一蹴而就，特别是已形成不良习惯的孩子，要纠正他们的不良习惯更不能操之过急。

家长在批评孩子时也应允许孩子保留部分意见，允许孩子反驳，这样才能体现出批评是民主的。有时家长的批评不完全符合事实，孩子提出意见家长应该接受，这并不妨碍家长对孩子的批评效果。孩子感到家长是公正的、民主的，才会更愿意接受批评。

十六、使用惩罚法教育孩子时应注意的事项

(1) 惩罚不等于体罚。体罚是一种惩罚手段，但不是好的惩罚手段，原则上要反对体罚手段。惩罚可以有多种形式，如强制执行某个规定、限制孩子的某些自由(如不允许打游戏)、剥夺孩子某种权利(如减少看电视的时间)、强迫孩子去做自己不愿做的事(如自己洗衣服、收拾房间)等。只要能使孩子产生痛苦体验的方法都可以有惩罚作用。

(2) 惩罚要及时。在孩子出现错误行为时就要及时给予警告、惩罚。发生错误行为和实行惩罚间隔的时间越长，惩罚的效果越差。所以，惩罚要及时，抓住时机教育孩子。

(3) 惩罚时要讲清道理。要让孩子知道为什么受到惩罚，使其心服口服，甘愿受罚。

(4) 惩罚要适度。根据孩子所犯错误的轻重，适度惩罚，不要让孩子感到你的惩罚随心所欲。孩子觉得公正，才能接受教育。另外，惩罚太重了会引起对抗情绪，惩罚太轻了，没有教育效果。所以，要调查清楚事实后再采取适度的惩罚。

(5) 避免心情不佳时惩罚孩子。因为心情不佳时教育者不易掌握惩罚尺度，而且往往在惩罚时伴有个人情绪，出现讽刺、打击等有损人格的语言。

(6) 家长与孩子应保持正常的关系。不要让孩子以为是因为得罪了家长而受到惩罚，应让其真正认识到是自己的行为错了，触犯了家规，违反了应该遵守的规章制度。

(7) 惩罚要抓住苗头。在孩子错误刚露头时就要及时教育，这比错误严重了再惩罚效果要好。

(8) 惩罚后要避免立即表扬。"打一巴掌，给个甜枣"的做法，往往会使孩子认为家长惩罚错了而自责、道歉，这会削弱惩罚的意义。即使孩子进步了，也要等他深刻体悟到惩罚的意义，有了内心体验后再进行表扬。

(9) 惩罚要让孩子感到是"自作自受"。让孩子感到自作自受，最好的办法就是"自然后果惩罚法"，即孩子所受的惩罚是他的过失招来的自然后果。

(10) 惩罚要少用、慎用。惩罚虽然也是一种教育方法，用好了可以起到深刻的教育作用，但它终究不是主要的教育方法，不能常用，更不能滥用。可用可不用时不用，即使非用不可也要慎重。要防止为出气而用，要理智地运用，不能感情用事。运用时要考虑孩子的心理承受能力，过火则往往适得其反。还应考虑孩子的年龄、气质、性格以及犯错误的性质、程度、动机等，总之，不能简单粗暴运用，要慎之又慎。

📑 知识窗 3-6

"自然后果惩罚"理论

"自然后果惩罚"理论是 18 世纪法国资产阶级教育家卢梭首创。他说："儿童所受到的惩罚，只应是他的过失招来的自然后果。"他举例说，他打破了他所用的东西，莫要急于添补，让他自己感受到需要它。他打破了自己房间的玻璃窗，让风日夜吹向他，也不怕他因此而伤风，伤风比起漫不经心还要好些。

"自然后果惩罚法"的另一种方法是：给机会去试试。如果孩子在冷天一定要穿好看但太单薄的衣裙，或适合宴会穿的硬底皮鞋时，就让她穿，结果必然是"太冷了""鞋太滑太硬不能在操场上跑、追不上同学"。

📑 知识窗 3-7

"自然后果惩罚"法的好处

19 世纪英国著名教育家斯宾塞指出，"自然后果惩罚"法至少有四个好处。

(1) 可以提供判断行为正确和错误的合理知识，而这些知识则来自结果好坏的本人的经验。

(2) 孩子所受到的痛苦，即使是他的错误行为的自然后果，他必然也会多少清楚地认识到这种惩罚是公正的。

(3) 孩子认识到这种惩罚是公正的，接受这种惩罚只是通过事物本质的作用，而不是假手于人，则他的脾气就可以较少激动。而做父母的，只要比较消极地执行自己的责任，让小孩体验到这种是自然惩罚，就可以保持一分比较平静的心态。

(4) 彼此的愤怒避免了以后亲子之间必然可以保持一种更愉快的和相互影响的关系。

十七、使用"自然后果惩罚法"时应注意的事项

(1) "自然后果惩罚法"最关键的是家长要能舍得孩子受苦。如果孩子把衣服弄脏了，家长马上给其换新衣服，孩子把杯子摔碎了，家长马上买一只新的，自然后果惩罚的效果就没了。家长要有教育意识，要舍得让孩子受惩罚。只要不危及孩子生命，不妨碍孩子身心健康，即使让孩子吃点苦头也是值得的。

(2) 要注意伴以说服教育，不要只靠"自然后果惩罚法"。要让孩子知道为什么受惩罚，错在什么地方，为什么错了，今后怎么办，等等。这样孩子才会真正接受教育，改正错误，否则孩子改正错误的动机只停留在少吃点苦头而不犯错误这一简单的认知上。

(3) 要注意孩子的安全。舍得让孩子吃苦是有限度的，是为了教育孩子而不是虐待孩子。因此，有损孩子身心健康，特别是过度损害孩子的惩罚要防止，涉及火、电、交通等方面的惩罚不宜用"自然后果惩罚法"。

知识窗 3-8

打骂孩子对孩子的危害

(1) 打骂孩子会逼孩子学会说谎。为了不挨打，孩子就要运用防御机制进行自我保护。于是隐瞒真相，编瞎话骗家长。有一次说谎免受了皮肉之苦，就会有第二次、第三次说谎。

(2) 打骂孩子会使孩子破罐子破摔，更加放纵自己。孩子多次挨打，无形中形成无所谓的心态，一般的教育就难以起作用，强烈的刺激才能有效，其结果往往是家长除了打骂而束手无策，最后打骂不行，只能放任自流。

(3) 打骂孩子容易造成孩子身心损害。家长打孩子时往往脾气很大，控制不住自己，失去理智，不顾后果，容易对孩子造成伤害。

(4) 打骂孩子还容易失去孩子自我教育的原动力。孩子只等着挨打，自勉力下降。

(5) 打骂孩子会使孩子形成双重人格。孩子怕挨打就编瞎话，当着家长的面老老实实，装得很规矩，离开了家长就如同出笼的野兽，胡作非为。

(6) 打骂孩子还会使孩子形成错误的观念。他们认为家长打自己是因为自己小，是孩子，而家长个子大，是大人，于是在头脑中形成"强权"意识，认为谁有权、谁厉害就可以欺负别人，于是在学校欺负比自己小的同学。

(7) 打骂孩子还会使孩子产生变态心理，甚至使孩子走上歪路。孩子挨了打，首先想到的并不是自己的错误，而是世界不合理。这样的孩子对家长的抵触情绪非常高，除了怕家长以外，对家长不会有任何感情，家长在孩子心目中的威信可能会降到最低点，甚至会认为家长是一个暴君。一般来说，这样的孩子长大了也很可能是一个性情粗暴的人。

第四章　不同时期儿童心理发展与家庭教育——胎儿篇

一、家庭教育开始的时间

所谓胎教(prenatal influences)，是指孕妇在怀孕期间，通过自身的调养和修养，给胎儿良好的影响。胎教的本质是注重遗传、环境和母亲的因素(母亲的心情、年龄、身体状态、夫妻关系、家庭氛围)等对胎儿生理和心理发展的影响。所以，孩子身心健康的基础从胎教开始。

近年来，科学家从各方面进行探索研究，发现胎儿已具有感觉、记忆和思维的能力，他们不只是子宫内的适应者，还是一个积极活动的过客。这就为胎教提供了科学依据。因此，对孩子的教育应当从孕期开始。从下面的两个例子中，我们可以看出，胎教对孩子的重要影响。

📖 知识窗 4-1

关于胎儿及婴儿是否具有感知能力的研究

胎儿及婴儿是否具有感知能力？心理学家在长期的研究中发现，利用习惯化范式(habituation paradigm)和优先注视范式(preferentiallooding paradigm)等研究方法，可以揭示出胎儿及婴儿具有一定的感知能力。

1. 习惯化范式

习惯化范式又称习惯化与去习惯化。习惯化是指胎儿及婴儿对多次呈现的同一刺激的反应强度逐渐减弱，乃至最后形成习惯而不再反应。去习惯化是指在习惯化形成之后，如果换一个新的不同刺激，反应又会增强，这就是去习惯化。习惯化和去习惯化的整个过程合称为习惯化范式。

通过这种研究方法能够揭示出胎儿及婴儿早期是否具有感知能力。

2. 优先注视范式

优先注视范式也称刺激偏爱程序，这种研究方法以注视时间为指标(见图 4.1)。它通过一个特殊的观察小窗呈现刺激、观察反应并记录注视时间。通过研究发现，婴儿早期能够察觉刺激源；并通过对不同刺激物注视时间的长短，区别不同的刺激物；且对某些图形产生偏爱(如鲜艳的色彩、运动的物体、物体轮廓线密集的地方或黑白对比鲜明处、正常人脸、曲线或同心圆图案等)。偏爱的注视可进一步说明新生儿可能生来就具有某种排定的程序——偏重注视某些轮廓和图形。这些轮廓和图形承载的信息量较大，表明他们对所接触的外部事件具有选择性。

图 4.1　优先注视范式(刺激偏爱程序)

二、听音乐仅仅是胎教的一部分

在我国古代的记载中，关于胎教的学说颇多，并且许多是从实践中总结出来的，在今天亦很有价值。如"畅情志、节饮食、远房事、戒酒浆"等。

科学研究已经证实，胎儿不是生活在真空中，自受精到出生一直直接和母体内环境进行相互作用。胎教的实质就是在产前对胎儿的大脑、神经系统及各个生理系统的发育进行积极的环境干预，目的是促使胎儿正常发育。

所以，听音乐仅仅是胎教的一部分，并不是全部。

📖 **知识窗 4-2**

胎儿在母体内的发育过程

胎儿自受精卵开始到出生在母体内先后经历三个阶段，即胚种期、胚胎期和胎儿期。孕期通常是 40 周(约 280 天)。

1. 胚种期

胚种期也叫卵细胞阶段，是指从怀孕开始，直到受精卵完全固着在子宫壁上的这段时期(也称为受精卵期)。

当受精卵顺着输卵管到达子宫时，它通过有丝分裂分裂成两个细胞。这两个细胞和它们的子细胞继续分裂，在 4 天内形成一个包含 40～80 个细胞的球形结构体，或称胚囊。细胞的分化已经开始，胚囊的内层结构(或胎盘)将形成胚胎，外层将形成各种组织结构，负责保护胚胎并向胚胎提供营养。

怀孕后 6～10 天胚囊抵达子宫，在胚囊的外层出现细小的绒毛。在胚囊到达子宫壁以后，这些绒毛将埋入子宫壁，与母亲的血液供应系统连接起来，这个过程叫"着床"。

2. 胚胎期

胚胎期从怀孕的第 3 周至第 8 周。到第 3 周时，胎盘已经急剧分化成 3 个细胞层：最外层，即外胚层，发育成神经系统、表皮和毛发；中间一层，即中胚层，发育成肌肉、骨骼和循环系统；内层，即内胚层，发育成消化系统、肺、泌尿系统和其他重要器官，如胰腺和肝脏。

胚胎期的发育非常迅速。怀孕后的第 3 周，一部分外胚层发育成神经管，并很快发育成大脑和脊髓。到第 4 周时，心脏不仅已经形成，而且开始跳动，眼睛、耳朵和嘴也已经开始形成，将来形成胳膊和腿的雏芽也突然出现。怀孕后的第 30 天胚胎只有 6.3 毫米长，但是与受精卵相比，它的体积已经增加了 10 000 倍。有机体在其他任何时期的发展速度都比不上它在怀孕第 1 个月的发展速度。

在第 2 个月，胚胎每天生长 0.85 毫米左右，在外形上更像人了。一个原始的尾巴开始出现，但它很快就会被一些保护性组织围绕起来，并变成脊髓骨的末端，即尾骨。到第 5 周的中期，眼睛开始具有角膜和晶状体。到第 7 周，耳朵已经发育完好，胚胎已具一个初步的骨架。四肢开始向身体四周发育，上臂先出现，接着是前臂、手和手指。双腿发育模式与上肢的发育相似，只是时间上晚几天。大脑在第 2 个月内发育迅速，在胚胎期的末期它开始支配肌肉的收缩。

在孕期的第 7 周和第 8 周，随着一种被称为"未分化的性腺"的生殖脊的出现，胚胎的性发展开始进行。如果胚胎是一个男性，它的 Y 染色体上的基因会引发某种生理化学反应，未分化的性腺产生睾丸。如果胚胎是女性，未分化的性腺将不会收到上述指示，从而发育成卵巢。胚胎的循环系统现在开始发挥自身的功能，因为肝脏和脾脏开始从卵黄囊那里接过了制造血细胞的任务。

到第 2 个月结束时胚胎长度为 2.5 厘米多一点，重量不到 7.5 克，但是它已经是一个非常复杂的人类有机体了：7 个月以后，婴儿出生时所应该具有的所有结构目前都已经形成，至少已是初具雏形。从医学角度来讲，尚未出生的有机体不再是一个胚胎，而是一个胎儿；不是"它"，而是"他"或"她"；不是一团模糊的细胞，而是一个逐渐清晰、逐步形成的独一无二的人类有机体。

在胚胎期，每一个器官都有其形成的特定时间，若在此特定时间内因故未能及时形成，以后就再也没有机会形成完善的器官了，因为下一阶段时间是属于另一个器官的形成期。若不良刺激发生在特定时间之前或之后，则对该器官不构成威胁。例如，母体在受孕后第 3、4 个月患风疹，会导致胎儿为盲、聋、哑、心脏缺陷、小脑症或低能等；怀孕第 2、3 个月母体情绪不佳，会导致兔唇；母体甲状腺分泌不足，会导致侏儒症、身体缺陷或低能；母体怀孕初期的药物治疗，会导致畸形儿；等等。

3. 胎儿期

怀孕的后 7 个月，叫胎儿期，是一个快速发育期，各种器官也在逐步精细化。

在孕期第 3 个月，此前形成的器官继续迅速生长并相互联结。例如，神经系统和肌肉系统之间的协调联结可以使胎儿在水质环境里进行许多有趣的动作——踢腿、握拳、蜷身，因为这些活动非常轻微，母亲也感觉不到。消化和排泄系统也开始一起工作，使胎儿可以吞咽、消化营养物质以及排泄。随着男性睾丸分泌雄激素——负责阴茎和阴囊发育的男性激素，性别差异迅速发展。在没有雄性激素的情况下，女性外生殖器形成。到第 3 个月末，胎儿的性别可以通过超声波检测出来，而且其生殖系统已经包含未成熟的卵子和精子。在怀孕的第 3 个月以后，虽然胎儿只有 7.6 厘米长，重量不到 28 克，但所有细微的发展都已出现。

怀孕后的第 4、5、6 个月期间，胎儿继续以较快的速度生长——这段时间被称为"妊娠中 3 个月"。在怀孕第 4 个月的时候，胎儿长 20～25 厘米，重约 170 克，他可能会有一些动作如吸吮拇指或踢腿，而且这些动作可能已经强大到为母亲所察觉。胎儿的心跳通过听诊器很容易听到，正在硬化的骨骼可以通过超声波检测出来。到第 4 个月末，胎儿已开始呈现人类特有的外表。

三、母亲生孩子最安全的年龄段

母亲生孩子最安全的年龄一般是 23～29 岁。原因是女性生殖周期中能够分化成卵的所有卵原细胞(即原始生殖细胞)在女性出生之前就已形成。也就是说，一名 25 岁的女性，其体内的卵原细胞的寿命已近 26 年。所以，母亲受孕的年龄越大，意味着其卵子在女性体内存留的时间越长，其质量也就越差，出生的残疾率就越高。

母亲的年龄与孩子患有唐氏综合征及其他染色体异常可能性之间的函数关系，如表 4.1 所示。

表 4.1　母亲的年龄与孩子患有唐氏综合征及其他染色体异常可能性之间的函数关系

母亲的年龄(岁)	孩子患有唐氏综合征的可能性	孩子之后的可能性	出生时具有任何染色体异常的可能性
< 29	< 1/1 000	1/100	1/450
30～34	1/700	1/100	1/350
35～39	1/220	1/100	1/125
40～44	1/65	1/25	1/40
45～49	1/25	1/15	1/12

四、准父母要做基因检测的原因

近年来，科研人员对人类遗传问题和"家族"病因有了更好的了解，逐渐认识到一些疾病是由基因问题引起的，如镰状细胞性贫血、囊肿性纤维化、杜氏肌营养不良、白化病以及某种类型的智力落后。很多隐性基因遗传性疾病都是父母的基因问题导致的(见表 4.2)。所以，为了孩子的健康发育，有必要对准父母进行基因检测。

首先，基因检测是一种服务，帮助未来的父母评估他们的孩子免于遗传缺陷的可能性。基因咨询师接受过遗传学、家族史解释以及咨询程序方面的训练。他们可能是遗传学家、医学研究者或者开业医生，如小儿科医生。想要孩子的夫妻，可以与基因咨询师讨论，他们的孩子可能面临的隐性基因遗传性疾病的危险，避免这些危险对孩子造成影响。

其次，基因咨询师通常要从准父母那里获得一个完整的家族史或家谱，以明确患有隐性基因遗传性疾病的亲属，以此来评估这对夫妻的孩子患有隐性基因遗传性疾病的可能性。

最后，基因咨询师通过血液分析和 DNA 检测来确定父母是否携带导致严重遗传性疾病的隐性基因，避免隐性基因遗传性疾病的发生。

表 4.2　隐性基因遗传性疾病(部分)

疾　病	描　述	发生率	治　疗	胎儿期检测
囊肿性纤维化(CF)	儿童体内先天缺乏一种酶，从而不能防止黏液阻隔肺和消化管道。尽管通过治疗可以使一些人很好地活到成年期，但更多患有 CF 的人死于儿童期和青少年期	白人婴儿为 1/3 300，非裔美国婴儿为 1/15 300	支气管排液法；饮食控制法；基因更换疗法	可以
糖尿病	个体缺乏一种荷尔蒙，从而不能适当地代谢糖，导致出现过于频繁的口渴和排尿症状。假如不治疗会导致死亡	2 500 个婴儿中有 1 个	饮食控制；胰岛素治疗	可以
杜氏肌营养不良	一种性连锁性障碍，它损害肌肉产生如下症状：言语含混不清，缺乏自主运动能力	3 500 个男婴中有 1 个，女婴中很少见	没有特效的方法可以根治。常常在 7～14 岁时死于心肌衰竭或者呼吸道感染	可以
血友病	一种性连锁性障碍，有时称为"血流不止病"。儿童缺乏一种凝血物质	3 500 个男婴中有 1 个，女婴中很少见	输血；警惕避免刺伤或者擦伤	可以
苯丙酮尿症(PKU)	儿童缺乏一种用于消化含有苯丙氨酸的食物(包括牛奶)的酶。该病袭击肌肉系统，导致活动过度和严重的智力落后	10 000 个白人婴儿中有 1 个，非裔或亚裔美国婴儿很少	饮食控制	可以
镰状红细胞性贫血症	血红细胞呈异常的镰状，使得供氧不足、疼痛、膨大、器官损害、易感染呼吸疾病	非裔婴儿为 1/600；非洲和东南亚概率更高	输血；止痛药；治疗呼吸道感染的药物；骨髓移植(假如找到合适的捐赠人)	可以
家族黑蒙性痴呆症	婴儿一周岁后开始引起中枢神经退化。患者通常死于 4 岁前	欧洲犹太人和法裔加拿大人的婴儿为 1/3 600	没有	可以

五、孕妇罹患的会对胎儿有影响的疾病

许多疾病能够穿过胎盘屏障，对胚胎或胎儿造成危害，而这些危害远远大于对母亲本人的危害。因为未出生的胎儿的免疫系统还不能产生足够的抗体来有效抵抗各种感染。可能影响胚胎、胎儿和新生儿的各种常见疾病(见表 4.3)，其中，风疹、弓形体病、性传播疾病对胎儿的影响很大。

表 4.3　可能影响胚胎、胎儿和新生儿的各种常见疾病

疾病	早产	生理畸形	智力损伤	出生低体重 / 早产
性传播疾病				
梅毒	＋	＋	＋	＋
生殖器疱疹	＋	＋	＋	＋
艾滋病	？	？	？	＋
其他疾病				
风疹	0	＋	＋	0
水痘	0	＋	＋	＋
霍乱	＋	0	？	＋
细胞肥大病毒	＋	＋	＋	＋
糖尿病	＋	＋	＋	0
流感	＋	＋	0	0
疟疾	＋	0	0	＋
腮腺炎	＋	0	0	0
弓形体病	＋	＋	＋	＋
肺结核	＋	＋	＋	＋
泌尿感染(细菌)	＋	0	0	＋

注：0 表明没有影响，+证明有影响，？怀疑有影响。

1. 风疹

医疗界在 1941 年注意到这种致畸疾病，当时澳大利亚一个眼科医生格雷格(Gregg)发现，许多患有风疹的孕妇生的孩子眼睛是瞎的，在他向医疗界提出警告后，医生们开始注意到怀孕的风疹病人所生的孩子总是有这种或那种缺陷，如盲、聋、心脏异常以及智力落后。在母亲怀孕的 1～12 周风疹危害最大。研究表明，在怀孕的前 8 周感染风疹的孕妇中，生出有缺陷的孩子的可能性为 60%～85%，与之相比，孕妇若在怀孕第 9～12 周感染风疹这一可能性是 50%，在怀孕第 13～20 周为 16%。眼和心脏的缺陷在怀孕前 8 周感染风疹时最为严重(因为此时是这些器官正在形成过程之中)，如果孕妇在怀孕第 6～13 周感染风疹，新生儿一般会出现耳聋的现象。因此，医生建议，在怀孕前如果没有打过风疹疫苗，也没有

感染过风疹的女性，在怀孕前三个月应该接种风疹疫苗。

2. 弓形体病

弓形体病是由一种寄生在动物身上的寄生虫引起的。一些孕妇可能吃了未煮熟的肉或者接触了感染此病的家猫粪便而感染这种寄生虫病。虽然弓形体病在成人身上只表现为轻微的类似感冒的症状，但是如果孕妇在怀孕前 3 个月内感染此病，将对胎儿的眼睛和大脑产生严重的伤害。如果在怀孕晚期，则可能导致孕妇流产。孕妇可以采取一些预防措施避免自己被感染，如煮熟或煮透肉制品，彻底洗净接触过生肉的烹调工具，避免接触花园、宠物笼及其他可能有猫粪便的地方。

3. 性传播疾病

(1) 梅毒。梅毒在怀孕的中、后期危害最大，因为梅毒螺旋体在怀孕的前 18 周不能通过胎盘屏障。一般只需进行血检即可查出这种疾病，因此，人们有可能在梅毒损害到胎儿以前用抗生素对母亲进行治疗。若母亲未能得到及时治疗，则有可能导致流产或引起胎儿先天性的眼、耳、心脏或大脑缺陷。

(2) 生殖器疱疹。生殖器疱疹病毒感染大多发生在生产过程中，是新生儿在通过产道时接触母亲的生殖器而被感染。但是，导致生殖器疱疹的病毒有时也可能通过胎盘屏障使胎儿受到感染。不幸的是，没有药物可以治愈此病，母亲根本无法得到医治。感染这种病毒的后果相当严重：这种无法治愈的疾病会使 1/3 受感染的新生儿死亡，另有 25%～30%的新生儿可能失明、出现大脑损伤和其他严重的神经疾病。基于这些原因，一般医生会建议患此病的母亲进行剖宫产，以避免感染婴儿。

(3) 艾滋病。艾滋病是当今最让人们担忧的疾病，艾滋病即获得性免疫缺陷综合征，是一种发现时间不长、无药可治的疾病。它是由人类免疫缺陷病毒(HIV)造成的，这种病毒攻击人类的免疫系统使之易于受到其他疾病的感染，最终会使人致死。体液传播是 HIV 病毒传播的必要条件，所以在不洁性接触或共用针管注射毒品时人们常常会感染艾滋病。在全世界范围内，有超过 400 万育龄妇女携带 HIV 病毒，并可能把病毒传给她们的后代。母亲通过以下途径把病毒传给婴儿：怀孕时，通过胎盘；生产时，当婴儿脐带与母亲分开时可能发生的血液交换；婴儿出生后，在哺乳过程中病毒可以通过乳汁传给婴儿。尽管感染途径很多，但只有不到 25%的婴儿被感染 HIV 病毒的母亲感染。如果感染 HIV 病毒的母亲在怀孕时用抗病毒药物齐多夫定(ZDV)，婴儿感染可能性可降低 70%，而且没有迹象表明这种药物会导致出生缺陷。

六、孕妇服用后会对孩子造成永久性伤害的药物

人们很早就开始怀疑孕妇服用的药物可能对未出生的孩子造成伤害。即使一些对孕妇影响很小的较为温和的药物，也被证明可能对发育中的胚胎或胎儿具有极端危险的影响。影响(或可能影响)胎儿或新生儿发育的部分成瘾物质和治疗药品如表 4.4 所示。

表 4.4　影响(或可能影响)胎儿或新生儿发育的部分成瘾物质和治疗药品

母亲使用的药品	对胎儿或新生儿的影响
酒精	头小、面部异常、心脏缺陷、出生低体重、智力落后
安非他命 右旋安非他命 脱氧麻黄碱	早产、死胎、易怒、新生儿喂食困难
抗生素 链霉素 土霉素 四环素	母亲大剂量地使用链霉素可能导致胎儿听力丧失。土霉和四环素可能导致早产、骨骼发育受阻,白内障、婴儿牙齿颜色变暗
阿司匹林 布洛芬(抗炎、镇痛药)	婴儿生长受阻、动作控制较差及死亡 延长分娩过程,增强新生儿肺部高血压的危险
巴比妥酸盐	母亲服用的所有药品都可以通过胎盘屏障。在临床使用上,它们导致胎儿或新生儿昏睡。如果大剂量使用,它们将导致缺氧症、胎儿生长受限。一种巴比妥酸盐——扑米酮(抗癫痫药),可能导致心脏异常、脸和四肢发育畸形
迷幻剂 麦角酸二乙基酰胺(LSD)	将轻微增加四肢畸形的可能性
大麻	怀孕时大剂量使用大麻可能导致新生儿的行为异常
锂	心脏缺陷,新生儿昏睡和慵懒
麻醉药	母亲对麻醉药上瘾会增加早产的危险,而且胎儿一般也会对麻醉药物上瘾,从而导致各种并发症
可卡因 海洛因 美沙酮	大量使用可卡因可能会大幅提高胎儿的血压,甚至引发中风
性激素	孕妇服用的避孕药和防止流产的药物中所含的性激素可能对婴儿有各种危害,包括轻微的心脏畸形、宫颈癌
男性激素 孕激素 雌激素 己烯雌酚(DES)	女性有生殖器发育异常的危险,并有可能患一种罕见的宫颈癌
镇静剂(反应停除外) 氯普鲁马嗪 利血平 安定药	新生儿可能产生呼吸障碍。安定药也可能导致肌肉缺少弹性和慵懒
烟草	孕妇吸烟会妨碍胎儿生长,增加自发性流产、死胎和婴儿死亡的危险
维生素	孕妇过量摄取维生素 A 可能导致唇裂、心脏畸形和其他严重的出生缺陷。从维生素 A 中提取的被广泛应用的抗痤疮药物——异维 A 酸,是一种威力极强的致畸物质,可能导致眼、四肢、心脏和中枢神经系统的畸形

1. 反应停

反应停是用来缓解孕妇在怀孕头 3 个月经常出现的周期性呕吐的药物，一开始被认为对孕妇毫无伤害，但当有上千名妇女在怀孕头 2 个月服用了反应停，而生出有可怕的生理缺陷的婴儿时，这种药才被意识到对胎儿存在危害。这些婴儿通常出现眼、耳、鼻、心脏严重畸形，许多还表现为短肢畸胎——一种结构畸形，四肢全部或部分缺失，手脚可能像鳍状肢一样直接与躯干连接在一起。

不同的缺陷与孕妇服用反应停的时间有直接关系。如果孕妇在怀孕 21 天左右服用反应停，她们所生的婴儿可能没有耳朵。如果在怀孕 25～27 天服用，她们所生的婴儿可能胳膊发育不全或没有胳膊。如果在怀孕 28～36 天服用，生出的婴儿可能下肢发育不全或没有下肢。如果在怀孕 40 天以后服用，通常对婴儿没有影响。

2. 己烯雌酚

己烯雌酚(DES)是一种人工合成的非甾体类雌激素药物，这种药物的活性成分在 20 世纪 40 年代中期到 1965 年被广泛用于预防流产的处方药中。这种药物似乎很安全，使用过这种药物的孕妇生的孩子各个方面看起来都很正常。1971 年，内科医生宣布，那些服用过此药物的孕妇生的女孩(被称为 DES 女孩)，在 17～21 岁时会有生殖器发育异常的危险，并有可能患一种罕见的宫颈癌。当然，患这种癌症的概率并不是非常高，迄今为止，只有少于 1‰的 DES 女孩患这种宫颈癌，但是她们比其他女性更有可能流产或早产。DES 男孩怎么样？尽管没有确凿的证据表明在胎儿期接触 DES 会导致男孩患癌症，但是一小部分 DES 男性会有轻微的生殖器缺陷。

3. 其他常见的药物

大剂量的阿司匹林与胎儿生长受限、动作控制较差及婴儿死亡有关，甚至还可能导致死胎。孕妇在妊娠最后 3 个月服用布洛芬会延长分娩过程，增加新生儿肺部高血压的危险。大剂量饮用饮料或咖啡因(即每天超过四杯软饮料或咖啡)会导致早产和出生低体重等并发症。抗抑郁药物中含有的锂(如果孕妇在怀孕头 3 个月服用)，可能造成婴儿心脏缺陷。口服避孕药包含雌激素，如果妇女在不知道自己怀孕的情况下服用这种避孕药，会增加未出生的胎儿出现心脏缺陷和其他轻微畸形的危险性。

4. 成瘾物质

如果孕妇每周服用成瘾物质(像大麻、可卡因和海洛因等)2～3 次，她所生出的孩子在出生的头一两个星期经常会表现出颤抖、睡眠失调、对环境缺乏兴趣等现象。虽然还没有证据证实大麻的长期影响，但是这些行为失调可能不利于婴儿以后的成长。

虽然海洛因、美沙酮和其他成瘾麻醉药看起来不会使婴儿产生整体性生理畸形，但是使用这些毒品的妇女比未使用者更容易出现流产、早产或婴儿出生后立即死亡的现象。在那些一出生就对母亲使用过毒品而上瘾的婴儿中，有 60%～80%的婴儿在出生后的第一个月通常较难照管。婴儿出生后不能再接触毒品，上瘾婴儿会出现呕吐、脱水、痉挛、极度易怒、吸吮乏力、高声啼哭等退缩症状。不安、发抖、睡眠失调等症状可能持续 3～4 个月。

可卡因使孕妇和胎儿血管收缩，因此提高了胎儿的血压，阻碍养料和氧气流过胎盘。因此，吸食可卡因的孕妇，尤其是吸食"快克"可卡因的孕妇，经常会流产和早产。与使用海洛因和美沙酮的孕妇所生的孩子一样，吸食可卡因的孕妇所生的孩子经常会表现出发抖、睡眠障碍、对周围环境注意缓慢以及被唤醒时易怒等倾向。接触可卡因的婴儿与没有接触可卡因的婴儿相比从学习活动中获得的乐趣更少，到 18 个月时，他们在智力发展方面也表现出明显的缩减。这些不良后果即可能与婴儿前期接触可卡因以及由此带来的消极情绪有关。

📖 知识窗 4-3

额外摄取维生素的危害

维生素是人体生长发育、正常生理活动必需的物质，适量补充有利于健康长寿。但若大量进补，则会适得其反，损害人体健康。

过量地摄入维生素不仅会破坏人体内环境的稳定，而且会发生中毒。各种维生素在体内相互协作、互相制约。如，维生素 E 对维生素 A 和维生素 C 有保护作用，可减少这两种维生素的氧化破坏作用，促进维生素 A 在肝脏内储存；维生素 B_{12} 有维持维生素 C 在血液中正常水平的作用，多种维生素 B 缺乏，若单纯补充维生素 B_1，可加剧烟酸缺乏，引起烟酸缺乏症；过量的维生素 E 可影响维生素 K 的利用。由此可知，维生素的吸收与利用，在人体内有一个平衡均匀的关系，过多地摄入某种维生素，势必影响其他维生素的吸收及功效，从而导致因体内维生素的失衡而产生的疾病，具体表现如下。

(1) 维生素 A 过量。小儿一次用量若超过 30 万单位，成人超过 50 万单位，就会引起急性中毒，主要表现为头痛、烦躁、恶心、呕吐、腹泻、嗜睡，婴儿还有脑水肿、颅压增高、前囟隆起以及发热、多汗、食欲不振、皮疹、少尿等症状。不论成人或小儿，如连续每日服 10 万单位，超过 6 个月，即可造成慢性中毒，主要有四肢疼痛、步态紊乱、体重减轻和头发干枯脱落、皮肤瘙痒、眼球震颤、复视、鼻出血、口唇干裂以及肝脾肿大、全身浮肿等症状。

(2) 维生素 D 过量。维生素 D 是防治佝偻病的药物，但使用过量造成的后果比患佝偻病还危险。据观察，若小儿每日服 2 万单位，连服几周或数月之后，可出现头痛、厌食、恶心、呕吐、口渴、嗜睡、多尿、脱水、高热及昏迷等症状，尿内出现蛋白和红细胞，如不及时停药，可因高钙血症及肾功能衰竭而致死。

维生素 A、D 中毒(以 6 个月到 3 岁的婴幼儿发病率最高)，多是家长给小儿服用鱼肝油过多造成的。孕妇若大量服用维生素 A、D，则会引起胎儿骨骼发育异常、先天性白内障、新生儿血钙过高以及智力迟钝等不良后果。

(3) 维生素 B_1 过量。大量服用维生素 B_1 会出现头昏眼花、腹泻、浮肿、心律失常等症状。若肌肉注射过量可能出现红斑、风疹块、接触性皮炎、支气管哮喘，甚至过敏性休克等症状。孕妇过量服用会造成产后出血不止。

(4) 维生素 B_2 过量。大剂量注射维生素 B_2，会使肾脏的肾小管发生堵塞，产生少尿等肾功能障碍。

(5) 烟酸(B 族维生素之一)过量。孕妇长期大量服用烟酸会使皮肤潮红、发热、瘙痒、出现蚁走感，也可能出现心慌、恶心、呕吐等症状。

(6) 维生素 B_6 过量。孕妇若使用 25 毫克以上的大剂量维生素 $B6$，可影响胎盘对胎儿营养的供给，使胎儿的发育发生障碍。若肌肉注射过量也可能发生过敏性休克。

(7) 叶酸(B 族维生素之一)过量。孕妇长期大量服用叶酸会出现口苦、焦虑不安和睡眠不规律等现象。

(8) 维生素 B_{12} 过量。孕妇长期大量服用维生素 B_{12} 会出现哮喘、荨麻疹、湿疹、药疹、面部浮肿等过敏反应，也可发生心前区疼痛和心慌等，因此会使有心绞痛的病人加重病情，或发作次数增加。

(9) 维生素 C 过量。孕妇长期大量服用维生素 C，会引起恶心、呕吐、腹痛、腹泻。若突然减少用量，比未服药前更易患坏血病，同时尿液酸化，草酸盐急增，容易形成肾结石。用大剂量维生素 C 进行快速静脉注射，会发生红细胞溶解或静脉栓塞，有致命的危险。婴儿服用大剂量维生素 C，常有睡眠不安、消化不良、浮肿、腹泻、荨麻疹等。多次静脉注射维生素 C，还会发生全身瘙痒性丘疹，甚至发生过敏性休克而致死。维生素 C 在摄取时必须注意以下要点。

维生素 C 不要与其他维生素同时服用，否则会失去原有的生理作用；维生素 B2 为荧光物质，如与维生素 C 同服，会使维生素 C 分解，失去作用；食虾后不要服用维生素 C，无论是河虾还是海虾，壳中均含有五价砷。五价砷无毒性，如与维生素 C 同食，由于维生素 C 有还原化学作用，可将虾的五价砷还原为三价砷，就等于服下了砒霜，长期如此，可产生慢性砒霜中毒，出现乏力、肢麻、皮炎、贫血、肾功能减退等症状。此外，维生素 C 不能与茶叶、牛奶等碱性饮料同食，否则可使维生素 C 失去作用；饭后不要立即食用富含维生素 C 的水果，因肉类多含有铁和铜(如猪肝、瘦肉、牛肉)，若饭后立即吃水果，维生素 C 还原的化学作用，可影响对铜和铁的吸收，从而导致贫血和心脏功能的减弱；服用维生素药物时不要过量，食用富含维生素 C 的水果也应适可而止。如长期服用过量的维生素 C 和无节制地吃富含维生素 C 的水果，可导致肾功能障碍，或缺铁性贫血，出现肢麻、皮炎等症状。过量服用维生素 C，还会影响医生对糖尿病的诊断；维生素 C 缺少稳定性，极易在空气中氧化和受紫外线破坏。因此，维生素 C 要密闭保存；维生素 C 畏乙醇(酒精)，如果将果汁兑入高度酒中同饮，果汁中的维生素 C 会被破坏掉；维生素 C 畏高温，茶叶、果珍冲水服用时，不要用滚烫的沸水，应将开水稍冷一下，待温度降至 80℃ 时再冲服，以免茶叶、果汁和果珍中的维生素 C 被破坏。

(10) 维生素 E 过量。每日维生素 E 用量大于 400 毫克，长期服用可能导致血栓，还会引起月经过多或闭经现象；当剂量用到 2 000～12 000 毫克时，对有些人来说会影响其生育。对于有严重高血压、心肌损害和采用胰岛素治疗的糖尿病患者，使用维生素 E 应当特别慎重，开始时每日 100 毫克，随后逐渐增加剂量，否则易引起血小板聚集与血栓形成。

(11) 维生素 K 过量。长期大量服用维生素 K 会引起严重的黄疸或溶血性贫血及肝细胞损害等，还会有过敏反应。

一般情况下，只要饮食结构合理，膳食平衡，有良好的饮食习惯，即不偏食，少吃油炸食品，不需要额外补充维生素。若有某种维生素严重缺乏需要迅速补充时，应在医师指导下进行。过量摄入某种维生素导致不良后果时，也应及时请医师诊治。

七、孕妇酗酒对孩子的危害

孕妇酗酒很容易生下患有胎儿酒精综合征(FAS)的婴儿。

FAS 最显著的特征是一些生理缺陷，例如头小畸形、心脏畸形和肢体、关节、面部畸形。患有 FAS 的婴儿有可能表现出过度兴奋、多动、富有攻击性、身体颤抖等问题。他们比正常婴儿更小、更轻，生理发展晚于同龄的正常婴儿。大多数出生时具有 FAS 症状的个体在童年时期和青少年时期的智力水平低于平均水平，他们中 90%以上的个体在青少年时期和成年早期会表现出较多的适应问题。

在不伤害胎儿的前提下，母亲可以喝多少酒？可能比你想象的还要少得多。请记住致畸物质的剂量法则，当酒精量最高时——也就是说，母亲是一个地地道道的酒鬼时，FAS 的症状最为严重。但是即使是中度的"社交饮酒"(每天 30～90 克)也可能导致某些婴儿的一系列轻微的问题，这就被称为胎儿酒精效应(FAE)。这些效应包括生理发育受阻、轻微的生理畸形、较差的动作技能、注意力不集中和智力表现低下。当母亲偶尔狂饮，每次饮酒150 克甚至更多时，胎儿患上 FAE 的危险性最大。但是，与不饮酒的母亲相比，即使那些每天饮酒少于 30 克的母亲，她们所生的婴儿的智力发展也稍微落后。而且 FAS 还没有一个明确的关键期，怀孕前期饮酒与怀孕后期饮酒同样危险。1981 年，美国外科医生协会提出，任何数量的饮酒都不是绝对安全的，并建议怀孕的妇女不要饮酒。

八、孕妇吸烟对孩子的危害

孕妇吸烟会增加自发性流产或正常婴儿出生后不久死亡的危险，并且是胎儿发育缓慢和出生低体重的主要原因。吸烟时吸入的尼古丁和二氧化碳不仅被输送到母亲的血管中，还被输送到胎儿的血管中，从而损害了胎盘的功能，特别是影响了氧气和养料向胎儿的输送。孕妇每天吸烟越多，自发性流产和生低体重婴儿的危险就越大，很明显，这些事件是有关联的。如果父亲吸烟，新生儿体形也可能因此小于正常水平。为什么呢？因为母亲和吸烟者(父亲)住在一起，是"被动吸烟者"，她所吸入的尼古丁和二氧化碳能阻碍胎儿的发育。

研究发现，那些孕妇吸烟或父母一直吸烟的孩子的体形往往小于正常水平，他们更易患呼吸道疾病，到了儿童早期，其认知操作水平要低于那些父母不吸烟的孩子。但是，对于吸烟者的孩子与不吸烟者的孩子之间的差异的研究表明，这些差异一般都比较小，而且一旦控制了孕妇酗酒和使用其他药物的影响，这些研究往往很难发现差异。尽管如此，已经有足够的证据表明孕妇吸烟可能会危及胎儿。基于这些原因，医生一般都会建议孕妇和她的伴侣戒烟，如果不能长期坚持，至少孕妇应该停止吸烟。

九、孕妇的情绪对胎儿的影响

孕妇的情绪对胎儿有很大的影响。当孕妇的某种情绪被激起时，她的腺体会分泌出作用非常活跃的激素，如肾上腺素。这些激素可以通过孕妇的胎盘屏障，进入胎儿的血管，提高胎儿的动作活动水平。一般来说，短暂的压力性事件，如跌落、恐怖经历或吵架对孕妇和胎儿没有什么危害性的影响。但是，长期的、严重的情绪压力可能阻碍胎儿的生长发育，导致早产、婴儿低体重和其他出生并发症。一些研究者发现，处于高度情绪压力下的孕妇所生出的孩子容易出现出生综合征：如过于活跃、易怒、饮食、睡眠和排泄习惯不规律等。

情绪压力阻碍胎儿生长，导致婴儿出生综合征的原因有以下几点。

(1) 长期情绪压力与发育迟缓和低体重之间的联系可能暗示着情绪压力会对激素分泌产生影响，从而阻碍血液向大肌肉的输送以及氧气和养料向胎儿的输送。

(2) 情绪压力也可能弱化孕妇的免疫系统，使孕妇和胎儿更容易受到传染性疾病的影响。

(3) 处于情绪压力之下的孕妇更有可能营养不良、吸烟、酗酒和吸食毒品，而这些因素都可能阻碍胎儿的生长发育，导致婴儿出生低体重。

(4) 孕妇所经受的某些压力在婴儿出生后可能仍然存在，从而降低了孕妇对婴儿需求的敏感性，再加上婴儿本身就易怒，不易对逗弄产生反应，这些可能会使婴儿的问题行为长期存在。

十、环境中会对胎儿造成影响的因素

1. 辐射

1945 年原子弹在日本爆炸后不久，科学家开始痛苦地意识到辐射的致畸影响。在爆炸现场 800 米之内出生的婴儿都是死胎；距离爆炸现场 2 000 米出生的婴儿中有 75%为严重残疾，不久就夭折了；那些活下来的婴儿通常智力落后。

不幸的是，没有人能准确知道什么程度的辐射才会对胚胎或胎儿造成危害；暴露于辐射之中的婴儿即使出生时看起来正常，以后出现并发症的可能性也不能被忽视。因此，医生往往会建议孕妇尽量避免做 X 射线检查，尤其是子宫和腹部更要避免 X 射线辐射。

2. 化学物质和污染

怀孕妇女在日常生活中不可避免地会接触各种潜在的有毒物质，包括有机染料和颜料、食品添加剂、人工合成的甜味剂、杀虫剂和装饰产品，其中一些已被确认对动物具有致畸作用。

在我们所呼吸的空气和所饮用的水中也存在污染物质。例如，孕妇可能暴露于高浓度的铅、锌、汞和锑之中，这些污染物质通过工业过程排放到空气和水中，也可能存在于家用油漆和水管中。这些"重金属"对成人和儿童的生理和心理健康具有伤害作用，并对发育中的胚胎或胎儿具有致畸影响(导致生理畸形和智力落后)。多氯化联二苯(PCB)也是一种危险的化学污染物(虽然现在法律上已经被限制或禁止使用，但以前曾被广泛应用于塑料和复写纸的生产中)。有研究发现，食用被污染的鱼，接触低水平的 PCB 物质，也能导致新生儿体重低于正常水平，其反应性和神经成熟度也比未吃被污染的鱼的孕妇所生的婴儿低；这些儿童 4 岁时在短时记忆和语言推理能力测试中表现仍然很差，其缺陷程度与他们在出生前所接触的 PCB 物质量成正比。

父亲暴露于含有毒物质的环境中也可能影响胎儿的发育。对各种职业的男性的研究表明，长期暴露于辐射、麻醉气体和其他有毒化学物质之中可能损害父亲的染色体，增加胎儿早产或出现各种基因缺陷的可能性。如果父亲严重酗酒或使用毒品，即使母亲不喝酒，也不使用毒品，他们也有可能生出一个低体重儿或有其他缺陷的婴儿，原因就是这些物质(如可卡因、酒精、PCB 和其他有毒物质)会直接影响活着的精细胞，或者导致其发生变异，从而导致从母亲怀孕的那一刻开始，孕期发展就处于危险之中。

总的来说，环境中的有毒物质可能影响父母双方的生殖系统，母亲和父亲都应该尽量避免接触致畸物质。

📖 知识窗 4-4

胎儿在胚种期可能的危险

(1) 卵细胞的蛋白质过少，卵细胞的营养在固植子宫壁前已用尽死亡。

(2) 可能因母亲缺乏甲状腺激素，致使卵细胞无法及时固植子宫壁。

(3) 因脑下腺和卵细胞功能失调，子宫壁不能及时完成接受卵细胞的准备工作，卵细胞死亡随同月经流出体外。

(4) 卵细胞固植在不当之处，摄取不到营养，无法存活。

📖 知识窗 4-5

胎儿在胚胎期可能的危险

(1) 孕妇跌倒、情绪上的严重打击、营养不足、腺体功能失调等，都可使胚胎脱离子宫壁，造成小产或自然流产。

(2) 母体的严重疾病或胎儿遭受到不良刺激影响。

📑 知识窗 4-6

胎儿在胎儿期可能的危险

受孕至第 5 个月以后，自然流产较不易发生，人工流产危险性较大，此时期胎儿不易受不良影响，但仍有早产(受孕 28～38 周产生)的可能，原因如下。

(1) 多胎，全部胎儿总重量超过子宫壁的弹性上限，迫使胎儿提早出生。

(2) 母亲长期受情绪困扰(未婚先孕、拒绝怀孕、夫妻不和睦、经济拮据等)，影响腺体分泌不平衡，提早引发子宫收缩。

(3) 母亲抽烟频率是胎儿早产的直接原因(每天抽 1.5 支烟，有 7.06% 的可能性会导致胎儿早产，随着抽烟次数的增加而增加)，也是情绪困扰的间接表现。

(4) 母亲激烈运动。

(5) 母亲嗜酒行为等。

十一、分娩可能对孩子健康造成的影响

对每一位胎儿来说，"分娩"对生命和健康无疑是巨大的威胁，每个人有生之日，最困难、最危险的旅行就是要通过那 10 厘米左右的产道。

(1) 自然分娩的婴儿，比难产或手术分娩者，易于顺利适应崭新的环境。

(2) 手术分娩所使用的麻醉药品，会妨碍胎儿出生后的适应，使新生儿体重不易增加。

(3) 若分娩过程造成胎儿脑组织损伤或缺氧(缺氧持续 18 秒即足以置脑细胞于死地)，会扼杀或扭曲胎儿出生后的正常发展。

(4) 分娩过程困难的胎儿，长大后较神经质或焦虑，表现较多的不良行为(如好动、急躁、不安静、语言缺陷、注意力不集中等)，而且父母对分娩困难的子女会出现更多的不良态度(如过度保护、埋怨怀恨等)。

(5) 过于仓促的分娩(如催生分娩，短于 2 小时的分娩)，导致婴儿过早接触氧气，影响婴儿智力的发展，容易出现学习困难。

为避免分娩过程对孩子以后适应的影响，特提出下列心理健康的建议以供参考，以减少可能发生的不幸。

(1) 孕妇应定期做产前检查，适时防治。

(2) 孕妇营养宜适度，不要过量或不足，若胎儿体积过大，会增加分娩困难。

(3) 给予分娩产妇情感支持，减轻其紧张与焦虑情绪。

(4) 分娩时尽量避免使用麻醉药物。

(5) 对产妇施行产前心理辅导，消除其对分娩的无知。

(6) 对分娩困难的产妇施行产后心理辅导，减轻其负面情绪。

十二、分娩过程中的药物治疗可能带给胎儿的危害

母亲在分娩过程中可能使用某些种类的药物，这些药物包括减轻疼痛的止痛剂和麻醉剂、使母亲放松的镇静剂，以及引发和增强子宫收缩刺激的药物。很明显，使用这些药物的目的是希望母亲的分娩过程更加容易，在难产情况下，这些药物的使用对挽救婴儿的生命往往是必不可少的。但是，分娩过程中使用大剂量的药物可能会带来一些意想不到的负面效果。

(1) 分娩过程中使用大量麻醉剂会降低孕妇对子宫收缩的敏感度，不利于把婴儿挤出子宫和产道。结果，可能需要使用助产钳或真空抽取器才能把婴儿从产道中拖出。不幸的是，在个别情况下，胎儿的头盖骨很柔软，这些器具的使用可能导致头颅出血和大脑损伤。

(2) 生产和分娩中的药物也可能通过胎盘进入婴儿体内，如果剂量很大，可能导致婴儿易打瞌睡、注意力不集中，笑得更少，被唤醒时容易发怒，难以喂养和安抚。

(3) 大剂量使用药物，易使婴儿出现懒洋洋、易怒和注意力不集中、对外界反应迟缓等现象，导致父母与这类婴儿难以建立依恋关系。

十三、胎儿能接受胎教的原因

胎儿之所以能接受胎教，是因为胎儿在出生前其感觉器官就已经丰富发展起来了，使他具有接受母体内外的影响的能力。

1. 触觉

皮肤是第一个也是最重要的感觉器官，在怀孕后7~8周完成。触觉是胎儿本身接触环境的第一个也是最重要的信息来源。胎儿生活的四周被羊水包围着，他的活动、脐带、小手接近嘴巴的种种现象，很明显地表明，触觉是不断被袭击且和环境有关的。它是沟通的渠道。

触觉也是一种相互作用。法兰斯·维德曼(Frans Veldman)是触觉沟通研究机构的创始人，他建议父母用手触摸母亲的腹部，尽力使它有一点压力，从第 4 个月开始，可以注意到胎儿的反应。这个活动应每天进行，以唤醒父母对子宫内胎儿的敏感度以及胎儿的"产前情感依附"，这是建立出生后情感关系的基础。

2. 嗅觉

胎儿的嗅觉在怀孕第 2 个月就能起作用。很多物质(来自母亲的食物)传入羊水中，这些物质能产生嗅觉记忆，以后会促进婴儿在断奶时期接受这些食物。

3. 味觉

胎儿的味觉在怀孕第 3 个月开始积极活动。甜或苦的东西进入羊水后，胎儿会做吞咽

动作,移动身体显示胎儿认得各种不同的味道。这些都会促进胎儿在环境中对食物的接受。

4. 听觉

耳朵在怀孕第 2～5 个月发育完全,由音叉所传导的声音会引起心跳加速。一位实验人员曾报道说,胎儿在听到两块木板的拍打声时会跟着转动。另一项研究发现,在妊娠 13 周的时候,在母亲腹部附近响起铃声,便会引起痉挛性的胎动,这种活动和乳儿期所观察到的称为莫罗反射的反应十分相似。胎儿时期大量的听觉刺激是很重要的,包括内部和外在的声音。若干内部的声音一天 24 小时产生(母亲的心跳和呼吸),而其他的声音随生活环境而不同,如父亲的声音、音乐声、交通声音等。

胎儿会吸收母亲特殊的语言特征——语调,这就是说胎儿已经在开始学习语言了。法国的彼特维(Pithiviers)和音乐家玛莉(Mary)指导孕妇要经常听或唱一些母性歌曲。研究表明声音不但由胎儿耳朵所接收,而且他的整个身体都会接纳声音,这就是说,声音震动能提供活力,协助维持神经与生理的平衡。深沉的声音可以被腿部所感觉,高兴的声音主要被胸部、手臂与头部所感觉。"心理语音"的实验已经证实,在出生前接受这种刺激的胎儿,出生后腿部和手的动作发展得很好。

和胎儿说话很重要,给他唱歌听也同样重要,这种刺激会给胎儿的大脑及全身传递信息。同时,母亲也能从歌唱中强化横膈膜以及所有胸部和骨盆的肌肉,这些肌肉的强化可使生产的过程更为顺利。

5. 视觉

胎儿的眼睛在怀孕第 4 个月就开始发育了,光接纳器在出生前也已发育完成,子宫并不像人们想象得那么黑暗,它会随着气候和母亲的生活方式而有很多变化。

十四、胎儿有自己的经验

胎儿时期,通过各种感官的丰富发展,胎儿开始建立自己的"身体图像"。所谓"身体图像",是身体和谐的三度空间存在的经验,即我们用触觉和自我观察,不断对体重、温度、位置和身体体积保持灵敏的信息。身体图像的知觉帮助我们界定自己的位置,我们能够开始把自己的身体从外在环境中区分开来。胎儿身体图像发展是通过感知羊水的体积、脐带的大小和位置来实现的。胎儿通过四肢运动(特别是手的运动),感受子宫壁的存在,从而获得子宫内的各种不同的经验。

人类的空间活动,从胎儿时期开始,就朝着个人的认同去建立,这种活动对达到必要的分离具有很大的帮助。胎儿越能体会自己与环境有所不同,以后就越能在分享的环境中成为一个独立的个体。

十五、胎儿已初具意识

人至少经历两种不同的意识情境或状态："睡眠"或"清醒"。睡眠时，我们会做梦。做梦时，眼球快速转动，成为快速眼动(REM)睡眠。几乎 25% 的睡眠花在做梦上，每 90 分钟出现一次 REM 睡眠周期，每次持续 15～20 分钟。

这些不同的意识状态如何影响胎儿呢？一项使用精密装置的研究显示，REM 睡眠始于怀孕第 7 个月的末期(28～30 周)，约在怀孕 32 周，胎儿花 70% 的时间处于这个状态。到怀孕末期，REM 睡眠期约占 50%，其余则为无梦睡眠和清醒状态。为什么胎儿花这么多时间做梦呢？REM 睡眠期已经完成了神经系统的内在刺激作用。在这种状态下，胎儿的眼部肌肉、心脏和其他器官剧烈活动，血压也升高，此外，呼吸作用和呼吸运动加速进行(不需要消化羊水)，这些都是在为出生后立即需要的呼吸方式做准备。但胎儿梦见些什么？至今仍是个值得探讨的问题。

十六、孕妇必须做好养护以保证胎儿的心理健康

胎儿时时刻刻都可能因受内外压力侵袭而面临死亡、早产、流产、受伤、身心发展受阻等危险，所以孕妇必须做好下列养护以保障胎儿的心理健康。

(1) 孕妇必须注意营养，勿使之过多或不足。

(2) 孕妇必须尽量保持生理健康，切勿让任何毒素侵入体内危害胎儿。

(3) 孕妇必须尽量避免使用放射线治疗。

(4) 孕妇接受药物治疗时，必须听从医生的指示。

(5) 孕妇宜做适量运动，但不宜过多或劳累。

(6) 孕妇宜禁酒、禁烟或避免刺激性食物。

(7) 女性不宜在 21 岁之前及 35 岁后受孕，以免有不良影响(最适宜怀孕的年龄是 23～29 岁)。

(8) 孕妇及家人应设法保持孕妇稳定愉快的情绪，以维持内分泌腺体的平衡。

十七、采取措施避免母亲产后抑郁症的发生

产后抑郁症是指产妇因宝宝出生，胎盘分娩出去之后，体内的激素水平发生变化，而造成的强烈的情绪变化。主要表现有：情绪的低落、抑郁、丧失生活兴趣，易怒、焦虑、烦躁，或者失眠、疲乏、无力等症状。有的患者还会出现与家人或丈夫的沟通障碍，不想说话，甚至还会有伤害婴儿或者伤害自己的倾向等一系列症状。

产后抑郁症是一个比较严重的问题，需要正确面对。

(1) 在生产前，对准父母进行有关产后抑郁症和相互支持的价值观教育，将有助于预防产后抑郁症。

(2) 适当增加上班族父母的产假时长，使他们有时间在一起，以降低产后抑郁症发生的风险。

(3) 对于产妇来讲，需要学会识别自己的情绪。当感觉自己的情绪不好时，要及时与家人沟通；有需要时，及时向家人或者朋友倾诉，寻求他们的帮助。

(4) 对于家属来讲，一定要给产妇足够的心理支持，尤其是丈夫。因为，很多产妇出现产后抑郁的原因之一就是缺少丈夫的关怀和支持，丈夫的关照是产妇重要的社会支持系统。所以，作为丈夫一定要主动参与孩子的照顾，给产妇足够的心理支持，帮助妻子缓解产后出现的情绪问题。

(5) 产妇自己寻找适合自己的方法，比如听听音乐、看看电视、和家人或朋友聊天等，来排解自己不良的情绪。

(6) 产妇要保证充足的睡眠，避免疲劳，以降低产后抑郁症的发生。

(7) 家人要保证产妇饮食的健康，尽量做到饮食合理，避免高脂肪、高能量等易导致产妇肥胖的饮食，因为产后的肥胖，也会导致产后抑郁症的发生。

(8) 一旦发生比较严重的，或者不能缓解的抑郁症表现，一定要及时带产妇到相关的医院就诊，积极地治疗，切不可粗心大意。

📇 知识窗 4-7

预防出生缺陷——对未来父母的核查

在 1974 年出版的《我的孩子一切正常吗？》一书中，阿普加(Virginia Apgar)和贝肯(Joan Beck)向未来的父母提出了几条有助于大幅度降低有缺陷的婴儿出生率的建议。在阅读时，看看你能否回忆起其背后的原因。

(1) 妇女怀孕的最佳年龄在 23～29 岁。大龄孕妇会面临哪些问题？

(2) 个体在哪个阶段发展最为迅速？是胎儿期还是出生之后的头两年？

(3) 教育从哪里开始最好？为什么？

(4) 在确知是否得过风疹或是否对风疹具有免疫能力之前，任何妇女都应避免怀孕。风疹会给胎儿带来何种生理缺陷？怀孕的哪一阶段感染风疹特别危险？

(5) 从怀孕之初，孕妇就应该进行性传播疾病检查，尽可能避免接触传染性疾病。

(6) 怀孕妇女不应该吃未烹熟的红肉制品(红肉即指猪肉、牛肉、羊肉等颜色发红的肉)，或接触可能传染弓形体病的猫和猫的粪便。弓形体病会给母亲的健康带来什么样的影响？对未来的胎儿呢？

(7) 除非绝对必要，并获得医生支持，否则孕妇不应该使用任何药物。你是否还能记起雌激素药物(DES)、酒精、可卡因和其他常见毒品的危害？

(8) 除非为了孕妇本人健康而且绝对必要，否则孕妇应该避免放射性治疗和X光检查。辐射可能对未出生的胎儿具有什么样的影响？科学家是怎样注意到辐射的致畸影响的？

(9) 怀孕期间应禁止吸烟，为什么？孕妇吸烟对胎儿有何长期影响？

(10) 营养丰富、富含蛋白质、维生素、矿物质、热量高的饮食对孕妇非常必要。孕妇营养不良会对发育中的胎儿产生什么样的影响？孕妇是否必须额外摄取大量维生素以确保婴儿的健康？

第五章 不同时期儿童心理发展与家庭教育——婴儿篇

一、婴儿心理发展最需要的因素

在儿童的发展过程中，什么才是他们最需要的？为了弄清楚这个问题，心理学家亨利·哈罗利用恒河猴，做了一个相关的实验。

📖 **知识窗 5-1**

恒河猴实验

亨利·哈罗认为幼猴除了饥饿、干渴等生理需求外，它们一定还有一种要接触柔软物质的需求。他想要验证这个猜想的正确性，于是找了一些合作者，设计了一个实验。这个实验叫恒河猴实验。

首先，他们先制作了不同类型的母猴。

第一只代理母猴是用光滑的木头做的身子，然后外面再用柔软的海绵和毛织物裹了起来，在这只母猴的胸前安装一个奶瓶，身体内部安装一个提供温暖的灯泡。

第二只母猴则是由铁丝网制成，其外形与木制母猴基本相同，也安装了能喂奶的乳房，且也能提供热量。与第一只母猴相比，除了不能给幼猴提供舒适环境外，其他方面完全跟第一只母猴一样。

参加实验的幼猴一共有八只，都是刚出生后的健康幼猴。研究者随机把幼猴分成了两组，然后把人造母猴分别放在单独的房间里，房间与房间的笼子相通。两组幼猴，一组由木制母猴喂养，另外一组由铁丝母猴喂养，均提供奶水。

实验者把猴子放在笼子里，然后进行观察记录，记下在幼猴出生后的前五个月中和两位"母亲"直接接触的时间总量。

结果显示，幼猴极其偏爱木制母猴，就算是那些由铁丝母猴喂养的幼猴也是如此。在最初几天的调适期后，无论哪只母猴提供奶水，所有的幼猴几乎整天与木制母猴待在一起。那些由铁丝母猴喂养的幼猴，它们为了吃奶水会不得已离开木制母猴，而在吃完奶水后又会迅速地返回到木制母猴这里。

可见，幼猴确实除了基础的生理需求，还有一种对柔软物质的接触需求，这种接触需求非常重要。

而进一步观察两组幼猴的行为特征，也证实了这种接触的重要性。研究者发现，虽然两组猴子食量同样大，体重增长的速度也基本相同，但是由铁丝母猴喂养的幼猴会出现消化不良、经常腹泻的现象。这说明，幼猴缺少母猴的接触安慰，使其产生了心理上的紧张，影响了消化系统的功能。

实验结果表明：年幼个体最希望得到的并不是父母对其饥饿、干渴等生理需求的满足，而是抚养者给婴幼儿带来的温暖、亲切、安全的情感，而这种情感的传递则需要肢体的接触安慰。因此，现实中，父母需要做到以下几点。

1. 多给孩子一些肢体接触

肢体接触可以使孩子产生温暖、亲切、安全的感觉。因此，家长应多拥抱孩子、爱抚孩子，就算是摸一下他的小脑袋，也会让他感觉到你对他的爱。这样他才会觉得安全，消除心理的紧张感。

不过，随着越来越多的父母都想要培养孩子的独立性，父母和孩子的这种肢体接触就越来越少。其实这样会不利于孩子的心理健康成长，尤其年幼的孩子。

家长们可以视孩子的年龄给孩子适当的肢体接触。当孩子小的时候多抱抱他，多给他一点爱抚；当孩子大一点的时候可以适当减少爱抚，但在孩子伤心、需要父母支持的时候应该给他一个拥抱，让孩子得到安慰和支持。

2. 增加情感上的关爱而不是简单的物质给予

孩子对父母的依恋建立在父母给孩子的情感关爱上，他们对父母亲切、关爱、温暖的肢体接触的需求强于父母给孩子提供的物质需求。所以，单纯物质上的给予，并不能满足孩子的心理发展需要。

二、作为孩子的第一任老师的正确做法

孩子从什么时候开始模仿他人？有许多父母困惑，孩子还小，什么都不懂，为什么还要求父母注意自己的言行，做好孩子的第一任老师？

心理学教授安德鲁·梅尔特佐夫对婴儿的模仿行为进行了相关的实验研究。

📖 **知识窗 5-2**

婴儿模仿行为实验

实验的对象是一些刚刚出生 12～21 天的婴儿，实验者坐在婴儿前面，对着婴儿吐舌头、张大嘴，噘起嘴唇并摇动手指。之后实验者平静地看着婴儿，等待并观察婴儿的反应。

结果很明显，婴儿们会做出同样的动作。实验者可以很明显地知道婴儿是在模仿实验者的动作。

为了确定婴儿的行为是不是真正的模仿行为，梅尔特佐夫和摩尔将其他可能出现此类行为的原因一一列出，并分析排查。

首先，婴儿可能是因为看到实验者感到兴奋而凑巧出现了此类行为。不过实验的过程

可以排除该原因。因为，当实验者张大嘴的时候，婴儿也张大了嘴，但没有吐舌头，只有在实验者吐舌头的时候，婴儿才吐舌头。

其次，这些动作有可能是一些神经性的条件反射，比如说婴儿会反射性地吐奶嘴。但是实验中没有含奶嘴的婴儿也会跟着实验者吐舌头。

再次，可能是实验者的面部表情给了婴儿一些提示。为了排除该原因，在整个实验过程中，实验者的面部表情都被录下来并进行单独评定。在等待婴儿反应的这段时间，实验者的面部表情都是空白的。

最后，为了排除父母对婴儿的影响，实验之前，所有的家长并不知道实验目的及实验方法。所以，也排除了婴儿的模仿行为是父母的训练结果的猜想。

实验结论：婴儿的模仿行为很早就有了，且并不是训练学习的结果，是婴儿本身具备的一项社会性技能。

这项实验说明，婴儿天生就会利用模仿对他人的行为进行回应，和他人进行"交流"，虽然他们此时可能并不明白这种交流的意义。孩子虽小，但也要注意他们强大的模仿力，这是一项很重要的学习技能，孩子会通过模仿学会很多东西。家长就可以通过某些行为与孩子交流、互动，让孩子学到对他们的成长有益的行为。同时，在这个过程中，家长要特别注意自己的言行，以免对孩子产生不良行为的影响。所以，父母作为孩子第一任老师的责任时刻不可放松。

三、婴儿大脑的开发方法

婴儿大脑发育得良好是智力发展的前提。婴儿大脑的发育具有可塑性，可塑性是指大脑在发育过程中其结构或发展趋势具有随着经验的不同而发生改变的特性。婴儿大脑的大小和功能除受遗传因素和营养因素的影响外，还会受后天经验的影响和制约。

知识窗 5-3

可怜的珍妮

1970 年，美国发现一名发展环境被严重剥夺的 13 岁女孩珍妮。珍妮出生时很正常，但从出生后的第 20 个月开始就被暴虐的父亲监禁在小屋里，从此与世隔绝，直到 13 岁才被解救出来。在随后的 8 年里科学家对她进行了系统的研究和教育。结果表明，珍妮由于早期发展环境被剥夺，大脑的发育受到了严重的永久性伤害，已无法完全恢复。

可见，婴儿发展中的大脑是十分容易受损伤的。珍妮的发展环境的剥夺从早期开始，长达 11 年之久，就是一个鲜明的例子。同时，在大量的临床病例中，婴幼儿被"环境剥夺"引起的不良发育情况有很多，包括有的孩子言语发育迟缓、行走能力低下等。

所以，为了保证婴儿大脑的健康发展，需要父母采用合适的养育方式，比如平时多搂抱婴儿、对婴儿说话和讲故事，或者和婴儿一起唱歌、玩耍等。另外，还需要父母在婴儿周围布置一些颜色鲜艳的文具饰品，适当地播放一些轻缓柔和的音乐等。总之，为婴儿提供丰富的刺激环境，将会促进婴儿大脑的健康发展。

四、不提倡婴儿使用学步车

每一位父母都会为他们的宝宝成功迈出第一步而骄傲，但是要教宝宝学走路可不是一件轻松的事，常常累得年轻的父母腰酸背痛。

于是，很多父母早早准备好学步车，孩子刚能坐稳，就被放进了学步车。然而，专家认为，学步车虽然"解放"了父母，却很可能耽误了孩子。

知识窗 5-4

关于学步车对婴儿走路影响的调查

爱尔兰国立都柏林大学的专家在 190 名婴儿中进行的一项调查表明，102 名使用学步车的婴儿开始爬行、独自站立和行走的时间较晚，如使用学步车的婴儿在 8 个月龄时开始爬行，而不用学步车的婴儿要早三四周。

研究人员还发现，婴儿用学步车的时间越长，运动能力延迟越明显。使用学步车的时间每增加 24 小时，婴儿独自站立和独立行走的时间就延迟 3 天多。

为什么会这样？要想知道其中的原因，必须首先了解人的大脑结构。大脑结构的基本单位是神经元，也叫神经细胞。神经细胞由细胞体、树突和轴突三部分组成。一个神经元的树突与另外一个神经元的轴突连接形成神经束，神经束又组成神经系统，大脑和脊髓就是中枢神经系统。婴儿出生时脑细胞的数量接近成人，但脑重只有成人脑重的 25%。人的主动行为都是受神经系统尤其是大脑支配的，神经系统发育越好，人的行为及认知能力就越好，所以新生儿的活动能力是非常有限的。

婴儿大脑的发育受以下两方面因素影响：一是生物因素(遗传和营养，这个因素主要决定大脑神经细胞的不断增大、增多)；二是早期经验，婴儿的早期经验主要促进一个神经细胞和另外一个神经细胞之间突触增加，突触增加得越多，婴儿大脑发育得越完善，婴儿期是大脑突触发育的关键时期。早期经验中包括三个方面：一是抚养者温暖接纳的态度；二是安全有序的环境；三是婴儿自身的探索经历，其中婴儿手的抓握、翻身、坐立爬行、站立和独立行走是最重要的经验。

独立行走对婴儿神经系统的发育和心理品质的发展具有非常重要的作用。首先，独立行走可以促进婴儿大脑的协调功能和平衡功能；其次，独立行走可以使婴儿有更多机会接触外界事物，会刺激婴儿的感觉器官，从而促进相应的神经细胞的发育；再次，独立行走可使婴儿将动觉和视觉相联系，形成良好的空间知觉；最后，独立行走可以使婴儿获得活动的自主权和掌控感，这对婴儿心理品质的发展有重要的意义。

因此，家长要仔细地观察婴儿，根据婴儿的需要，适时地给予协助。父母如果希望孩子未来心灵手巧，那么就要从让孩子独立行走开始。家长在训练孩子学走路时，尽量少使用学步车。

五、鼓励孩子自己动手吃饭

1岁左右的孩子特别喜欢自己用手抓食物吃，有时会把食物撒得到处都是，孩子自己又不能完全吃饱，不让孩子自己动手，他又会苦恼。遇到这种情况，父母该怎么办？

首先，孩子自己动手抓食物这是好事，因为动作的发展对孩子健康成长具有重要意义，它可以促进孩子神经系统的正常发育，避免孩子以后的感觉统合失调。同时，也能促进孩子对外界事物的认识。孩子正是通过不断地接触外界事物，不断地通过动作将自己和周围环境联系起来，从而认识了自己和外部世界，实现心理的成长。所以，家长要鼓励孩子各种动作的发展。具体来说，可以做到以下几点。

(1) 家长要有意识地训练孩子的各种动作，如手的抓握、翻身、爬行和独立行走等。

(2) 当孩子开始喜欢用手抓握东西时，家长应该积极地创设轻松愉快的用餐环境。比如，在保证卫生的前提下，允许孩子自己动手抓食物吃。

(3) 孩子可能还喜欢玩弄自己的饭勺，这并不是家长所谓的"不听话"，而是孩子开始练习吃饭的前期尝试，家长在给孩子喂饭的同时，可以给他一个安全的勺子，允许他尝试自己拿勺子吃饭。

(4) 在孩子动作训练中，家长不要操之过急，要顺应孩子的发展规律进行，如不要用学步带和学步车，让孩子自己摸索着前行，这样可以促进孩子大脑平衡功能的发展。

六、对孩子进行感觉统合训练的方法

感觉统合(以下简称"感统")学习贯穿人的一生，每个孩子都需要，感觉统合失调(以下简称"感统失调")的孩子在幼年时也许症状不明显，可是到了学龄期，在学习能力方面可能就会显得有些笨拙、人际关系敏感、社交能力差、害羞退缩、心理素质差等，这些现象往往造成孩子高智商、低情商、低成绩，让家长和教师非常操心。通常感统失调的孩子智力都很正常，只是孩子的大脑和身体各部分的协调出现了障碍，使得许多优秀的方面表现不出来。

📖 知识窗 5-5

准确认识感觉统合失调

所谓感觉统合，是指大脑和身体各感觉器官相互协调的学习过程，指机体在环境内有效利用自己的感官，以不同的感觉通路(视觉、听觉、味觉、嗅觉、触觉、前庭觉和本体觉等)从环境中获得信息输入大脑，大脑再对这些信息进行加工处理，并做出适应性反应的能力，简称"感统"。

感觉统合失调(简称"感统失调")是指儿童大脑在发展的过程中出现很轻微的障碍,无法完成来自环境刺激信息的整合,也无法准确做出相应反应的现象。这种问题无法通过药物治疗,必须通过训练才能纠正,因此,感统失调并不是一种病症,但它却会影响孩子智力的正常发挥。

一般来说,0～6岁是儿童感统训练的最佳时期;7～11岁是感统失调的最佳调整矫正期。感统训练的内容主要有以下几方面。

1. 宝宝爬行训练

七八个月大时,孩子应该慢慢学会爬行,通过不断努力地抬头、仰脖子,来锻炼前庭觉,向前爬行的过程对孩子来说也是一个探索的过程,能够提高孩子的手眼协调、视听能力。

因此,家长应鼓励孩子多爬行。例如,妈妈躺在地上,让孩子慢慢爬上妈妈的身体;或者妈妈手脚着地弯成拱形,吸引宝宝从底下爬过去。

对于一些本身不爱爬行的宝宝,家长可以采取一些诱导措施,如把孩子放在小被子上,拉着他的两条腿慢慢向后拖,并在孩子眼前放上色彩鲜艳或者能发出声音的玩具,吸引他的注意力,引导他抬头、逐渐向前爬行。

2. 宝宝触觉皮肤唤醒

见到陌生人就哭、抵触新环境的孩子往往属于触觉过分敏感,家长可以通过简单的方法来唤醒孩子的触觉皮肤,以缓和这种敏感的状况,如把吹风机调到微风挡缓缓吹孩子的皮肤,用软刷子轻刷孩子的身体或者拿梳子轻轻敲打皮肤等。

3. 左、右脑平衡训练

(1) 准备一个宽0.1米、长2米左右的木板。让会走的宝宝在上面走平衡木,锻炼孩子的胆量和平衡能力。在室外,可以让孩子锻炼走马路沿、花池沿等。

(2) 教孩子使用羊角球。可以让孩子自己蹦,也可以和孩子玩捉迷藏的游戏,让他蹦着去找你,去捉你。

(3) 让孩子平躺在垫子上,伸直胳膊,在垫子上滚。每天滚2次,每次滚5分钟为宜。这个方法有助于提高小孩的注意力。

(4) 让孩子趴在地上,头抬起来,双手抱一个球,向墙上推球,再双手接球。每天可让孩子做100个,距离墙的距离自己掌握。

以上几种训练可以利用零星时间做,每天坚持做,即可达到良好的效果。

📖 **知识窗 5-6**

感觉统合失调的原因

1. 孕期失误

(1) 先兆流产引起中枢神经系统不健全，造成孩子发育迟缓，轻度的大脑功能失调。

(2) 怀孕期间妊娠反应严重，造成孕妇营养吸收能力差，进而造成胎儿营养不良或早产。

(3) 怀孕期间孕妇吸烟，被动吸烟，大量饮酒，饮浓茶、咖啡，会造成脐带的毛细血管萎缩，使孩子出生后在不同阶段出现不同程度的感觉统合失调。

(4) 胎位不正导致固有平衡失常。

2. 哺育不当

(1) 母亲看护不当造成儿童触觉缺乏及活动不足。

(2) 孩子出生后家长摇抱少，孩子静坐比较多，过分限制孩子的活动范围。

(3) 过分溺爱孩子，不让孩子哭，造成孩子心肺功能减弱，口腔肌肉缺乏锻炼。

(4) 不注重孩子适龄基本能力的训练，缺乏运动、缺乏游戏。

(5) 缺乏伙伴，群体生活不足，造成语言发育迟缓。

3. 教育方法有误

(1) 小家庭和都市化生活，大人对孩子过度保护，同时激烈竞争的教育环境造成儿童心理紧张而引起的感觉统合不足。

(2) 过早地进行认知教育，对孩子要求过高、限制过多。

(3) 不尊重孩子的基本权利，不注重孩子的个性培养和素质教育。

(4) 电视、游戏机成为孩子的主要玩具，孩子交流、活动过少。

(5) 生活环境过于封闭，孩子听得少、说得少，孩子的坚持性和等待性差，对孩子的情感爱抚不够，使孩子产生皮肤饥渴。

📖 **知识窗 5-7**

感觉统合失调的危害

感觉统合失调的儿童智力正常，但因其感觉统合能力不足导致其智力水平没有得到充分发展，尤其到了学龄期，在学习能力上，易出现注意力不集中、偏旁部首写反、阅读障碍、语言表达不畅等问题；在性格上，易出现孤僻、不合群、缺乏同伴合作意识等问题；在人际关系上，也会出现因心理成熟晚，情感脆弱，自控能力差，缺乏自信，不擅长和别人交往，导致人际关系差等问题。

鉴于以上危害，家长应特别重视孩子在婴儿期的养育，尤其是在动作训练上，切不可过度限制孩子运动，要鼓励孩子多运用手去抓握、用全身去爬行、让孩子独立地练习行走，鼓励孩子多探索、多游戏，这样才能更好地避免感觉统合失调。

知识窗 5-8

感觉统合失调测试

儿童感觉统合失调主要表现在以下五个方面，家长可以根据孩子的情况做一下自我检测，如果孩子的情况比较严重，建议到专业的机构进行系统的感觉统合训练。

(1) 身体运动协调障碍。孩子穿脱衣服、扣纽扣、拉拉链、系鞋带等动作缓慢、笨拙。

(2) 结构和空间知觉障碍。孩子到陌生环境很容易迷失方向。

(3) 前庭平衡功能障碍。孩子特别爱玩会旋转的游乐设施，并且不会晕，但对于眼前的事物(如桌子、旁人、柱子、门墙等)，常常在看到后，仍能碰撞上。

(4) 听觉语言障碍。经常听不见，过分安静，表情冷漠又无故嬉笑。

(5) 触觉防御障碍。孩子对亲人(父母、祖父母等)特别暴躁，到陌生环境则胆小、害怕；看电视易大受感动，常大叫或大笑，害怕恐怖镜头等。

七、培养婴儿良好注意力的方法

心理学家研究发现，注意力不是独立的心理过程，而是感觉、知觉、记忆、思维等心理过程的一种共同特征。它分为有意注意和无意注意。无意注意是指没有预定的目的，也不需要意志努力的注意；有意注意是有目的的、需要意志控制的注意。

知识窗 5-9

婴儿注意力发展的规律

3 岁前的婴儿以无意注意为主，但同时也是由无意注意向有意注意发展的关键时期，发展规律如下。

新生儿：具备了一定的注意能力，在觉醒状态时可因周围环境中巨响、强光等刺激而产生无条件的定向反射。

2~4 个月：条件反射的出现，已能比较集中地注意人脸和人的声音，看到色彩鲜艳的图像时，能比较安静地注视片刻，但时间很短。除了强烈的外界刺激，凡是能直接满足婴儿需要或与满足需要相关的事物都能引起他们的注意，如奶瓶、妈妈等。

5~6 个月：婴儿能比较持久地注意一个物体，但注意力极不稳定，对一个现象集中注意力只能保持几秒钟。

7~8 个月：婴儿开始对周围色彩鲜明、发响、能活动的东西产生较稳定的注意力，这是有意注意的萌芽。

1 岁左右：有意注意开始出现，但这种处于萌芽阶段的有意注意，是极不稳定的，此时，婴儿能凝视成人手中的表超过 15 秒。

2 岁左右：随着婴儿活动能力的增长，生活范围的扩大，他开始对周围更多的事物产生兴趣。这个时期的婴儿有意注意有所发展，逐渐能按照成人提出的要求完成一些简单的任务。

3 岁左右：开始对周围新鲜事物表现出更多的兴趣，能集中 15~20 分钟的时间来做一件事，有意注意进一步发展，但还是以无意注意为主。

根据婴儿注意发展的规律，父母可以有意识地培养婴儿的注意力。

(1) 利用语言活动培养婴儿注意力的选择性。1 岁以后婴儿发展的重要特征是语言技能的掌握。婴儿的语言活动有助于受意识支配的有意注意的出现。父母可以通过语言活动将婴儿吸引到听故事、看电视、看书等活动上，为婴儿的学习和记忆奠定良好的基础。

(2) 利用婴儿期出现的稳定的客体永存性反应来培养婴儿的注意能力。客体永存性的出现，让婴儿能够根据成人指定的任务开展活动，如寻找物体、捉迷藏等，以此形成有意注意。

(3) 父母可以运用图片、绘画等形式，通过与婴儿做游戏的方式，来训练孩子的注意力。比如，通过找出两个图片中不一样的地方、指出图片中不合理的部分等，这些游戏都有助于婴儿注意力的提升。

(4) 父母也可以让婴儿观察动画片中人物的变化来培养孩子观察的习惯。比如，每次观看动画片之前，父母都可以给孩子提示，"今天要注意动画片主要人物或场景与昨天看的有什么不一样的地方"。总之，让孩子带着任务去做事情，孩子就会逐渐养成观察和注意的习惯。

八、帮助 3 岁前的孩子进行记忆的方法

鉴于 3 岁前孩子记忆的独特性，需要父母在给孩子提供记忆素材时，注意以下几点。

1. 让强烈的情绪色彩引领孩子

3 岁前孩子的记忆富于情绪色彩，因此那些情绪色彩强烈的事情或者情景，像兴奋的、悲伤的、愤怒的等强烈的情绪，他们的印象会更加深刻。因此，孩子出生后，妈妈就可以用一些情绪色彩浓厚的语言跟孩子交流，给孩子讲故事、念儿歌时，也可以有意识地多选择一些富于感情色彩的内容。如"小鸭子，嘎嘎嘎，扑通扑通下河了"。类似这种形象生动的语言更能引起孩子情绪上的反应。同时，尽量避免负面的、消极的情绪，要多给孩子一些正面的、积极的情绪刺激。

📖 **知识窗 5-10**

婴儿记忆的特点

人类记忆发生的时间是胎儿期。按记忆内容，可以把婴儿记忆分为情绪记忆、动作记忆、表象记忆与词语记忆。

在 12 个月之前，婴儿的记忆主要是情绪记忆和动作记忆。这个阶段，婴儿适应环境的主导方式是感知动作，而与生俱来的各种情绪是他们适应环境的"首要心理承担者"。因此，在适应环境的活动中，他们记忆的发展便以情绪记忆和动作记忆为主导。

12 个月以后，感知动作活动开始内化为表象，并具有了一定的符号表征功能。他们逐渐掌握词汇和母语的基本语法，并能与人进行相应的语言交流，于是这个阶段的婴儿记忆发展的主要内容便提升到以表象记忆和词语记忆为主导的水平。

2. 用新异事物带给孩子新鲜感

孩子对熟悉的事物会有一种亲切感，但是如果在这些熟悉的事物中突然出现某种新异事物，孩子的大脑就会受到比较强烈的刺激，孩子自然就会对这个突然出现的新异事物产生浓厚的兴趣。因此，给予孩子记忆素材的时候，既要注意记忆素材的重复性，又要注意其新异性。

3. 跟随孩子的兴趣提供记忆素材

3 岁前孩子的记忆带有很大的随意性，只要他感兴趣的事物，他就会记得比较牢固。因此，给孩子提供记忆素材时，父母要跟着孩子的需要走，他对什么感兴趣，就给他提供与此相关的记忆素材。比如，孩子对车钥匙感兴趣，他就会关注父母手里的车钥匙。那么父母就可以假装随意地把车钥匙放在房间某个角落，然后在孩子面前嘀咕："呀，我的车钥匙怎么不见了？放哪儿了？"他肯定在你放之前就关注这件事情，并且准确地帮你把车钥匙从某个地方找出来。在他帮你找到车钥匙时，他自身会有强烈的成功体验，同时父母再加以鼓励、赞扬，这样对孩子自信心的培养是一个非常好的机会。

4. 创设丰富的环境，强化孩子记忆

从孩子一出生，父母就要给孩子提供丰富的视听环境，让他在潜移默化中接触尽可能多的事物，丰富他的生活经验。经验越丰富，越有助于孩子对事物的理解，而理解较复杂的事物记忆的时间自然也就越长。

九、不能和婴儿讲道理的原因

婴儿期的思维处于感知运动阶段，其典型特征就是直觉行动思维，其思维活动离不开婴儿自身对事物的感知，也离不开婴儿自身的动作，不能在动作之外思考，只能反映动作所触及的事物。这一特点表现在婴儿解决问题的活动中，如球滚到床下，他会用小棍棒拨；东西放在高处，他会站上台阶去拿；他们把各式各样的鞋都叫"鞋鞋"，把各种东西都叫"玩玩"等。可见，婴儿已经产生思维。但这时的思维，仅是人的思维的低级形式，他们认识不到事物的本质和内在的联系，他们也不能理解成人所讲的一些规矩和道理，所以，和婴儿讲道理是没有用的，成人只能通过体验式的活动告诉婴儿一些问题的处理办法。

知识窗 5-11

婴儿直觉行动思维的主要特点

(1) 直观性和行动性。动作是思维的起点；动作是解决问题的手段；动作有某种交往功能。

(2) 间接性和概括性。能初步比较和区别物体的特性，遇到类似情境可以采取同样行动。

(3) 缺乏对行动结果的预见性和计划性。

(4) 思维的狭隘性。思维活动仅限于同感知和动作联系的范围。

(5) 思维内容具有狭隘性。

(6) 思维与语言开始联系，开始出现形象性特点。

十、有意识地促进婴儿语言表达能力的发展

衡量婴儿心理发展水平的标准有两个方面：一个是婴儿动作发展的情况；另一个是婴儿语言表达的能力。因此，可以通过婴儿的语言表达能力，判断婴儿心理发展的程度。那么，如何培养一个口齿伶俐、能说会道的孩子呢？

知识窗 5-12

影响孩子语言能力发展的因素

1. 早产。早产的孩子在各方面发展都会比较缓慢，他们需要时间去渐渐追赶上同龄的孩子。

2. 双胞胎。一些专家认为，双胞胎之间有着很好的默契，他们能够用非语言的方式交流得很好，这便导致他们在使用语言方面发展得比较晚。

3. 有能言善道的兄弟姐妹。如果一个孩子，他的生活环境中有一个比他年长又能说会道的孩子，他可能会觉得自己没有必要说话，这样无形中拖延了他开口说话的发展进程。

4. 男孩子。在学习一个新的技能时，男孩子会更加专注，这便需要耗费他们许多的精力。一般来说，男孩比女孩开口要晚一些。

5. 社会文化生活较单调。比如在孤儿院度过幼儿时期的孩子，其语言的发展较迟缓，农村儿童一般比城市儿童也要迟一些。

6. 智力水平低。如果一个孩子的智力发育迟缓，对事物的认识能力差，则他的语言发展也就必定迟缓。

父母可以有意识地促进儿童语言的发展。

(1) 保证孩子有良好的生理基础。儿童语言发展与生理成熟紧密联系在一起，家长切不可操之过急。儿童的视觉器官眼睛、听觉器官耳朵以及发音器官声带、舌头、嘴唇等发育是否正常，对语言的发展起着决定性作用。如果生来就聋的孩子，从小听不到外界的声音，

是不可能说话的。

(2) 与婴儿的非语言交流是儿童语言习得的必要阶段。父母要多与婴儿进行交流，建立共同的信号系统，形成轮流式互动交流模式，加上非语言的沟通，使婴儿掌握语言交流能力。

(3) 提供恰当的语言环境。孩子掌握语言是从模仿成人的发音开始的。如果婴儿出生后就脱离语言的环境或大人很少和孩子说话，那么，孩子很可能就不会说话，或者说话较晚，或者说话的能力较同龄孩子差。另外，电视、画册等周围的语言环境等对儿童的语言发展也都有影响。独生子女与年长者交往较多，他的语言发展速度就很快。所以，语言环境对儿童语言的发展起着非常重要的作用。

(4) 在语言习得早期阶段，父母可以使用语法简单和语调加强的宝宝用语来帮助婴儿学说话。随着儿童语言能力的提高，家长可以使用扩展句子、鼓励孩子多说和用正确的句子重复孩子的话等策略，帮助孩子掌握语言。

(5) 避免强制练习，更不能对孩子进行批评或嘲笑，也不能缺少父母的关爱。这些不良的做法，会造成孩子情绪的不安，而不安的情绪会限制儿童语言的发展。

(6) 对于开口说话晚的孩子，父母要讲究一些方法，比如用一些直截了当的语句来和孩子对话，而不要使用问句来激发孩子回答和开口；或者向孩子示范如何说话，教会孩子有效的说话方式。

孩子能流利地进行语言表达是其智力水平高的表现，所以家长需要有意识地培养孩子张口说话的能力。

十一、处理婴儿哭闹的方法

引起婴儿哭闹的原因主要有饥饿、瞌睡、身体不佳、心理不适、感到无聊等。

婴儿哭闹，成人要不要立即去安慰？这样会不会宠坏儿童？行为主义者认为，这种做法会助长婴儿的哭闹。但婴儿专家艾斯沃斯(M. Ainsworth，1979)和鲍尔比(Bowlby，1989)却认为对婴儿哭闹做出反应是婴儿与看护者之间建立稳固的情感纽带的重要因素。虽然对婴儿的哭闹如何反应尚存争议，但发展心理学家更主张父母要在婴儿 1 岁以内及时安抚正在哭闹的婴儿，一是可以避免意外与不测的发生；二是这样的反应有助于发展婴儿对看护者的信任与安全感。

家长可以采用以下一些简单的方法让正在哭闹的婴儿平静下来，如抱起婴儿轻轻地摇动；为婴儿做按摩；用毯子裹住婴儿；等等。

当然，要让婴儿停止哭闹，首先还得找出他哭闹的原因(饿了？受惊吓了？身体发烧了？尿了？拉了？被异物扎疼了？等等)，然后有针对性地帮助、满足孩子。

对于有语言表达能力的孩子(一般在 1 岁以后)，当他哭闹的时候，父母就不要立即满足他，而是要心平气和地告诉孩子，有需要可以用语言表达出来，爸爸妈妈会根据情况来满足你。如果孩子提出的要求无法满足，或者要求不合理，那么，就需要家长和孩子解释清楚为什么不能满足他，或者给孩子一个其他的选择。总之，对待孩子哭闹，父母既不能生硬地拒绝，也不能无原则地一味迁就。

十二、避免恐惧情绪伤害婴儿的方法

婴儿的恐惧是一种消极的情绪，这种情绪体验会引起婴儿的紧张感，造成逃避和退缩。经常有恐惧情绪，可导致儿童形成怯懦的人格特征。婴儿出生后就会有恐惧情绪，但其中有些恐惧是可以避免的，有些则是后天形成的，所以作为父母一定要注意，别让恐惧情绪伤害孩子。

📖 知识窗 5-13

婴儿恐惧情绪分类

(1) 本能的恐惧：这是一种自出生就有的反射性反应。这种恐惧多半由大的声响、突然位置变化以及疼痛等因素引起。

(2) 与直觉和经验相联系的恐惧：这是一种由不愉快或痛苦的体验(被开水烫过、被猫抓过)所引起的惧怕反应。

(3) 怯生：这是一种由陌生人接近而引起的恐惧反应，这种恐惧在婴儿 6～8 个月时出现。这种情绪也称为陌生人焦虑。

(4) 预测性恐惧：这是一种由想象引起的恐惧，如害怕黑暗、害怕"狼外婆"等。前三种恐惧情绪一般是无法避免的，但第四种预测性恐惧情绪往往和父母不合适的教育方法有关。

要避免恐惧情绪对孩子的伤害，父母及其他养育者一定要注意对待孩子的态度。

(1) 父母不要过度保护和限制孩子的行动。过度地保护和限制容易使孩子对原来并不害怕的对象和活动产生莫名的恐惧。如孩子在爬高、玩水、玩狗时，成人突然神经质地大声吓唬和尖叫起来(其实是成人自己感到害怕)。这种由尖叫引起的无条件恐惧与高、水、狗等条件刺激相结合，孩子就可能形成怕高、怕水、怕狗等的不良反应。时间久了，孩子自己也不清楚为什么怕这些本不该怕的东西。

(2) 当孩子面对真实的恐惧事物或恐惧情境时，家长首先要做到理性镇静地处理(即使父母真的恐惧)，千万不要惊慌失措，要给孩子足够的安全感，不要加剧孩子的恐惧。

(3) 父母千万不要用某些东西或情境来吓唬孩子，使孩子形成对某些东西的想象，进而产生严重的恐惧。比如，父母或其他养育者为了让孩子安静或听话，经常会说："再不老实，就让警察把你抓走！""再不安静，猫猴子会来！"等，这些言行无疑会使孩子脆弱的心理产生阴影，进而使其产生恐惧情绪。

(4) 父母不要给孩子过多的学业压力。有些孩子害怕考试与父母期望过高、过分关注孩子的学习成绩有关。孩子往往由害怕父母惩罚、害怕让父母失望而转移到害怕考试。

(5) 父母千万不要用与亲情有关的语言刺激孩子，如"你再不听话，我就不喜欢你了"或者"你不乖，我就不要你了"等。因为无论如何，父母在孩子心里都是最重要和最亲近的人，是无法割舍的。所以，即使开玩笑也是不可以的。

十三、妈妈的表情就是婴儿的心情

婴儿在七八个月时开始具有情绪的社会性参照能力，就是婴儿能从妈妈或爸爸的表情中获得信息，并利用这些信息指导自己的行为。这是情绪的信号作用和人际交往能力，也是婴儿情绪社会化的重要现象和过程。情绪的社会性参照能力表现在两个方面：一是婴儿对他人情绪的分辨；二是婴儿如何利用这些情绪信息来指导自己的行为。

当婴儿处于陌生的、不能肯定的情境时，往往会犹豫不决、迟疑不定。这时他们会从母亲的面孔上搜寻表情信息，以帮助自己确定做出的反应或应采取的相应行动。这对婴儿来说，是一种复杂的心理活动能力，也在某种程度上影响婴儿的心情。

情绪的社会性参照能力，尤其是妈妈对婴儿温和接纳的表情对婴儿的发展具有非常重要的意义。

(1) 婴儿能够通过他人(尤其是妈妈)的表情信息解读他人的心理倾向，并据此来决定自己的行为。

(2) 妈妈温和的表情会使婴儿获得更多的安全感，赞许的表情使婴儿获得更多的勇气去面对一些困难。

(3) 妈妈鼓励的表情会促使婴儿进行新异刺激的探索活动。

(4) 妈妈丰富的表情有助于亲子情感交流、丰富婴儿的情感世界。

十四、良好的母子关系对婴儿心理发展的影响

婴儿与主要抚养者(通常是母亲)之间形成的正性情绪联结叫依恋，它是婴儿情感社会化的重要标志。早期的社会性依恋对婴儿心理发展具有非常大的影响。

1. 早期社会性依恋对婴儿情感的影响

婴儿经常从父母那里得到抚爱，自身就会比较温和友爱，形成信赖感。如果婴儿失去母爱，得不到母亲或看护人的亲近，婴儿将失去爱与被爱的权利、缺乏母子身体接触，使婴儿情绪中枢发育不良，造成婴儿情感障碍。

2. 早期社会性依恋对婴儿智力发展的影响

没有母子接触，婴儿就缺少与客观世界连接的"中间人"，周围环境成了没有应答的"死环境"。孩子在概念形成、推理及抽象思维方面都会受到影响，同时容易导致语言障碍，而且很难克服，因为幼小个体在成长中的感觉刺激是大脑正常发育的必要条件。

知识窗 5-14

缺乏母爱对婴儿的影响调查

美国有一位医生曾对有母爱的托儿所和条件较好缺乏母爱的孤儿院进行过调查。初测托儿所婴儿智商为 101.5，孤儿院婴儿智商为 124。一年之后，再测时托儿所婴儿智商为 105，孤儿院婴儿智商为 72。

为什么孤儿院婴儿智商下降如此之快，一年之后就下降为低能儿？其原因在于托儿所的母亲每天和婴儿见面，嬉笑玩耍；而孤儿院仅有少数的保育员，婴儿缺乏必要的母亲方面的刺激和人际间的必要接触。

3. 早期社会性依恋对个体内在工作模式形成的影响

年幼儿童的依恋可以确定个体内在工作的基本模式。婴儿是否同母亲形成依恋以及依恋的质量如何，会直接影响婴儿的情绪情感、性格特征、社会性行为和与人交往的基本态度的形成。可见，社会性依恋对婴儿整个心理发展具有不可忽视的重要作用。

知识窗 5-15

依恋类型的检测

艾斯沃斯等(Ainsworth etc.，1969)利用在陌生环境中母婴分离时婴儿的反应，即利用婴儿在受到中等程度压力之后接近依恋目标的程度以及因依恋目标出现而安静下来的程度，设计了一个"陌生情境"，以测定每个婴儿的依恋反应和类型。

艾斯沃斯创设的陌生情境由一组 7 个 3 分钟的情节组成。在这期间，婴儿有时与母亲在一起，有时与一个陌生人在一起，有时陌生人和母亲在一起，有时是独自一个人(见表 5.1)。

表 5.1　测定婴儿依恋反应的情境

情　节	在场人物	持续时间/分钟
(1)父亲或母亲和婴儿一起进入房间	父亲或母亲、婴儿(周围全是有吸引力的玩具)	3
(2)陌生人进入房间	父亲或母亲、婴儿、陌生人	3
(3)父亲或母亲离开房间	婴儿和陌生人	3
(4)父亲或母亲回到房间，陌生人离开	父亲或母亲、婴儿	3
(5)父亲或母亲离开	婴儿	3
(6)陌生人回来	婴儿和陌生人	3
(7)父亲或母亲回来，陌生人离开	父亲或母亲、婴儿	3

其中，情节(3)、(4)和(5)、(7)是测定婴儿依恋反应的关键场景：婴儿在与父亲或母亲分离时，以及父亲或母亲重新回来时，每个婴儿会有不同的表现。研究者期望观察到婴儿接近养育者的动机及养育者的出现给婴儿带来的安全感和信心。根据这种测定方法的结果划分婴儿依恋的类型。

艾斯沃斯根据"陌生情境"实验程序，划分出依恋的三种类型：A 型，回避型(20%)；B 型，安全型(60%～65 %)；C 型，矛盾型(15%)。

📖 知识窗 5-16

不同依恋类型的行为特征

1. 回避型(A 型)

这类婴儿经常对母亲很少理会，很少关心母亲离开，多数时间是自己玩耍。当母亲回来时主动回避与母亲交往，抱他时会挣脱或身体移开、目光转移，平静地回到自己的玩耍中去。对待陌生人甚至比对待母亲的回避还要少一些。这类婴儿似乎对母亲没有形成亲密的感情联系。他们的母亲对婴儿的感情需要不敏感，或缺乏温情、表情呆板、很少愉快。因此，婴儿发出的感情信息经常受到冷遇。久而久之，婴儿对母亲的感情也变得淡漠，或为了避免缺少温暖回报的痛苦而采取了冷淡的防御措施。尽管这一反应的形成过程是婴儿所没有意识到的，但从一定意义上讲，回避行为表示的冷漠感情对婴儿个性的成长是非常不利的。至少他们日后难以形成热情、开朗、乐观的性格，反而趋于内向。

2. 安全型(B 型)

这类婴儿与母亲在一起时，喜欢与母亲接近，但并不总是靠在母亲身边，而是放心地玩耍。他们时常观望母亲，与之微笑或远距离交流，寻求母亲与他们一起玩耍。母亲离开时，他们一般表现不同程度的痛苦。当母亲回来时，他们会立即接近母亲，寻求抚慰，并很快恢复平静、继续玩耍。对陌生人反应出不同程度的警觉与怕生，但有时也能试图接近和表示友好。事实上，依恋安全感的建立是这种母婴之间和谐关系经常受到强化的结果。母亲的敏感性表现在当婴儿需要时及时帮助和安慰他们，鼓励他们独自玩耍和活动，鼓励并示范对陌生人表示友好，让婴儿对母亲的离开有心理准备，并且母亲从不欺骗他们。

3. 矛盾型(C 型)

这类婴儿对母亲离开十分警惕，母亲离开后极端痛苦，但当母亲返回时表现出矛盾情绪。他们一方面寻求与母亲接触，另一方面在母亲亲近时又生气地拒绝，要花相当长的时间才能平复下来。此后将更加贴近母亲，生怕她再次离开。他们在陌生环境中哭得最多、玩耍最少；对陌生人难以接近，社会适应上表现消极。这类婴儿没有建立起依恋安全感，是典型的焦虑性依恋。这类孩子的母亲对他们的感情依恋要求的反应往往并不一致，她们有时对孩子很亲近、依恋；有时又突然"不告而别"或欺骗孩子，不履行诺言；当孩子因此而十分痛苦和反抗时，妈妈有时又十分粗暴地对待孩子。母亲反复无常的态度使孩子惶恐不安。他们对母亲无信赖感，不能预期在他们需要时，母亲能够到来，不敢离开母亲，也较少独自玩耍。这类孩子如遇到极端情况，他们将变得多疑、紧张且脆弱。

许多研究证明，对 1～1 岁半孩子所作的依恋类型测定，在社会交往和认知探索等方面至少在被试到 5~6 岁仍可起着预示的作用。这表明，依恋关系一旦建立，即具有相当的稳定性。然而，尽管依恋具有从母婴双方带来的某些先天影响，但依恋基本上是在社会交往中建立的，是婴儿社会化过程中出现的一种独特的生物—社会关系。只要父母对自己孩子的气质特征和依恋类型有足够的认识和敏感，主动克服自身育儿弱点和改善抚育方法，极端的和严重的情况是完全可以避免的。

十五、培养安全型依恋的方法

依恋是在婴儿与母亲的相互交往和情感交流过程中形成的。母亲的教养方式对婴儿的依恋类型具有一定的预见性，良好的教养可以促进积极依恋的发展。母亲对婴儿教养方式的好坏，可以从三个方面来考虑，即反应性、情绪性和社会性刺激。

(1) 反应性。指母亲经常能正确理解婴儿发出信号(哭声、微笑等)的意义所在，并能予以及时的、积极的应答和反馈。

(2) 情绪性。母亲经常通过说、笑、爱抚等积极情绪对待婴儿，与婴儿进行情感交流，以满足婴儿的各种需要。

(3) 社会性刺激。要求母亲通过互相模仿、亲子游戏、共同活动等生活性互动以及通过丰富多样的环境，以适应婴儿节律活动和互动内容的要求来满足婴儿的生活活动需求。

十六、解决婴儿认生问题的方法

几乎每个婴儿在 1 岁左右都经历这个所谓的"认生期"。大部分父母遇到这个问题时都会感到非常诧异，孩子为什么突然性情大变，而且经常会有过激的反应？来自德国曼海姆大学的教育学专家 Christiane 博士，通过观察发现："宝宝的认生期是随着他的成长而自然产生的，很可能在一夜之间认生期就到来了。"婴儿认生主要是他的心理发育所致。

认生(也称怯生)是指婴儿对不熟悉的人表现出一种害怕的反应。例如，有的婴儿见到陌生人会表现出严肃、紧张的神态，或试图回避、躲藏；有的婴儿甚至表现出严重的恐惧，尖声哭叫，挣扎着要离开现场；等等。这些都是婴儿认生的表现。

不同的父母采取不同的态度来对待认生，有的父母认为婴儿认生是天生的、自然的、不可避免的现象，因而听之任之，或故意让孩子避开陌生人；而有的父母则为此着急，认为一回生二回熟，强制婴儿接触陌生人。

📄 知识窗 5-17

婴儿认生的发展过程

4 个月之前：这个时期的婴儿不会认生。他们对一切新奇的事物，包括对陌生人，都会表现出极大的兴趣，对任何人的引逗，都会报以喜悦与微笑。

4~5 个月：他们对陌生人会出现"警惕地注意"现象。他们会来回地注视、比较陌生人与熟人(主要是母亲)的面孔，对陌生人的脸注视的时间会更长一些。

5～7 个月：在陌生人面前婴儿会出现较明显的严肃、紧张的神态。

7～9 个月：有些婴儿面对陌生人会有哭闹、回避等较强烈的情绪反应。

心理学的研究表明，并不是所有的婴儿都有认生表现，而且婴儿的认生有一个逐渐显现的过程。上述情况说明，婴儿起初并不认生，婴儿的认生更多的是在后天环境的影响下逐渐发展起来的。认生期为何会在这个时期出现，到目前为止还解释不清楚。

虽然认生对于婴儿的生存也有积极的意义，可以保障其生存的安全问题，但是认生毕竟阻碍了婴儿与外界的人际沟通，对其以后的成长也很不利。婴儿认生的问题，父母可以通过以下几种方法来解决。

(1) 多带婴儿去户外活动。在宝宝 3～4 个月以前还不懂得认生的时候，父母可以有意识地带婴儿去户外，比如去社区广场、花园绿地等人多、小朋友比较多的场合，以帮助婴儿尽早适应他可能接触的各种社会环境。

(2) 多与陌生人接触。父母可以尝试着让其他家庭成员多抱抱婴儿，在他们抱的时候母亲可以暂时离开一会儿，让宝宝慢慢熟悉除父母之外的陌生人。可以先从家里人开始，然后再是其他不熟悉的人，比如父母的同事、朋友、邻居等。

(3) 迎合宝宝的爱好心理。即使婴儿有认生的表现，可由于孩子的天性，婴儿还是比较喜欢跟那些比较年轻的阿姨或者小宝宝待在一起的，因为年轻的阿姨让他有一种妈妈般的感觉，而从小宝宝身上他可以看到自己的"影子"。尽量让婴儿逐步接触不同的人群，包括戴眼镜、戴帽子等有点特征的人，慢慢地婴儿就会适应他们，不再产生戒备心理。

(4) 耐心对待婴儿认生现象。婴儿认生一般都与"害怕"有关，所以母亲及周围接近婴儿的人都要给婴儿一种安全感。家人平时要保持态度温和、情绪稳定，不要忽冷忽热，尤其在婴儿哭闹时，更要有耐心，不能训斥婴儿。

十七、科学处理儿童夜惊症的方法

儿童夜惊症属于一种睡眠障碍，孩子发生夜惊症的原因，迄今尚未有确切的定论，生理因素和心理因素都可能导致夜惊症的发生。

📖 知识窗 5-18

婴儿发生夜惊的原因

(1) 婴儿时期的神经、大脑发育尚未健全。中枢神经系统的抑制部分，尤其是控制睡眠觉醒的大脑皮质发育不成熟，对孩子的睡眠都会有一定的影响。这是孩子正常生理发育的自然现象。如果孩子发生夜惊的情形不很明显或偶尔，父母则不必过分在意。随着孩子的成长，身体各部分发育逐渐成熟，症状就会逐渐消失了，这种状况属于暂时性的。

(2) 心理因素占有一定的比例。这里所说的心理因素，包括情绪的焦虑、压抑、紧张不安等。

(3) 持续的夜惊则可能是由一些病理因素引起的。如大脑神经营养供应不足、大脑发育有异常、大脑皮层中枢、丘脑、垂体等大脑器官之间的相互调节不好，内分泌等原因造成的肥胖，以及严重的钙缺乏症，都可能导致夜惊症的发生。

虽然发生夜惊症的诱因很大程度上是生理发育的因素，但成人还是能够科学地帮助孩子尽量避免出现夜惊现象。

(1) 良好的作息习惯和高质量的睡眠。睡眠质量直接影响着孩子身体和大脑的发育。

(2) 放松身心，减少心理压力。排除孩子生理和身体上的因素，父母就要尽量避免那些可能引发夜惊症的事情发生，从客观上消除孩子紧张恐惧的情绪。同时，多以讲故事、做游戏的方式陪伴孩子，让他们心情愉悦，放松身心，并注意培养孩子坚强的意志和开朗的性格。每天睡觉前，父母要亲切地陪孩子说说话，或一起听一段轻松的音乐，或给孩子讲美好的睡前故事，让孩子心情愉快地入睡，这样也能避免夜惊的发生。

(3) 白天适度增加孩子的运动量，不仅可以增强体质，还能促进脑神经递质的平衡。而且孩子白天的活动量大，晚上也容易睡得深，提高睡眠质量。

十八、帮助孤独症儿童的方法

儿童孤独症是一种较为严重的发育障碍性疾病，父母帮助孤独症儿童的方法有以下几种。

(1) 父母正确对待孤独症孩子，认知并勇敢地接受事实，不必怀有内疚或罪恶感，尊重孩子，不以孩子为耻。

(2) 家人互相体谅，合理分工，避免因抚养孤独症孩子而心力交瘁。

(3) 平常心对待孩子，不要过度帮助，使孩子失去学习自立的机会。

(4) 多了解孩子，不要让孩子做超出能力范围的工作，以免造成挫折。

(5) 父母应控制自己的情绪，避免将自己的情绪发泄在孩子或家人身上。

(6) 了解孩子的权益和地位，不能因孩子患有孤独症，就否定孩子的一切。以坦然的心态带孩子走入社会。不要只顾挽回孩子失去的能力，应根据他具有的能力来进行启发式培养。

📖 知识窗 5-19

儿童孤独症

儿童孤独症是一种较为严重的发育障碍性疾病，1943 年由美国精神病学家 Kanner 首先报道，称为"孤独性情感交往紊乱"。他指出孤独症儿童的共同表现为：①极端孤僻，不能与他人发展人际关系；②语言发育迟滞，失去用语言进行交往的能力；③重复简单的游戏活动，并渴望维持原样不变；④缺乏对物体的想象及灵巧地运用它们的能力，如缺乏想象性游戏，特别喜欢刻板地摆放物体的活动。

与儿童孤独症有关的疾病还有，儿童精神病、儿童自闭症、广泛性发育障碍和儿童非典型发育。目前统一命名为儿童广泛性发育障碍(PDD)，在 PDD 的名称下，包括了儿童孤独性障碍、阿斯伯格综合征(AS)、待分类的广泛性发育障碍(PDD-NOS)、Rett 综合征和儿童瓦解性精神障碍。其临床特征为交流障碍、语言障碍和刻板行为三联症。

📄 知识窗 5-20

儿童孤独症的治疗

对于儿童孤独症，目前没有特效药物可以治疗，但采用以教育和训练为主、药物为辅的治疗方法会有显著效果，相当一部分儿童治疗后可获得独立生活、学习和工作的能力，尤其是阿斯伯格综合征患者。

(1) 儿童孤独症的最佳治疗期是 3～6 岁。

教育训练是治疗孤独症患儿最主要、最有效的方法，目的是教会患儿掌握最基本的生活技能、生活自理能力和与人交往的能力。

研究结果显示，对 19 例孤独症患者进行长达 2 年以上每周 40 小时的一对一行为训练，结果显示训练组在智商(IQ)、社会适应能力、人际交往、行为和情绪症状、伙伴关系、同情心、家庭关系等方面都有改善，47%的患者可进入普通学校上学。

(2) 行为治疗的目的是减少病态行为，如攻击、自伤和在公共场合引起家长难堪行为的发生，增加社会化行为。

其中比较有效的方法：应用行为分析方法、地板时光方法(类似结构化教育法)、结构化教育法、社交故事法、图片互换法、关系型发展。

(提示：在开始阶段，一定要有专业人员把矫治方法教给家长，如行为治疗师、精神科医师、心理治疗师、特教老师等。)

十九、不提倡孩子过早入园

按照国家有关规定，小班孩子的入园年龄应满 3 周岁，还有些幼儿园设置了小小班，入园年龄提前到 2 岁至 2 岁半。可是，许多父母仍然"嫌"晚。

父母过早送孩子入园的想法不外乎两个方面：一是工作繁忙；二是认为自己不会带，以为早入园就能使孩子获得更好的早教。

事实上，孩子在 2 岁之前仍处在恋母阶段，最好以家庭抚养为主，离开父母、家庭的时间不宜太长。6 个月至 2 岁是孩子与父母的特殊情感联结阶段，直到 2 岁以后才调整为"伙伴关系"，适宜进入幼儿园学习生活。婴幼儿阶段是早期依恋感发展的最佳时期，过早入园反而会使孩子产生心理负担。此外，孩子尚未与父母建立温馨的亲子关系，这对其今后建立良好的人际关系、进入高层次情感发展都会产生影响。因此，不提倡送孩子过早入园。

二十、促进婴儿身心健康发展的方法

婴儿出生后，即开始不断接受外界环境的影响和刺激，那么该如何促进婴儿身心健康的发展呢？

家长要有正确的婴儿期发展的目标。儿童专家怀特(Burton White)提出，在生命的第一年中有三个健康发展的目标：第一，让婴儿有被爱、被关心的感觉；第二，鼓励婴儿对外部世界产生兴趣；第三，帮助婴儿发展特殊技能。

具体来说，父母应该从以下几个方面着手。

1. 建立安全型的依恋

让婴儿感到自己被父母爱护和关心，有助于建立安全的母子和父子之间的联结。父母除了在生理方面很好地满足婴儿需要之外，还要经常抚摸、搂抱和逗婴儿玩，并尽可能地对婴儿的哭泣做出快速反应。

父母有时认为应该让婴儿"哭个够"，以免惯坏了他们。当然，一个健康的孩子有时候也会闹脾气，哄也起不到什么作用。但是，在生命的头一年，家长最好还是对婴儿发出的每一个不舒服的信号迅速做出反应。如果婴儿总能受到充满爱意的关照和安慰，那么这将有益于他们的长远发展，使他们感到安全，因而增强他们与父母的情感联系。

2. 切勿过度放任

新生儿是惯不坏的，他的所有需要都应该得到抚养者的及时满足。但是，当儿童的活动能力和独立性渐渐增强之后，过分放任孩子就危险了。大约从 2 岁开始，如果父母一切都由着孩子，对孩子有求必应，即使你觉得不应该那么做也还去满足孩子的要求，就是过度放任。孩子被惯坏往往是家长不能严格要求孩子去做与其年龄相称的事情，对孩子的行为缺乏必要的限制和指导造成的。

3. 鼓励婴儿探索

在生命的头一年里，父母可以通过婴儿感兴趣的活动鼓励他们对世界进行探索。父母必须密切注意婴儿的各种信号，他们喜欢什么，不喜欢什么，什么东西可以吸引他们的注意力，父母应提供及时的环境刺激。

父母对孩子探索世界的不同态度将对儿童的智力发展有不同的影响。如果一个孩子经常听到"别碰收音机""不许拿笔玩""我告诉过你别那样""离开这儿"之类的训斥，这个孩子可能会变得消极和迟钝。实际上，家里很多东西不许孩子碰是一个错误。当孩子开始学会爬和走路的时候，我们要让屋子变得能够让孩子"安全地"随便活动，而不要严格规定孩子不能碰这儿、不能动那儿。

4. 正确对待个体差异

搞好婴儿期抚养的主要方面是促进各种技能按照既定模式出现和发展。如果一个婴儿某种技能的出现比一般孩子晚，父母应该加以注意，并找出原因。如果是正常范围内，父母则不必过于担心。要记住，成熟早晚总是有个体差异的。

5. 创造丰富安全的环境

婴儿渴望刺激。因此，在婴儿期，父母可以采取很多措施为孩子提供机会，使他们有多样化的感觉经验，让孩子多看、多尝、多闻、多触摸东西，让他们看人、看颜色和听音乐。

父母还要常对婴儿说话，从他们一出生就开始对他们讲话。可以谈谈现在发生的事情，比如你正在做什么，婴儿正在看的东西，以及你正触摸儿童身体的哪一部分，等等。当你和婴儿在一起的时候，一定要对他们发出的咕咕声、咯咯的笑声以及每一个声音及时做出回应，而不是仅仅在他们哭的时候才做出反应。婴儿和父母进行互动的次数越多，他们的语言和思维能力就发展得越快。

6. 把握丰富化的适度标准

丰富化主要看质量，而不是数量。要记住，丰富化的目标是创建一个对婴儿有反应的世界，而不是用刺激不停地"轰炸"他们。过度丰富化的环境不但没有必要，而且会使婴儿不知所措。

7. 揠苗助长危害大

特别要注意的是，不顾儿童成熟和发展的规律而试图培养出"超级婴儿"的做法是错误的。值得再次指出的是，把婴儿淹浸在各种刺激、识字卡片和运动训练中绝对不是丰富化，而是强迫式教育(forced teaching)，即以成人决定的速度强迫儿童加速学习，强迫儿童学习阅读、算术、体操、游泳或掌握音乐技能往往会使他们感到厌烦和压抑，就像在温室里强迫植物开花一样，对儿童正常的发展显然是有害的。

第六章　不同时期儿童心理发展与家庭教育——幼儿篇

一、游戏是幼儿最好的营养品

幼儿期是指 3~6 岁的时期，此阶段幼儿心理发展特点是活泼好动、好奇好问、模仿性强和易受暗示。根据幼儿的这些特点，游戏是对幼儿进行教育和引导的最好形式。

1. 游戏的形式适合幼儿具体性和随意性的心理特点

幼儿在活动过程中，往往容易被新异刺激所吸引。单调的、正规的学习无法引起幼儿的兴趣，如果强行进行学习训练，还将引起幼儿对学习的厌烦。而游戏的随意性、可重复性恰恰适应了幼儿心理的这一发展特点。

2. 游戏可以满足幼儿的心理需求

幼儿的心理特点是活泼好动、好奇好问。他们有自己的主见和想法，同时也愿意重复做自己感兴趣的事情。游戏包括各种实物及不同类型的动作和活动，既可以任儿童自由摆弄、操作、直接感知和"实验"，满足幼儿的好奇心，又可以根据个人的喜好来选择动作，自由变换方式，使幼儿好动的心理得到满足。

3. 游戏可以促进幼儿能力的发展

游戏的内容反映了幼儿对现实生活的模拟能力和想象能力。从游戏的主题看，范围由幼儿熟悉的家庭、幼儿园日常生活逐渐扩大到生产劳动、社会生活；从游戏的情节看，由零星、片段到较系统、丰富且有一定的创造性。游戏的形式反映幼儿认知水平的发展。一般是从模仿性游戏发展到角色游戏、表演游戏，进而到有规则的游戏。从不会事先分配角色到能自行分配角色，甚至能带别人玩，组织能力得到了发展。

4. 游戏能使幼儿情绪愉悦

幼儿的各种情绪，无论积极的还是消极的都需要得到表现。游戏为幼儿提供安全、妥当地表现自己情绪的途径，游戏既是儿童表现情绪的一种重要方法，又是儿童克服情绪紧张的一种手段。它使儿童产生新的兴趣和积极的情绪，并逐渐学会自觉地控制自己的消极情绪。

5. 游戏能促进幼儿自我意识的发展，满足社会性发展的需要

幼儿在游戏活动中可以利用自己触手可及的实物，做自己能做的动作，行使其改变环境的主动权，获得良好的自我体验。游戏的成功会使幼儿获得更好的成就感和价值感。游

戏能满足幼儿支配、表现自己和获得成功的需要。

所以说，游戏对于幼儿来说，就像母乳一样重要。

📄 **知识窗 6-1**

幼儿期的心理发展特点

1. 认识活动的具体形象性

幼儿主要通过感知，依靠表象来认识事物，具体形象性左右着幼儿的整个认知过程。他们的思维主要是凭借事物的具体形象或表象，即凭借具体形象的联想来进行的，而不是凭借对事物的内在本质和关系的理解，即凭借概念、判断和推理来进行的。例如，一个幼儿能够正确回答"6 个苹果，两人平分，每人分几个"，却不知道"3+3=？"。一个幼儿看到闹钟每天嘀嗒、嘀嗒地走，就猜想里边可能有小人儿在推着它走，甚至会拆开去看个究竟。幼儿普遍喜欢童话图册和动画片，与幼儿要凭借那些生动鲜明的具体形象才能理解故事情节有关。幼儿思维的具体形象性还派生出幼儿思维的经验性、表面性、拟人化等特点。幼儿的这些思维特点与儿童知识经验贫乏和儿童第一信号系统活动占优势是分不开的。

2. 心理活动和行为的无意性

幼儿的心理活动及行为更多地由外界刺激唤起，在行为的过程中，又经常被外界刺激所吸引而改变自己的活动方向。

(1) 幼儿有意控制自己心理和行为的能力很差，以无意记忆、无意注意、无意想象为主。幼儿心理活动的各个方面都可以发现这种无意性，兴趣性方面表现较为突出。幼儿的活动更多地受兴趣支配，而较少受有意的控制，同时，兴趣又直接影响幼儿智力活动的效果。

(2) 幼儿心理活动和行为易受无关因素干扰，如经常分心。无意性的特点使幼儿心理活动及行为显示较强的冲动性和较少的稳定性，随着年龄的增长，在正确的教育条件下，到幼儿后期，儿童心理活动及行为的有意性开始发展，稳定性逐渐增强。

3. 开始形成最初的个性倾向

幼儿期初步形成比较稳定的心理特征。对人、对己、对事开始有相对稳定的态度和行为方式；开始显露出自己的兴趣、爱好、智力、才能。每个儿童已表现出区别于其他儿童的特点，每个人都有自己的长处，也有自身的弱点，教师和家长要注意引导，发扬孩子性格中的长处，逐渐克服其不足，为儿童良好个性的发展奠定基础。

二、鼓励幼儿经常拆装玩具

面对孩子的好奇心和求知欲，家长一定要做到以下几点。

(1) 对孩子不断提出的"为什么"，父母要耐心细致地解答，千万不要嫌麻烦而简单粗暴地拒绝。

(2) 父母遇到不会的问题时，要带着孩子一起查字典、搜索网络信息等，这样不但满足了孩子的求知欲，而且教会了孩子寻找知识的途径，同时也间接地告诉了孩子，父母也有不懂的东西，但是只要我们想办法，就能获得足够的知识。

(3) 当孩子对某些物品好奇，想了解其内部结构时，在条件允许的情况下，父母可先让孩子自己拆解，并耐心为孩子讲解其内部构造；当孩子遇到解决不了的难题而求救时，父母再适当帮助孩子。这样一来，不仅满足了孩子的好奇心，还锻炼了孩子的动手能力，更增进了亲子之间的关系。

📖 知识窗 6-2

幼儿的心理特点——好学、好问，求知欲强

好奇是人的天性，求知是人的本能。好奇心是幼儿学习的动力和内驱力，是幼儿探索科学的奥秘，是将来创造的种子。好学、好问是求知欲的表现，孩子的一些淘气行为其实是儿童求知欲的反映。

(1) 爱提问题。大班儿童的好奇已经逐渐由对事物表面的兴趣转向对事物的因果关系的兴趣，这个年龄的儿童经常提出的是"为什么""怎么样"这类的问题。喜欢刨根问底，这表明他们思维更活跃，有着强烈的求知欲和好奇心。问题的范围也很广，上至天文地理，下至花鸟鱼虫，无所不有。

(2) 喜欢拆拆卸卸，弄个究竟。他们把玩具汽车拆开，是为了看看它里面有些什么，它为什么会动，为什么会发出声音；想拆收音机是"要找里面说话的阿姨"。所以家长应该保护幼儿的这种求知欲，鼓励孩子不断地提出问题。

(4) 如果孩子所好奇的玩具非常复杂，不宜拆解，父母可以为幼儿提供一些可以自由摆弄的材料，支持他们的探究行为。

(5) 对孩子在探究过程中出现的失误(比如将物品毁坏)，父母切不可批评指责，要采取宽容理解的态度，并适时地教给他们一些正确的探究方法。

总之，幼儿对周围的客观世界充满强烈的好奇心和求知欲，这种好奇心是孩子思维发展的基础，更是创造性思维发展的原动力。因此，对于幼儿的好奇心，成人应采取积极的态度，培养孩子的探索精神。

📖 知识窗 6-3

幼儿的"六个解放"——陶行知的教育思想

著名教育家陶行知先生曾对幼儿提出"六个解放"：解放幼儿的嘴，解放幼儿的双手，解放幼儿的眼睛，解放幼儿的大脑，解放幼儿的时间，解放幼儿的空间。

最大限度地保护幼儿的好奇心，激发幼儿的求知欲，促进幼儿独立思维和创造性思维的发展。

三、会"玩"的幼儿更聪明

游戏最符合幼儿的心理特点、认知水平和活动能力，能最有效地满足幼儿的需要，促进幼儿认知能力、社会交往能力和积极个性品质的发展。

1. 游戏能够促进幼儿认知能力的发展

游戏可以使幼儿更广泛地认识客观世界，丰富知识经验，促进智力的发展。例如，讲故事、演节目等游戏，可以提高幼儿的语言表达能力及表演能力；益智动脑的游戏，可以使幼儿的思维能力、想象力和创造力得到发展。幼儿参与游戏的过程是一个巩固和丰富知识的过程。

📖 **知识窗 6-4**

游戏对幼儿认知能力影响的相关实验

苏联学者恩道维茨卡娅利用带有缺口的兰多里特环对 4～7 岁幼儿的视敏度进行了研究。结果表明，幼儿在游戏中通过练习，视敏度有显著提高(提高 15%～20%。幼儿晚期可提高 30%)，错误明显减少。

伊斯托米娜研究了游戏对有意识记的影响，发现幼儿在游戏条件下的有意识记的数量都超过实验室条件下的有意识记。

布鲁姆与凯西·西尔瓦和帕尔·吉诺瓦对 3～5 岁的幼儿解决问题的研究表明，游戏在幼儿问题解决中起着重要作用。而邓斯克对 4 岁幼儿的游戏与幼儿发散思维能力的研究也证实了游戏，特别是象征性游戏可以提高幼儿在发散思维测验中的成绩。

2. 游戏能够促进幼儿社会交往能力的发展

幼儿通过游戏，可以了解社会规范，遵守游戏规则；与小朋友一起游戏，幼儿可以了解不同小朋友具有不同的个性特点，在相互交往中掌握与小朋友相处的方法；合作游戏能促进幼儿助人和协助精神的发展，也能增加幼儿的责任感；等等。

3. 游戏能够促进幼儿积极个性品质的发展

游戏能在很大程度上满足幼儿的好奇心，激发幼儿的兴趣。因此，在游戏情境下更能促使幼儿克服困难，完成任务。苏联学者马努依连柯对 4～7 岁幼儿哨兵持枪姿势的实验表明，在游戏条件下，幼儿的坚持性水平更高，更容易形成合作、谦让、遵守规则等良好的个性品质。

四、帮助孩子掌握记忆的策略(诀窍)

(1) 首先要清楚记忆策略(诀窍)的种类。常用的记忆策略(诀窍)有：复述、联想、谐音、组织、巧妙加工等。

(2) 要了解不同时期孩子的接受能力有所不同，因此，对不同年龄孩子的引导要有所区别。对 3～6 岁的幼儿，可以在复述、联想、谐音等记忆策略上对孩子进行引导。比如，可以通过联想，训练孩子记忆数字，如 1 像铅笔、2 像鸭子、3 像耳朵、4 像红旗、5 像钩子等；可以通过反复叙述，教会孩子记忆故事情节；等等。

知识窗 6-5

记忆策略

人们在记忆东西时往往自觉或不自觉地使用一些诀窍，这些诀窍在心理学上叫作记忆策略。无论是死记硬背，还是通过理解进行记忆，里面都包含了一定的记忆策略(诀窍)，前者是复述策略，后者是理解策略。

记忆是人最基本的学习能力，记忆策略对孩子来说非常重要，它可以使孩子轻松地掌握知识。心理学实验证明，孩子在 3 岁左右就开始有记忆策略了。

对 6 岁以后上小学的儿童，父母可以继续引导孩子学会复述，即通过不断地重复朗诵课文达到记忆的目的。同时，教会孩子使用组织策略，即将记忆信息组织成一定的有利于记忆的形式使记忆水平得到提高的方法。比如，教会孩子通过把语文书后面的词语表进行分类组织后，再进行记忆。

知识窗 6-6

幼儿记忆策略实验

1975 年，威尔曼等人进行了一项关于幼儿记忆策略的实验——记住隐藏的玩具小狗。实验对象是一些 2 岁和 3 岁的幼儿。首先，实验者在幼儿面前放着若干个倒置的杯子。其次，当着幼儿的面把一个玩具小狗藏在其中的一个杯子下面。再次，实验者要求幼儿在他们暂时离开实验室时，帮忙记住哪一个杯子下面盖着玩具小狗。最后，实验者离开，躲在隐藏处观察幼儿的行为反应。

结果发现，2 岁幼儿不接受任务，没有进行策略性活动，不愿等待实验者回来。3 岁幼儿则已经会运用各种记忆策略来帮助自己完成记忆任务：有的幼儿会一直注视着隐藏玩具小狗的杯子；有的幼儿通过命名和指向来帮助自己分清这些容易混淆的事物。即他们一直高兴地注视着玩具小狗的杯子，看着那个盖着玩具小狗的杯子时，对着藏着玩具小狗的杯子点头，并说"有"；看着其他杯子时，则摇头说"没有"；有的幼儿甚至直接把手放在那个藏了玩具小狗的杯子上。可见，3 岁的幼儿就会使用记忆策略了。

五、帮助孩子学会延迟满足的方法

(1) 父母要认识到孩子的延迟满足能力是有区别的，不能一概而论。

(2) 相关研究表明，孩子延迟满足能力可以预测孩子以后在学习、事业等方面的不同。一般情况下延迟满足能力越强的孩子，越容易取得成功。延迟满足对孩子的发展来说非常重要。

(3) 在培养孩子延迟满足上，父母要在认知和策略上教育孩子，比如告诉孩子等待的意义；教给孩子有效的等待方法(做游戏、睡觉、看书等转移注意力的方法)。

(4) 在家庭生活中，父母发挥榜样作用，注意自己的言行，当好孩子的第一任老师。

(5) 父母应采用民主的教养方式，合理管教孩子，拒绝溺爱。

📖 知识窗 6-7

延迟满足

延迟满足是指个体为了获得更有价值的长远结果而主动放弃即时满足的抉择取向。其实，这是一种自我控制，也是一种意志力。延迟满足能力强、有耐心的孩子，成年后在事业上更为出色、更容易取得成功。

📖 知识窗 6-8

延迟满足实验——一颗糖果与两颗糖果

沃尔特·米歇尔(Walter Mischel)在美国斯坦福大学附属幼儿园基地内进行了一个实验。实验房间里有一面单向玻璃，实验者可以通过单向玻璃观察儿童的行为。实验对象是一群4岁大的孩子。

实验人员给每个孩子一颗好吃的软糖，然后告诉他们可以吃糖，但是如果马上吃掉，就只能吃一颗；如果等20分钟后再吃，就能吃到两颗糖。然后，实验人员离开，留下孩子和极具诱惑力的软糖。

实验人员通过单向玻璃对实验室中的幼儿进行观察后发现：有些孩子急不可耐地把软糖吃掉了；还有的只等了一会儿就不耐烦了，然后迫不及待地吃掉了软糖。这两类都属于"不等者"。

有些孩子确实很有耐心，他们还想出各种办法来转移自己的注意力以克制自己的欲望，并借此拖延时间。比如，闭上眼睛不看软糖，或头枕双臂做睡觉状，或自言自语，或唱歌，或讲故事……最后，他们顺利地等待了20分钟后，成功地吃到了两颗软糖。他们属于"延迟者"，也称"等待者"。

实验到此还没有结束，这只是初步地显现了孩子在延迟满足上是有差异的。

在这些孩子成为青少年后，实验者又对他们进行了进一步的追踪考察，对他们的家长和教师进行调查的结果显示："不等者"的个性更多地显示孤僻、易固执、优柔寡断的倾向；"延迟者"则大部分成为适应性强、具有冒险精神、受人欢迎、自信、独立的少年。两者在学业能力上相比较，"延迟者"比"不等者"在数学和语文成绩上平均高出20分。

又经过多年的追踪观察，研究人员发现有耐心的孩子成年后在事业上更为出色。也就是说，延迟满足能力强的人更容易取得成功。

六、处理孩子经常说"不"的方法

2～3岁的孩子开始经常把"不""不行""不要""不好"等挂在嘴边,对大人的帮助给予拒绝;有时甚至对大人提出要求,希望大人满足他的要求。有些父母会奇怪,我的孩子是不是出问题了?其实,这是孩子进入心理发展的第一逆反期,是孩子成长中的正常现象,是孩子长大的标志。所以,父母面对孩子的第一逆反期,要做好积极的应对。

(1) 最好的教育方式是通过游戏活动,特别是扮演社会角色的游戏活动,如过家家、当老师等,以满足孩子参与社会活动的需要。

(2) 培养并持之以恒地训练孩子的生活自理能力和力所能及的家务劳动能力,以体现他们"很能干"的价值感。

(3) 当孩子发出了"不行""我自己来"等信号时,在安全的合理范围内(保证孩子人身安全和卫生健康的情况下),家长要耐心地放手让他自己去做,及时对孩子的成功进行赞扬和肯定,只在孩子需要时提供适当的帮助。

(4) 当必须对孩子提出要求时,家长要使用商量、建议的语气,并给孩子提供选择的可能,比如说:"今天外面好冷,穿少了会感冒,我们加件衣服吧?这里有红色、蓝色、黄色的外套,它们都好漂亮,你想要穿哪件?"这样就可以避免孩子哭闹。

(5) 当预料到孩子可能不遵从要求时,在活动之前就明确表达自己的要求,并时常提醒孩子。如果孩子真的无理取闹,就可以转移他的注意力或采取不理睬等冷处理方式,事后再跟孩子重新强调自己的要求。

📖 知识窗 6-9

第一逆反期及其出现的原因

逆反主要是指依赖与自主之间的纠葛,以及由对立而造成的子女与成人之间的矛盾冲突,这种状态的延续阶段就是逆反期。幼儿在2岁左右开始出现第一逆反期,在3岁半到4岁时达到顶峰,6岁时基本结束。

逆反出现的原因是孩子逐渐意识到自己是一个独立的个体,他们觉得自己可以不再依赖别人,并有了自己的想法;同时,他们日渐增长的动作技能,可以使他们挣脱成人的怀抱,随意去探索外面的世界,这是一个令孩子兴奋不已的体验。他们开始不断探索和验证自己来之不易的"奇妙力量",喜欢什么事情都能符合自己的意愿,一旦有违背,他们就如同受到了可怕的威胁或挑战,立即高举"不"字旗帜,此时孩子的目的不是逼迫或惹恼大人,而是捍卫或满足自己的自主需要,所以需要家长对孩子的第一逆反期给予积极的应对。

七、处理孩子无理取闹的方法

在孩子没有很好的语言表达能力之前,孩子的任何哭闹都应该引起父母的重视。因为此时的孩子只能用哭闹(情绪)来表达他们的需要。但是对于有语言表达能力的孩子(一般2岁以上)来说，再无理取闹，就需要父母认真对待了。

(1) 当孩子哭闹时，父母首先保持冷静，用其他的物品或活动分散孩子的注意力，不让孩子尝到哭闹的"甜头"，即不强化孩子的哭闹行为。

(2) 有些时候，父母要提前做好工作。比如，带孩子去超市之前，明确告知孩子要遵守的事项："一会儿去超市，你只可以挑选一样东西，而且这个东西是家里没有的，不然什么都不给你买！"这样，孩子哭闹的可能性就会降低。

(3) 父母对孩子提出的要求，一定要明确、具体、具有可操作性。比如，不要只告诉孩子"不许哭闹"，而是告诉他有需要时，可以用语言或者行动告诉爸爸和妈妈。

(4) 父母要制定明确的规则和具体的奖惩措施。告诫孩子，一旦违反规定，将会受到相应的惩罚，而且惩罚措施要与孩子的切身利益有关，如减少游戏的时间等，这样惩罚才能有效；同时，当孩子遵守了规则，则要满怀热情地赞赏，并给予及时的奖励，以强化孩子继续遵守规则的行为。

📇 知识窗 6-10

强 化

美国心理学家斯金纳提出操作条件反射理论，认为人或动物为了达到某种目的，会采取一定的行为作用于环境，当这种行为的后果对他有利时，这种行为就会在以后重复出现，这就是强化。

强化的影响因素有：强化物、及时性、一致性、强度、个体差异等。

📇 知识窗 6-11

纠正孩子的任性

(1) 抓早、抓小。注意第一次冲突，对于孩子的不合理要求，绝不迁就。

(2) 对孩子提出要求之前，要考虑这个要求对他的身体、心理是否合适，有没有不合理的地方。

(3) 要通过看图、讲故事、教儿歌等教育手段，让孩子懂得一些行为界限。

(4) 用转移注意力的方法避免和孩子直接发生冲突。

(5) 对于已经懂得道理的孩子在冲突平息后，要和他讲道理，以免再犯。

(6) 长辈对孩子的教育方法要一致，以免孩子有机可乘或不明是非。

八、处理孩子入幼儿园困难的方法

很多孩子在新入幼儿园时总会出现哭哭啼啼的情况，有的孩子紧紧抓住家长的手不放；有的孩子在幼儿园里哭闹不止。为什么孩子入园会如此困难？其实，这是孩子的分离焦虑情绪在作怪。如何处理分离焦虑,避免孩子入园哭闹?家长可以从以下几个方面入手。

(1) 在妈妈初次离开孩子时,就要和孩子详细讲清楚妈妈的去向,并告诉孩子,"妈妈很快就会回来,妈妈也会想你的"等,让孩子心里踏实。妈妈回来时要及时和孩子打招呼,表明妈妈说话算话,这样,妈妈再次离开时,孩子就不会因不安而焦虑。

(2) 帮助孩子建立对幼儿园的积极预期。比如,讲讲幼儿园吸引人的地方:有小朋友一起玩、有新玩具等。平时不要用"不听话就送你去幼儿园"之类的话来吓唬孩子。

(3) 提前练习分离。比如,可以安排妈妈短暂的出差,安排孩子去奶奶、姥姥家过夜等。

(4) 形成一个"告别"仪式,每天去幼儿园时,妈妈都和孩子有个特殊的仪式,比如很简单的一个吻、爱心手势或击掌、拉钩等;也可以给孩子准备一些能够起到安慰作用的物品,如妈妈的手帕。

(5) 在分离时家长要保持冷静、面带微笑、语气平静而坚定地和孩子说"再见"。

(6) 耐心倾听孩子从幼儿园回来后述说的感受,及时表扬孩子在幼儿园的点滴进步。

📑 知识窗 6-12

分离焦虑

分离焦虑是指幼儿在离开母亲、遇到陌生人和处在陌生环境的情况下,易产生惊恐、躲避反应。这时幼儿会出现警觉行为和恐惧、痛苦、愤怒等情绪。分离焦虑会使幼儿身心受到影响,比如睡眠不好、易受惊扰、食欲不振,甚至出现行为问题。过长时间的分离焦虑会影响儿童的智力、个性和社会化发展。

九、对待淘气孩子的方法

淘气的孩子往往是爱玩耍、爱活动的孩子。这类孩子会比安静的孩子更聪明,因为在玩耍和活动的过程中,孩子要完成几十种与大脑思维活动有关的动作,如掌握平衡、协调心理、处理问题等。玩耍和活动不但能提高孩子识别物体、语言表达、想象与创造等能力,还能消除孩子的心理压力和恐惧感。因此,家长要正确对待淘气的孩子。

(1) 对待爱活动的孩子,家长不要过度约束,可以在保证安全的前提下创造适合孩子的活动环境和条件,促进孩子的活动技能更好地发展。

(2) 对过分淘气的孩子,家长在平时要对孩子进行规则意识的培养,告诉他,哪些事情是可以做的,哪些是不可以做的,家长还要随时监管。

(3) 对于不爱活动的孩子,家长要多鼓励他们,为他们增加趣味性游戏活动,培养孩子对活动的兴趣,让孩子享受活动带来的快乐。

(4) 要适度控制淘气孩子的活动量,根据孩子的身体状况,不要让孩子因过度活动而产生身体上的疲劳。

十、处理孩子要穿不合时宜服装的方法

3～6 岁的幼儿有时会对服装、鞋帽有特殊的要求，比如，在开春时就想穿纱裙子去幼儿园，这种情况往往使家长无奈，那么应该如何处理呢？

(1) 家长要清楚 3～6 岁是幼儿处于美感发展的关键时期，美感是指按照一定的审美标准评价自然、社会生活和文艺作品时所产生的情感体验。它是一种愉快的体验，具有随社会历史不同而不同的特点，它的出现与人的认识能力有关。幼儿对自己的服装、鞋帽、玩具的颜色、样式等有自己的喜好，这是美感发展的萌芽，是一件好事，需要成人给予接纳、保护、鼓励和引导。

(2) 如果孩子喜欢的衣服不合时宜(比如天气较冷，孩子想穿很少的衣服)，家长可以在保证孩子身体不受伤害时(如多加件外衣)，让孩子穿上去幼儿园。同时私下与幼儿老师进行沟通，让老师帮忙劝说孩子，因为此时的孩子最听老师的话。在老师侧面的劝说下，孩子会认识到，穿衣服要符合气候的道理。这样既保护了孩子对美好事物的向往，也避免家长与孩子为此事争吵。

(3) 孩子对事物的喜爱和偏好，家长一定要保持温和的态度，切不可武断地拒绝，也不可与孩子论对错，讲道理。此时的孩子，处于以自我为中心的思维阶段，他们一般不能换位思考，更多的是从自己的角度看问题，所以讲道理一般是没有用的，只能用体验的方式或他人劝说的方式让孩子接受大人的建议。

知识窗 6-13

美感及其特点

美感是指按照一定的审美标准评价自然、社会生活和文艺作品时所产生的情感体验。它具有以下特点：①随社会历史不同而不同；②是一种愉快的体验；③与人的认识能力有关。幼儿期是美感萌芽时期，需要成人的保护和正确的引导。人的美感从幼儿期开始出现，而且是美感发展的关键期。

十一、处理孩子"顺手牵羊"的方法

孩子有时从幼儿园里把喜欢的玩具带回家；或者到亲戚朋友家，把自己喜欢的东西放进口袋里，面对孩子的"顺手牵羊"行为，家长要引起重视。父母要弄清楚，孩子"顺手牵羊"的原因，并有针对性地解决。

(1) 有些孩子"顺手牵羊"，是因为理解能力较差，不清楚事物之间的所属关系，所以轻易地把自己喜欢的东西拿回家。对于这样的孩子，家长需明确地告诉他，所有事物都是有所属关系的，如果想要某种东西，要么需要花钱买回来，要么需要和他人沟通，征求物品所有者的同意。引导孩子明白其中的道理，从而不再"顺手牵羊"。

(2) 有的孩子是因家长过于宠爱，养成以自我为中心的习惯，随意拿走别人的东西。对于这类孩子，父母需要改变教育方式，不可过度溺爱孩子。

(3) 有的孩子"顺手牵羊"则是因家庭缺少是非观念的教育，不懂私拿东西是损害别人利益的错误行为。对于这类孩子，父母需要提高孩子辨别是非的能力和自我克制的能力，要让孩子懂得，不能把别人的东西随意占为己有。

(4) 有的孩子是因缺乏关注。对待孩子成人要持有公平的态度，不可偏袒一方而打击、忽视其他孩子。有些孩子私拿别人东西是为报复成人的不公正，孩子"顺手牵羊"的行为，实际是对不公正待遇的一种反抗行为。

(5) 有的孩子是出于冒险和好奇心理而私拿别人的东西，对这些孩子成人要引导他们多参加体育运动和健康的游戏，并给予适当的告诫。

十二、处理孩子说谎的方法

幼儿年龄尚小，分辨事物真假的能力还很弱，所以可能会说出与事实相反的话；有时也会出现以欺骗为目的的"有意的谎言"，面对这些问题，父母要正确处理。

(1) 有些孩子说谎，是因为年龄小，对时间概念认识不清或者混淆想象和现实，比如还有一个月过生日，他却说今天就过生日。面对这种"谎言"，家长不必惊慌，只要耐心告诉孩子时间的含义、弄清想象和现实的关系，而且这种"谎言"会随着孩子的长大而逐渐消失。

(2) 对于孩子故意说谎，家长要注意不给孩子说谎的暗示或诱导。比如，明明知道孩子是因为懒惰而不想起床时，不要问孩子是不是不舒服等，以免让他找到说谎的借口。

(3) 有些孩子说谎是想逃避父母的惩罚，所以，父母平时不要对孩子过于严厉，更不能体罚孩子，要允许孩子犯错误，但要让孩子学会勇于承认错误和改正错误。

(4) 有些孩子说谎是为了满足内心的渴望和需要，这往往和家长管教过于严厉、孩子正当的愿望不能得到及时满足有关。所以，家长要适时地满足孩子的合理需求，并教会孩子用真诚的方式表达自己内心的愿望。

(5) 有些孩子说谎，是由一些家长的错误榜样引起的。家长不能以身作则，无意间给孩子树立了随意说谎的榜样。所以，当家长为避免伤害他人而不得已说谎时，一定要告诉孩子自己这么做的原因，让孩子清楚什么是"善意的谎言"，避免孩子随意模仿。

📖 知识窗 6-14

说谎实验——消失的兔子

心理学家以儿童为实验对象做了一个说谎实验。实验在一个大房间里进行。这个房间的一面墙上有一面单向玻璃，实验者可以通过单向玻璃在儿童不知情的情况下观察其行为。

房间里的一个角落里放了一只笼子，笼子里装有一只非常可爱的兔子。放置笼子的地方经过特殊的处理，里面设置了机关，可以使兔子掉进机关，在房间内消失掉。在房间中的一个角落里则放着一堆有趣的玩具、几本五颜六色的连环画册和一些诱人的糖果。

实验时，实验者每次带一名孩子进入房间，进入房间不久后实验人员就向孩子表示自己有事，将要离开几分钟，希望孩子帮忙看好那只兔子。然后，实验人员就离开房间，通过房间墙上的单向玻璃观察孩子的行为反应。

很多孩子在开始时都非常认真地照看兔子，但不久后，他们就会被角落里的玩具、画册和糖果吸引过去，而把照看兔子的任务抛诸脑后。

实验者则趁着孩子忘记照看兔子的时候按下机关，使兔子在房间内消失掉。这样在孩子返回查看兔子的时候就会发现兔子不见了。这个时候，实验者再进入房间，并询问孩子兔子怎么不见了。在询问的时候，实验者观察并记录孩子对此问题的情绪反应。

孩子们对此的反应各不相同，有的孩子向实验者完全否定事情的经过，有的孩子则勉勉强强地告诉实验者实情。而且实验者发现，当他追问得越厉害的时候，孩子们就越不敢承认是因为自己贪玩或者贪吃导致的疏忽。

从这个实验结果中，心理学家们得出了以下结论：当现实情境对他们构成了足够大的威胁的时候，孩子就会说谎。所以，父母要正确对待孩子的说谎行为，批评与宽容要适度；对孩子的教育不可过于严厉。

十三、处理孩子退缩行为的方法

退缩的孩子往往缺乏自信，在人多的场合不敢说话、做事，怕被人嘲笑。为避免孩子出现退缩行为，父母要做到以下几点。

(1) 父母对待孩子的态度必须温和、有耐心，平时要多鼓励孩子，创造机会让孩子做一些力所能及的事。刚开始时，让孩子做的事不能太容易(会失去兴趣)，也不能太难(努力也做不到，会加重挫折感，自信心会更低)，只有难易适中的事情才能让孩子体会到成功的喜悦，增加对自己的信心。

(2) 父母主动请朋友到家里做客，由成人做示范，让孩子看到如何照顾客人。刚开始时不必让孩子说话，只请孩子为客人端茶、分发糖果，目的是让孩子练习在众人面前表现自如，进而可吸引他加入大家的谈话。

(3) 父母有意识地让孩子饲养小动物或种植花草，使孩子有机会在照顾动物、植物时产生对周围环境事物的兴趣和关注。

(4) 父母可以先让孩子参加一些不十分强调个人表现的活动，如合唱、拔河等，使孩子不必太在意自己的表现是否突出。

(5) 父母也可以和孩子谈自己或别人的退缩经验，让孩子知道退缩在日常生活中是一种许多人都有的很普遍的行为。

总之，要在孩子觉得心情很放松的情况下，用鼓励的方法发展孩子生活交往的技巧，逐步建立孩子的自信心。

十四、处理孩子口吃的方法

孩子口吃多见于连续重复某个字音，或者把某个字音拖长或者反复说一句不连贯的话。口吃不仅影响孩子与人的正常交往，还经常遭人嘲笑，因此，孩子变得自卑、孤独、易激动和焦虑，也可能对以后的学习产生影响。因此，需要父母对口吃的孩子给予重视。

（1）成人正确的示范。成人发出正确的读音，让孩子逐字逐句地模仿，最好先一字一字地模仿，之后再整句模仿。模仿时可准备一些孩子喜欢的东西，作为强化孩子正确发音的物品，并多从正面鼓励孩子。

（2）让孩子注意听。提醒口吃的孩子多注意听别人讲话，并鼓励他们从聆听中发现自己的错误。

（3）有针对性地练习。有的孩子在口吃时还伴有歪脖子、低头等动作，可以要求他站在镜子前看着自己正着脖子或抬头说话，让他在口吃的同时不总是产生一种反应。

（4）分散注意。教孩子在说话时做呼吸和发声练习，或做手势和头部运动，分散对口吃的注意。

（5）由易至难的训练。例如，可以让孩子在小范围内与熟悉的人说话，逐步引导他与陌生人说话。当口吃的孩子流利语言逐渐增多，而且不受环境的紧张刺激影响时，可提高训练难度。

（6）组织多种活动。一般来说，跳舞、游泳、唱歌对口吃的孩子有很大的帮助，可以鼓励孩子多参加这些活动。

十五、培养孩子阅读习惯的方法

良好的阅读习惯不仅有助于孩子有效地获取知识，充分地享受阅读活动所带来的快乐，也有助于提高孩子日后对学习生活的适应性，家长需要有意识地培养孩子的阅读习惯。

（1）父母陪伴阅读。在开始阶段父母的陪伴阅读对孩子良好的阅读习惯的养成是非常关键的。第一步，父母和孩子一起阅读同一本书，给孩子讲书本里的故事情节；第二步，经过几个月以后，家长让孩子讲述书本里的故事，家长适当补充，并且鼓励孩子进行分享；第三步，家长和孩子讨论书中的人和事，家长鼓励孩子进行分享；第四步，家长和孩子分别看自己喜欢的书，家长和孩子定期交流彼此看书的体会和感受。这是一个循序渐进的过程，也是引领孩子由陪伴到独立的过程。当孩子在书中找到了乐趣，家长就可以让孩子单独阅读了。

（2）养成良好的阅读行为。①教会孩子爱护图书。在开始亲子阅读的时候，父母应与孩子商定不能在书上乱涂乱画，要把看完的书及时放回到书架上。对 2 岁之前的孩子，要注意选择一些不易损坏的图书。②教会孩子学会逐页阅读。按照封面、内页、封底的顺序引领孩子认识图书，耐心地为孩子逐页讲述。当孩子要跳着读时，父母应鼓励他耐心等待。同时，还可以从新的角度为孩子解读当前页，对稍大一些的孩子，可以示范正确的翻书方式。

(3) 保持孩子阅读时的注意力。父母为孩子创设一个安静的阅读环境，在孩子开始进行阅读时，要求他每次只取一本图书，不要开着电视，不要在旁边玩电子游戏等。同时，注意不要选择页数过多的图书。

(4) 约定家庭阅读时间。良好的阅读习惯是在多次阅读活动中逐渐形成的，应让阅读成为孩子的一个自然的日常活动。比如，与孩子约定每天的某段时间为亲子共读或家庭阅读时间，和孩子一起阅读不同种类的图书，还可多带孩子去逛书店，让他有自己选择图书的机会。

◤ 知识窗 6-15

幼儿期应培养的 7 个良好习惯

读书的习惯、做事有计划的习惯、勤恳节俭的习惯、持之以恒的习惯、孝敬父母的习惯、关爱他人的习惯、不说谎的习惯。

十六、培养孩子良好情绪的方法

孩子情绪的发展对其以后身心健康的发展具有极大的影响，家长应该重视儿童早期良好情绪的培养。

(1) 合理的生活习惯、丰富的生活内容，能让孩子处于愉快的情绪之中。家长要依据孩子的身心特点，更多地以游戏的形式制定孩子的生活制度。例如，要求孩子睡前刷牙，家长可以通过让孩子给玩具熊刷牙的形式，教会孩子自己刷牙。

(2) 和谐的家庭生活、良好的情绪示范和教养态度有利于促进孩子良好情绪的发展。幼儿期的生活主要以家庭为中心，因此，愉快、和谐的家庭生活，对幼儿情绪的发展影响极大。同时，孩子的情绪易受感染、模仿性较强，成人不良的情绪示范也会对孩子产生影响。

(3) 通过文学作品培养孩子的高级情感。文学艺术作品具有感染力，家长可以通过为孩子朗读优秀的儿童文学绘本，促进孩子高级社会情感的发展。同时，也能增加孩子与家长的亲子感情。

(4) 教会孩子克服不良情绪的方法。当孩子有不良情绪(生气、委屈、愤怒等)时，家长不要简单地呵斥或者不予理睬，而要帮助孩子学会识别情绪，并教会孩子用语言表达自己的感受；同时，让孩子通过扮演游戏角色的方式，将情绪合理地宣泄出来；也可以教大一些的孩子学会换个角度看问题，学会理解他人。

十七、培养孩子自己的事情自己做的习惯的方法

自己的事情自己做，就是要凭借自己的力量和经验，完成在日常生活和学习中完全属于自己必须面对的事情，而不是想方设法地寻求他人的帮助。自己的事情自己做，是孩子独立的表现，是人格形成的起点，也是孩子为自己负责的表现。家长要从平常的小事开始，有意识地训练孩子的这个习惯。

(1) 让孩子完成一些简单的事情，比如每天早上自己起床，自己穿衣服，自己叠被子，自己刷牙、洗脸，自己洗一些小件的衣物，等等。

(2) 教孩子学会自己整理物品，学会物归原处。比如自己整理房间、为自己的玩具和物品设置专门的摆放地点，给它们建立一个"家"，每次用完东西之后都要及时归位。

(3) 让孩子自己安排和负责一些事务。比如，每次出门前，先想一想要带什么东西，是否要增减衣物；出去玩的时候，要安排去哪里、用什么交通工具、主要做些什么；等等。总之，让孩子尽可能地安排好每一件事情，并且负责到底。

(4) 父母要多给孩子提供自己做主的机会。在一些问题的选择和决定上，尤其是关于孩子的事情，多给孩子表达观点和做决策的机会。

十八、避免孩子出现"性别倒错"的方法

性别倒错是指一个人心理上的性别认同与生物学上的性别不吻合。例如，有些男孩喜欢穿女孩的花衣服，愿意打扮成女孩的样子；有些女孩则相反，愿意打扮成男孩的样子，这些都是"性别倒错"。形成儿童"性别倒错"的原因有很多，有的是受内分泌的影响；有的是父母错误的性别期待；有的则是缺乏同性认同对象。父母需要从不同的原因入手，避免孩子出现"性别倒错"。

(1) 父母对孩子要有正确的性别角色期待。父母要摒弃"重男轻女"或"重女轻男"的想法，不要根据自己的好恶或出于"好玩"，随意改变孩子的装扮和个性，把孩子当异性来养育。

(2) 让孩子形成正确的性别认同。父对子、母对女都要付出较多的时间陪伴孩子，提供让孩子模仿正确性别角色的机会。如果因客观原因父母无法陪伴孩子，则应从亲友中寻找一位替代的认同对象，与孩子建立关系，让孩子有异性的榜样。

(3) 正确地强化或纠正孩子的行为。当孩子表现出符合其性别的行为时，成人应给予表扬，以鼓励他再度表现出类似行为；当孩子出现与其性别不符合的行为时，父母要及时给予纠正，并指出正确的行为模式。

如果以上方法都无济于事，则建议去寻求专业心理医疗机构的帮助。

📖 **知识窗 6-16**

性别角色

性别角色是指特定社会对男性和女性社会成员所期待的适当行为的总和。幼儿社会角色是在其性别角色社会化即性别化的过程中获得与发展的。性别化则是指在特定文化中，儿童获得适合于某一性别(男性或女性)的价值观、动机和行为的过程。它是幼儿个性和社会性发展的一个重要方面。幼儿性别角色的形成是在其性别角色社会化即性别化的过程中进行的。性别化的工作通常分为四个相互联系的领域：①性别同一性的发展，即关于一个人是男是女及性别不变的知识；②性别角色观的发展，即认为怎样才算得上是一名男性或女性；③性别化行为模式的发展，即儿童更喜欢进行与性别相符的活动的倾向和行为表现；④男女儿童性别化发展的差异性，即男孩和女孩并不是在同样的环境作用下以同样的方式完成各自的性别化。

📖 **知识窗 6-17**

父母对幼儿性别角色社会化的影响

1. 父母对两性子女的方式不同影响幼儿的性别角色

儿童一出生就因性别不同而受到不同的对待，从姓名、服饰、玩具到以后的行为要求、生活方式、道德准则等。儿童正是从父母对待他们的态度和行为要求中开始获得性别认同并进而达到性别角色的分化。

2. 父亲在儿童性别化中的独特作用

父亲在儿童性别化过程中具有比母亲更为重要的影响作用，父亲是子女性别角色社会化的主要动因。

父亲对于儿童的性别化发展具有以下的影响作用：①父亲独特的行为方式和态度是儿童性别化发展的基础；②父亲性别行为榜样的作用是促使儿童性别化健康发展的根本保证；③父亲作为社会力量的象征，是推动儿童性别化发展的决定性因素。

3. 没有父亲或缺少父爱对儿童性别化发展的不利影响

西方心理学家对此着重进行了研究。他们发现，5 岁前就与父亲分离或失去父亲的男孩，由于缺乏适当的性别行为榜样，其行为缺乏男子汉气概。这类男孩在幼儿期的攻击行为要比正常家庭中的男孩少一些；游戏中也表现出较多的女孩子特征的动作模式，吵架时更多地用言语攻击而较少用身体攻击。

没有父亲或缺少父爱对女孩的影响，主要反映在青春期的女孩如何与异性交往的问题上。研究发现，在父母离异的家庭中，女孩与男孩交往时表现得比较唐突和富有挑衅性；而在父亲去世家庭中的女孩，与男孩交往时则表现得过于胆怯、缺乏自信心和过分害羞，而且在成年后更容易拒绝做妻子或母亲，在夫妻关系方面也容易出现困难。

总之，父母对儿童性别化发展都有较大的影响，但父亲在这方面的作用要比母亲更大。

十九、教孩子认识自己性别的方法

(1) 家长通过让孩子穿符合他(她)性别的衣服、玩符合他(她)性别的玩具，让孩子认识自己的性别。

(2) 同性别的父母与孩子一起洗澡，让孩子认识到自己的性别。

(3) 父母通过动画片，让孩子识别不同性别人物的特点。

(4) 父母要注意自己言行的榜样示范作用，尤其是在对男孩子的教养中，父亲应更多地参与其中。

知识窗 6-18

儿童认识自己性别的能力的研究

心理学家(库恩等人)曾对儿童性别发展做过研究。研究对象是一些年幼的儿童。研究实验中，实验者首先向儿童宣读一些对"自己"的描述陈述，如"我很强壮""我长大后要开飞机"的男性描述；"我很漂亮""我长大后要当护士"的女性描述。

同时，实验者给儿童两个洋娃娃，一个是男的，一个是女的。然后让儿童从两个洋娃娃中挑出一个适合刚刚对儿童描述中的"自己"的洋娃娃给实验者。

库恩他们发现，2 岁的儿童能够挑出与实验者描述中的人相符的洋娃娃。这证明了儿童早在 2 岁时就已具备了一些性别的固有认识，他们进一步证实，婴儿期的儿童已初步形成了一些性别角色知识。

二十、越禁止的事情孩子越想去做的原因

很多父母发现越是禁止的东西，孩子就越想弄个明白，这是为什么呢？

知识窗 6-19

禁果效应实验——茶杯下的秘密

心理学家设计了一个实验，实验对象是一群孩子。实验很简单，心理学家在孩子玩的地方放了一个茶盘，茶盘内放了 5 只向下扣着的不透明的茶杯。观察发现，孩子对杯子一点都不感兴趣，继续做自己的事情。

接着，心理学家当着孩子们的面在其中的一个杯子下面放了一块糖果，然后把杯子重新扣在茶盘上。实验者在临走时对孩子们说："杯子下面放了东西，你们千万别动。"

实验者继续在隐藏处观察记录孩子们的行为表现。结果发现，孩子们对杯子充满了好奇，甚至有些孩子对杯子还要逐个认真探究一番。这表明禁果效应的真实存在，尤其是在小孩子身上。

事实上，一件事情越是被禁止，它的"神秘"色彩就越浓，对人们的诱惑力就越大，人们就越想接近和了解它。

那么父母如何利用禁果效应更好地帮助孩子？

(1) 父母要谨慎处理孩子的好奇心。禁果效应的根源是好奇心。幼儿的好奇心是孩子理智感的萌芽，好奇、好问也是幼儿期心理发展的特点之一，父母应该注意保护它。最好的措施是以安全的方式满足孩子的好奇心，给孩子接触和了解外界事物的机会。

(2) 父母对孩子的禁止行为要悄悄地进行，不要让孩子意识到禁止，否则更容易引起孩子的好奇。

(3) 父母在日常生活中要加强孩子安全意识的培养。比如，用形象的方式呈现安全知识、通过体验轻微的痛苦让孩子认识到危险的存在等。

(4) 父母可以巧妙地利用孩子的好奇心和探究行为达到教育孩子的目的。例如，父母想让孩子做某件事(读书)，而孩子想做此事(读书)的愿望不是很强。父母就可以事先告诉孩子，某件事不允许他参与，孩子可能反而更想去做这件事。历史上著名的文学家苏洵就是通过把书藏起来的方法激发孩子们的好奇心，从而让孩子们喜欢读书的。

(5) 利用普雷马克原理，将父母期望孩子做的事情放在前面，把孩子喜欢做的事情放在后面。孩子为了做自己喜欢做的事情，就会完成父母期望自己做的事情。这样，孩子的行为向父母所期望的方向发展就会变得容易了。

📄 知识窗 6-20

普雷马克原理

1959 年，普雷马克做了这样一个实验。他让孩子们在游戏机和糖果中选择一种。一些孩子喜欢糖果，一些孩子喜欢游戏机，他们自然而然地分成了两队。普雷马克这时候对选择糖果的孩子说，如果他们打游戏的话，会奖励他们更多的糖果；对那些玩游戏的孩子说，如果他们吃糖果，会奖励他们玩更长时间的游戏。

结果发现，即使不是那么喜欢，这些孩子为了可以得到他们想要的东西，还是会选择自己不喜欢的游戏或糖果。

实验结论表明：当有一件极其喜欢的事情在后面等着孩子时，对于那些不喜欢的任务，孩子也会有动力去快速完成。

二十一、不必强调孩子一味听话

一味听话的孩子往往会有以下的问题。

1. 孩子多听话便少动脑，难以发展更高的智力

多动脑筋，孩子会想出多个办法、有更多的突破。反之，凡事只要听话便解决了，大脑没有运用的机会，便不能发展出更高的智力。

2. 听话的孩子更易形成依赖的性格

一些家长为孩子安排好了一切，孩子只要听话便事事妥当。这样的孩子长大了便会是一个依赖性极强、软弱无力的人，凡事都要听人指挥，一旦没有人指挥，就容易陷入不知所措的境地。

3. 听话的孩子难以发展自主能力

孩子出生时没有自主能力，而在成年(18岁)后，父母总是希望孩子已经掌握了充分照顾自己的能力。但是如果孩子事事都要听父母的，那他就不可能发展出自主能力。所以，按照正常的发展来说，孩子应该每年培养出大约5%的自主能力，也就是说，每年至少有5%的"不听话"。但很多家长习惯了享受孩子听话的安心和方便，便会容易忘记家长的责任——帮助孩子成长，发展孩子的自主能力。

4. 听话的孩子很少能超越父母

家长总是希望下一代比自己更好。若真的想下一代比自己更好，必须允许孩子不听自己的话。因为若孩子完全听话，再好也不一定会超过父母，最多学到父母八成的样子，那结果便是一代不如一代。

要使孩子在未来出人头地，那么头脑更灵活的孩子，将比事事听话的孩子，有更大更多的发展机会。家长应该教会孩子怎样去观察、去思考，找出最多的可能性，懂得做出正确的决定，主动积极地执行这个决定，更能为自己的决定负责任。

二十二、必须让孩子听话的方法

(1) 当孩子还小的时候，在学习基本的生活技能和养成好的生活习惯(如刷牙，饭前、便后要洗手，倒水喝等)等方面，孩子必须听父母的话。只是父母在教会孩子做这些事情时，要适当增加游戏的成分，孩子会更乐于顺从和做到。

(2) 在紧急的情况(如遇到火灾、地震、交通事故等)下，没有时间商量时，孩子必须听从父母的话，就像一个士兵在战场上执行上级的命令一样。

(3) 其他情况，即使2～3岁的孩子，家长也要避免用"听话"二字去推动孩子。6岁之前的孩子因不能明白复杂的道理，最好用愉快的感受去让孩子接受你的建议。7岁以上的孩子，可以与他谈论其中的道理。

二十三、发出指令更易被孩子接受的方法

(1) 父母用正面词语发出指令。不以否定词发出指令，而是用正面词语发出。例如，用"走过来坐到我身边"，而不用"不要到处乱走！"因为孩子对否定词没有概念。

(2) 父母发出的指令不要附加道理。例如，"你要换衣服了，不然的话，你会迟到。"这给孩子一个信息：任何事，有个道理便可以支持。这样孩子会用不同的道理去支持他的

不同做法。

(3) 父母的指令要清楚明确，即给出实际可以做得到的行为指令。例如，"拿了自己吃得下的就返回座位"，便清晰易做。而"不要太过分"，孩子往往不会明白。

(4) 父母发出的指令要简单易记，一次一件事，用字不要太多，指令只发出一次最为有效，发出时应确保孩子正在聆听。

二十四、培养幼儿自学能力的方法

(1) 在丰富多彩的游戏中发展幼儿的聪明才智。游戏是学前孩子的主导活动，孩子主要是通过游戏来认识周围世界，适应生活环境，发展智力的。因此，将游戏与早教结合起来，增强早教的趣味性，让幼儿在游戏过程中互教互学、互相促进是最有效的最有吸引力的早教方式。

(2) 丰富幼儿的学习机会。对幼儿提供尝试、展现、锻炼能力的机会，使幼儿的各种能力得到发展。凡是与婴幼儿生活生存有关的事务，他们都学得很快，所以早期教育应和他们的生活密切相关。

(3) 循循善诱，启发幼小心灵的智慧。及时解决孩子提出的问题，要有耐心。凡是符合婴幼儿兴趣、爱好的东西，他们都愿意学。因此，要以诱导、启发求知欲为目的，而不是给孩子灌输很多的知识。

(4) 用故事来扩大幼儿的知识。通过故事来学习，故事可以锻炼记忆力，启发想象，拓展知识。

(5) 建立广泛的兴趣。引导孩子到大自然和社会环境中学习，大自然和社会环境是孩子最理想的教师，它们最能吸引孩子，最容易激起孩子探索的愿望，增加他们的兴趣。

二十五、不提倡幼儿过早入学

(1) 幼儿的生理、心理发育不成熟，难以快速进入学生角色、适应有纪律有组织的学校生活。有些教师缺乏耐心，动辄批评孩子，导致孩子更不喜欢学校生活。

(2) 孩子如果入学早，学习、身体运动方面的能力可能会跟不上，特别是学习上感到吃力。在完成任务时的速度和质量均不尽如人意，较少得到老师的表扬，与其他同学形成反差。如此反复，孩子会产生挫败感和自卑感，失去信心，由此形成胆怯、自卑、厌学的心理。

(3) 从脑机能上看，学龄前儿童的大脑兴奋和抑制机能还不够强，调节、控制自己行为的能力较差，律己困难，且 6～7 岁的孩子有意注意集中时间一般为 10～15 分钟，年龄更小一些的孩子，就更难长时间集中注意力认真听完 45 分钟的一节课，因而表现得坐不住，好动，做小动作。

(4) 幼儿年龄小，自理能力较弱，比如不会记作业，不会整理书包，不会打扫卫生，不能独立完成作业，等等。不少活动他们更是无法参与，每天要应对超标学习任务的压力，长此以往，会影响身体健康。

(5) 幼儿年龄较小，手部小肌肉群发育不完善，精细动作发展不够，手腕比较无力，影响握笔写字，且写字极易疲劳，造成孩子不愿多写，或写字慢，容易养成作业拖拉的习惯。

这些问题会严重影响孩子今后的学习，可以说是欲速则不达。

孩子是否可以上小学，需要参照孩子的"入学成熟水平"，包括视知觉能力、听知觉能力、运动协调能力、知觉转换能力、数学准备能力等因素。如果没有达到"入学成熟水平"，尽管孩子并不"笨"，但与其他孩子没有处在同一起跑线上，就算抢先起跑，也很有可能就此跌倒，陷入消极的恶性循环之中，从而影响孩子的发展，导致迟缓、多动等行为问题，不会听讲、磨蹭等学习习惯问题，紧张、焦虑、自我评价低等心理健康问题。

苏联心理学家列伊捷斯说过："儿童超过自己年龄的发展，对于判断其未来发展的可能性，还不能提供可靠的依据，也不排除缺少早期发展，后来却发生飞跃的可能性。"

意大利幼儿教育家蒙台梭利说："每个人的成长都有一个程序，他在某个年龄特征段该领悟什么样的问题，其实是固定的，你没办法强求，过分人为地加以干涉只会毁了他。"

📖 知识窗 6-21

早期教育不是超前教育

不少父母把早期教育理解为超前教育，认为提早接受教育就是早期教育，即把教育时间大大提前。于是任意超越儿童年龄阶段进行超前教育和提前智力开发。比如，2 岁学写字，4 岁学英语，5 岁学钢琴，甚至有人主张"2 岁识字，3 岁扫盲"。目的是让孩子不输在起跑线上，这是一种急功近利的做法，不顾孩子身心发展规律的盲目教育。

实验一：美国心理学家格塞尔做过一个著名的双生子爬楼梯的实验。在这个实验中，让双生子中的一个从第 48 周起每天做 10 分钟的爬梯训练，连续 6 周，到第 54 周，他已能熟练地爬上 5 级楼梯。在此期间，另一个双生子先不做爬梯训练，而是从第 53 周开始训练，但两周后，这个双生子不用旁人帮助，就可爬到楼梯的顶端。由此，格塞尔得出的结论是：不成熟就无从产生学习，而学习只是对成熟起一种促进作用。

实验二：美国北卡罗来纳大学做过一个实验，他们把 175 个孩子分成两组，一组从 3 个月起进行早期教育，另一组不进行早期教育。之后，每 15 个月测试一次。他们发现提前接受早期教育的孩子智商平均高出 15 点。然而，并不能以此得出这种优势能一直保持下去的结论。因为拥有这些优势的孩子在进入小学四年级后，就逐渐丧失了这种优势，而另一组接受父母循序渐进教育的孩子通常都能赶上来。

这两个实验表明，孩子的成长是受生理和心理成熟机制制约的，教育要尊重孩子的实际水平，在孩子尚未成熟之前，要耐心等待，不要违背孩子发展的自然规律，不要违背孩子发展的内在"时间表"来人为地通过训练加速孩子的发展，这样将会欲速则不达，甚至还会给孩子带来生理和心理上的负担，还可能影响孩子的学习兴趣，从而产生厌学情绪。

幼儿，并非缩微的成人。成年人不仅"尺寸"有差别，身体内部的结构和功能也有差别，身体的发育，尤其是大脑的发育，也并非简单的膨胀增大的过程，它有着自己特定的节奏和规律。教育应该顺应这种节奏和规律，在最需要的方面提供最需要的条件。所以，教育要遵从孩子自身的身心发展规律和认知发展规律，讲究顺序、程度和节奏。

第七章　不同时期儿童心理发展与家庭教育——小学生篇

小学生的年龄范围是 6~12 岁，也称童年期。此时期儿童的生活从以游戏为主导转为以学习为主导，其主要任务是通过学校教学系统地掌握学习方法和学习态度，"学会学习"是他们的基本学习任务。

📖 **知识窗 7-1**

小学生心理发展的一般特征

1. 小学生心理发展是迅速的

10 岁之前，是儿童心理发展、个性形成的关键期，也称最佳期。这个时期大脑皮层及神经细胞迅速发展，为个体以后的发展奠定基础。

小学生心理发展的迅速性更多地体现在他的逻辑思维迅速发展，完成了由具体形象思维向抽象逻辑思维的过渡，这是一个质变过程，即三年级之前偏重形象思维，9~10 岁是由形象思维向抽象逻辑思维过渡的转折期，10 岁之后开始有更多的抽象逻辑思维，所以小学时期是发展儿童智力的好时机。

2. 小学生心理发展是协调的

比起初中生的"动荡性"，小学生心理发展的主要特征是"协调性"。"协调性"主要有两方面的含义。一是生理上的协调性，表现在小学生大脑内部各个神经系统之间的协调，大脑综合处理不同感觉器官传来的信息的协调性以及大脑指挥躯体行动时的协调性。二是心理发展的协调性，主要是指小学生的心理需求与其能力之间是协调的、匹配的，所以这期间没有出现幼儿的第一逆反期，也没有出现青春期的第二逆反现象。总之，在小学阶段，其心理发展的各种因素是协调的。

3. 小学生心理发展是开放的

小学生是真正的"童言无忌"时期。他们会毫无掩饰地说出自己看到、听到和想到的所有事情。此时，成人很容易与儿童沟通，师生之间、亲子之间的关系也比较融洽。所以，成人应该抓住整个小学时期，认真细致地了解儿童真实的心理活动，进行有的放矢的教育和引导。

4. 小学生心理发展是可塑的

比起逐渐成熟起来的青少年，小学生的心理发展和变化具有较大的可塑性。小学生精力旺盛、活泼好动，但同时因为他们的自制力还不强，意志活动的自觉性和持久性都比较差，在完成某一任务时，常靠外部的压力，而不是靠自觉的行动。不同的教育方式会形成他们不同的性格特征。因此，小学阶段是培养良好心理素质与行为习惯的关键时期。

一、小学学习与幼儿园游戏的不同

孩子从幼儿园进入小学学习，会面对很多改变。

(1) 学习形式的改变。幼儿园以游戏为主，小学以正规的课堂教学为主。

(2) 学习内容的改变。幼儿园的学习是通过游戏获得直接经验，小学的学习是通过书本掌握间接经验。

(3) 学习性质的改变。幼儿园的游戏没有强制性，可以随心所欲，而小学的学习是有法律约定的，具有强制性。

(4) 学习能力要求的改变。幼儿园的游戏可以随意地进行，小学的学习则要求有复杂的学习能力的参与。

所以，对孩子来说，从幼儿园游戏到小学学习是一次挑战。幼小衔接不仅关系孩子身心健康的发展，也对孩子未来学业的发展有重要影响。

二、帮助孩子做好幼小衔接的方法

1. 帮助孩子做好上学的心理准备

父母可以在家里模拟学校场景，如让孩子当老师，父母当学生，练习怎样遵守课堂纪律、怎样听讲、怎样回答问题等，减少孩子入学后的陌生感；同时，父母要告诉孩子学校学习的大致情境。如会学习不同的课程，老师会讲各种各样的知识，会认识很多新朋友，学校还会组织丰富多彩的活动，比如召开运动会、集体郊游、参观博物馆等，让孩子有一定的心理准备，带着期待去上学。

2. 帮助孩子提前做好学习能力的准备

学习能力主要包括观察能力、记忆能力、计算能力、语言表达能力和逻辑推理能力等，也包括人际交往能力。父母需要有意识地利用亲子游戏等活动形式，提前培养孩子的这些能力(如注意力从婴儿期就要培养和训练；记忆力从幼儿期开始训练最好)，以便孩子能很快地适应学校的学习活动。

3. 做好家庭氛围的准备

营造温馨和谐的家庭氛围。父母关系和谐，夫妻恩爱，孝敬长辈，对孩子的要求给予正面的积极的回应。父母为孩子树立热爱学习的榜样。如，在约定的时间里，父母与孩子共同学习；利用家人在一起的时间(如共进晚餐、购物、郊游等)与孩子探讨各种知识；等等。

总之，父母要有意识地培养孩子热爱生活、热爱学习的习惯，为孩子能够很好地适应学校的学习生活做准备。

以上的做法，可以帮助孩子对学习产生兴趣和对学校产生好奇与期待，减轻孩子对学校的恐惧、焦虑和不适应。

📑 知识窗 7-2

保证小学生充足睡眠的原因

睡眠对儿童来说非常重要。婴幼儿期，儿童的大脑和身体都在不断地发育。首先，在睡眠过程中，婴幼儿的大脑不断地合成蛋白质，神经纤维和脑的蛋白质都在不断地再生和修复。孩子如果没有良好的睡眠，其大脑就不能正常地发育。其次，儿童身体的发育，也受睡眠的影响。在睡眠状态下，生长激素的分泌量是在清醒状态下的三倍左右，如果生长激素分泌不足，会使孩子身体发育受限，所以，要保证孩子身心的健康发育，必须保证孩子充足的睡眠。

虽然，小学生与婴幼儿时期相比，脑的兴奋过程与抑制过程逐渐趋向平衡，觉醒时间相对延长，睡眠时间相对缩短，但是，小学生平均每天需要睡眠的时间，仍然要长于成年人(7岁为11小时，10岁为10小时，12岁为9～10小时)。

但是因为各种原因，现在的小学生经常睡眠不足，长此以往会对小学生造成很大的伤害。

(1) 长期睡眠不足会影响学生的生长发育。人体的生长激素主要是在夜间睡眠中分泌，尤其在前半夜，如果这个时候学生的睡眠被剥夺了，就会影响人体生长激素的分泌，从而使生长发育迟缓。

(2) 长期睡眠不足会影响学生的学习效率。睡眠标志着儿童脑的机能状况，是学习的生理基础。但若是人为缩短儿童的睡眠时间反而会影响儿童记忆的能力，从而阻碍学习的效率。后半夜是人的记忆巩固期，大脑将白天的学习碎片进行整理、记忆强化，如果这个时候的睡眠被剥夺，就会影响人的记忆功能。小学生正处于生长发育期，长期睡眠不足，就会导致记忆力下降等，从而影响学生的学习效率。

(3) 长期睡眠不足会影响学生的心理健康。睡眠不足易使学生变得烦躁，情绪不稳定，进而影响学生的人际交往和社会功能。

(4) 长期睡眠不足会影响大脑的创造性思维。科研人员研究认为，人的大脑要思维清晰、反应灵敏，必须要有充足的睡眠，如果长期睡眠不足，大脑得不到充分的休息，就会影响大脑的创造性思维和处理事情的能力。

三、培养小学生自学能力的方法

(1) 父母要注意自己的角色。孩子学习知识主要靠学校教育，家庭教育不可代替学校教育。家长也不可充当老师的角色，对孩子的学习，父母只做一些必要的指点，切不可代替老师传授知识，不能做孩子学习的拐杖，更不能让孩子形成只要学习遇到困难父母就能帮助解决的习惯，要把学习的主动权交给孩子。

(2) 当孩子在学习上遇到困难时，父母不要立刻给予帮助，要启发孩子自己去思考，或者提示孩子可以通过一些途径(比如查词典、浏览网页等)找到解决问题的方法，让孩子养成自己的困难自己解决的习惯。

(3) 养成学校作业由孩子自己负责的习惯。对于每天学校留的家庭作业，父母不要通过老师了解，而要询问孩子，由孩子告诉父母，并由孩子自己安排时间完成作业。对于刚上学的小学生来说，知道自己的作业是什么，就是一个重要的作业。这样做，不仅可以促进孩子对作业的重视，也能养成孩子为自己负责的意识。

(4) 要不断培养孩子的学习习惯。例如，认真听讲、独立思考、细心观察、用心记忆；工整书写、准确计算、及时检查、厘清思路；等等。

(5) 注意培养孩子良好的心理素质和道德品质。包括遵守纪律、尊重他人、有顽强意志等。

(6) 父母多给孩子鼓励。如，"妈妈知道你是一个不怕困难的孩子，这点小问题一定难不倒你，对吗？""你能行！""爸爸认为你是最棒的!"等。父母亲切的话语、和蔼的笑容、赞许的眼神，能有效地调动孩子的情绪，增强孩子自我获取知识的信心。

四、培养孩子学习兴趣的方法

兴趣是指一个人积极探究某种事物及爱好某种活动的心理倾向。

孩子进入一年级时，对各门学科的学习兴趣似乎没有明显差异，但随着年级的增高，孩子对不同学科的学习兴趣会有不同。比如，有的孩子喜欢数学，有的孩子则对语文更感兴趣。心理学研究表明，这种对学科的兴趣分化，一般从三年级开始。学习兴趣分化，可能会给一部分孩子的学业适应带来挑战，需要父母密切关注孩子兴趣分化的状况，给予必要的支持或干预。

要了解小学生的心理发展特点，可以运用下面几种方法培养孩子的学习兴趣。

(1) 直观形象法。小学生的思维具有从具体形象到抽象逻辑发展的特点，要引导孩子对所学知识感兴趣，就要借助一些形象直观的物品，把抽象的无形的知识变成具体的可见的形象，让知识形象地进入大脑。

(2) 情感感染法。孩子对富有情感的事物比较感兴趣，家长应该通过带有浓厚情感色彩的事物来感染孩子，从情感上引导孩子对学习的需要。

(3) 成功激励法。帮助孩子克服学习中的困难，使其获得成功，享受到成功的满足，这样也会激发孩子的学习兴趣。要从孩子的实际出发，帮助他克服困难。当孩子有微小的进步时，及时给予肯定，让他感受到成功的喜悦。

(4) 实践操作法。让孩子进行一些实际操作，如科学小实验、种植、采集、制作玩具、饲养动物等，这些活动可以激发孩子的学习兴趣。

(5) 目标指示法。当孩子对某一学科的学习缺乏直接兴趣时，可以通过加强学习教育，使孩子出于对学习的责任感或为达到某种目的而产生学习的需要。这种为某种目的而产生的间接兴趣，经过不断努力可以转化为直接兴趣。目标越具体，动机越强烈，学习兴趣就越浓厚。

(6) 娱乐吸引法。爱玩是孩子的天性，家长可以通过游戏激发孩子的学习兴趣，让孩子在游戏中愉快地学习。在游戏中，孩子的大脑皮层会形成优势兴奋中心，对所学的知识能够较好地感知，记忆扎实。父母还可以经常和孩子一起游戏，在游戏中活跃家庭氛围，激发孩子的智慧，使孩子精神饱满、心情舒畅地投入学习。

(7) 情境法。通过各种艺术形式，创设生动情境或利用丰富多彩的大自然，激发孩子的学习热情。培养孩子的良好学习兴趣，既要注意发展兴趣的广泛性，让他们获得更多的知识，又要注意在广泛兴趣的基础上，根据孩子的特点，引导他们建立自己的中心兴趣。

📖 知识窗 7-3

小学生学习兴趣的发展特点

学习兴趣是促使儿童自觉地从事学习活动的一种重要的推动力。

在教学的影响下，在知识经验不断积累的情况下，小学生的学习兴趣也在不断发展变化。虽然每个儿童的兴趣并不完全相同，具有明显的个体差异，但他们又有共同的年龄特征。

(1) 在整个小学时期，儿童最初对学习的过程和学习的外部活动更感兴趣，以后逐渐对学习的内容和需要独立思考的作业更感兴趣。

(2) 小学生最初的学习兴趣是不分化的，以后才逐渐产生对不同学科有不同的兴趣。调查表明，这种对学科兴趣的分化一般从三年级开始，小学生对学科兴趣的分化很不稳定，引起小学生学科兴趣分化的原因既有客观方面(如教师的教学水平)，又有主观方面(如觉得有用、能动脑子等)。

(3) 在整个小学时期，小学生对有关具体事实和经验的知识较有兴趣，对有关抽象因果关系的知识的兴趣在初步发展。

(4) 在整个小学时期，游戏因素在低年级儿童的学习兴趣上起着一定的作用，中年级以后，这种作用逐渐降低。

(5) 在阅读兴趣方面，小学生一般从课内阅读发展到课外阅读，从童话故事发展到文艺作品和通俗科学读物。

(6) 在整个小学时期，小学生对社会生活的兴趣逐步扩大和加深。

五、帮助孩子培养学习动机的方法

刚入学的学生，对学习缺乏自主性，更谈不上积极的学习动机。此时，就需要父母帮助孩子逐渐地培养和激发他们的学习动机。具体可以从以下几点着手。

(1) 父母帮助孩子打开眼界。父母利用休假的时机,带孩子游览自然美景、名胜古迹、博物馆等,让孩子感受大自然的神奇、人类历史的伟大,在孩子心中种下一颗种子——世界那么大,我得去看看。这种发自内心的动力,对孩子一生的成长非常有利。

(2) 父母让孩子多参与家庭生活,让孩子成为家族的一分子。让他承担家族的使命和责任,对促进他未来的成长也很有益处。

(3) 帮助孩子找到学习的目标,并和孩子一起制定近期小目标。在孩子日常学习中,可以把大的目标分解为一个个小的目标,比如,计划一个月内要读完一本书,就规定每天要读多少页;计划做完一本习题集,就规定每天做几道题;等等。

(4) 让孩子把学习和自己的理想联系起来。父母要激发孩子的理想,激励孩子为实现自己的理想而努力学习。这个理想不一定就是孩子以后从事的事业,但是它可以作为目标,促进孩子产生持久的学习动力。

(5) 利用动机迁移的原理。所谓动机迁移,是指把动机从一项活动转移到另一项活动上的过程。比如,有的孩子对学习不感兴趣,但却喜欢体育运动,此时,父母可以利用孩子喜欢体育运动这一动机,把孩子在体育活动中获得的良好感受与文化知识的学习结合起来,告诉孩子,当你能认真地学习之后,也可以获得一样的愉快感受,这样孩子就容易从体育活动出发,产生学习文化知识的愿望,逐渐地对文化知识产生热爱。

(6) 给予必要的激励。父母真诚的鼓励是对孩子勤奋努力和正确学习态度的肯定,可激发孩子的上进心、自尊心。每隔一段时间,父母都要对孩子的学习给予恰当的评价,帮助孩子发现成绩变化的原因。当孩子学习表现好时,父母一定要及时地给予表扬和鼓励,以不断地增加孩子学习的热情和信心。

📖 知识窗 7-4

小学生学习动机的发展特点

学习动机是指引发与维持学生的学习行为,并使之指向一定学业目标的一种动力倾向。它包含学习需要和学习期待两个成分,它是推动学生学习的内驱力。

小学生的学习动机直接影响着他们的学习态度和学习成绩。小学生的学习动机可分为四类:一是为了好分数,不落人后,或为了得到表扬和奖励;二是为了履行学校、老师交给自己的任务而学习;三是为了个人前途而学习;四是为了祖国的前途、人民的利益而学习。整个小学阶段,占主导的学习动机是第一类和第二类,低年级以第一类学习动机居多。这表明小学生一般还不善于把学习与社会需要联系起来,其学习动机往往直接与学习活动联系在一起。

六、培养孩子按时完成作业的好习惯的方法

按时完成作业是小学生必须养成的好习惯,父母可以通过以下做法培养孩子的这一

习惯。

(1) 父母要让孩子养成上课认真听讲、记住老师布置的课后作业、回家后及时向父母汇报的习惯。这种习惯是孩子最受益的习惯，很多孩子不爱写作业或是作业错误过多，往往是因课堂不注意听讲，相关知识掌握得不好导致的。

(2) 父母为孩子制作一张作业完成检查表(以一星期为单位，每星期一张)，并和孩子约定，每天按时完成作业，就可以获得一颗五角星。如果每星期获得六颗五角星，就可以给孩子一项奖励，例如，购买孩子喜欢的物品、带孩子去游乐场、参观博物馆等；如果连续 3个月每月都获得 24 颗星，假期就可以进行一次长途旅游；等等。

(3) 最开始可由父母带孩子一起检查作业的完成情况，之后，逐渐由孩子自己检查。作业完成得好，可在检查表上画一颗五角星。

(4) 父母可以每周(每月)与孩子共同做一次小结，如果完成约定的任务，就及时给予奖励。

经过一个学期的训练，孩子就会养成按时完成作业和及时检查作业的良好习惯。

七、培养孩子良好注意力的方法

孩子进入小学后，学习成了他们的主导活动。这就需要孩子以有意注意为主，那么父母如何在家里培养孩子的注意力呢？

(1) 复述数字游戏。父母先出一组七位数字，让孩子复述，感觉容易完成后，便升到八位数字，依次再升到九位数字，以此类推，最多升到十二位数字。注意，每天只能升一位，每天训练 10 分钟左右，坚持一个月即可见成效。

(2) 父母与孩子一起学播音游戏。要求广播(或电视)播送新闻时，广播里说一句，让孩子重复一句。刚开始时，可以父母先重复一句，在下一句出现时，让孩子重复一句。每天训练 10 分钟左右，连续一个月，连续学 10 分钟不错 5 个字时，就可以结束这种训练。

(3) 玩扑克牌游戏。首先，取三张不同的牌，随意排列于桌上，选取一张要记住的牌，让孩子盯住这张牌；其次，把三张牌倒扣在桌上，由父母随意更换三张牌的位置；最后，让孩子报出哪一张是他刚才记住的牌。如猜对了，换父母来做，猜错了继续，直到正确之后再换父母做。随着能力的提高，可以适当增加难度，如增加牌的张数、增加变换牌的位置的次数、提高变换牌位置的速度等。

(4) 乒乓球练习游戏。让孩子用球拍托球，或用球拍颠球，绕桌子行走，要求乒乓球不能掉下来。这是小学生乐于接受的游戏。这种方法特别适合培养小学生专注力的训练。

(5) 看书抄写游戏。这种方法可以用在小学高年级的孩子身上。让孩子看过书后，背着抄写下来。刚开始时，要求孩子一次看的字数不得少于 6 个，然后依次增加。当孩子能达到平均每次看书抄写并能记住约 15 个字时，表明他的注意力已经很好，此时，可以结束这一训练。

(6) 快速计算法。父母先随机出两组五位数作为加数写在一张纸的上端，将相加的得数写在两组加数的下面(进位到十万位的数舍掉);再计算得数与第二个加数的和,把得数写在前一个和的下面,依次循环相加,越快越准越好。用一张 A4 的纸,大约可以计算 20 组。训练有素的成年人可以在 1 分钟之内完成,小学生通过训练可以在 1 分 30 秒内完成,低年级的同学应该可以争取在 2 分钟之内完成。每天一次,每次一张纸(约 20 组)。这种训练父母可以和孩子一起进行,比赛看谁完成得速度快、质量好(父母与孩子的标准要有所不同)。事先可以制定一些奖励的措施,以激发孩子参与的热情,同时也促进了亲子关系的发展。

知识窗 7-5

小学生注意的发展特点

注意是心理活动对一定对象的指向和集中。一般来说,注意主要有三种类型。

(1) 无意注意——没有预定目的,不需要付出意志努力的注意。这是人和动物都有的注意种类。

(2) 有意注意——有预定目的,需要付出意志努力的注意。这是人所特有的,它是在无意注意基础上逐渐形成的注意种类。

(3) 有意后注意——有预定目的,又不需要付出意志努力的注意。这是最好的注意种类,但需要教师授课的技巧高超、所阅读的图书具有新颖性和新奇性等特点,才能达到。

孩子入学后,学习成了他们的主导活动。他们的注意有了一定的发展,主要表现在两个方面。一是他们注意有意性的发展,具体表现为:由无意注意占优势逐渐发展到有意注意占主导地位;注意的有意性由被动到主动;他们的注意有明显的情绪色彩。二是他们的注意品质(注意的广度、注意的稳定性、注意的转移和注意的分配)随年龄的增长、知识经验的丰富和小学教育教学的影响,在有意注意的过程中不断发展起来。

八、帮助小学生提高记忆能力的方法

记忆是人脑对过去经验中发生过的事物的反映,是过去感知和经历过的事物在大脑留下的痕迹。

刚上学的孩子由于理解力还较差,记忆时较多地采用机械记忆的方法。比如,他们听到的诗歌、故事,反复听后可以逐字逐句地背下来,但是对其中的许多字、词、句,并不能完全理解。因此,他们记得快,忘得也快。所以这个阶段的孩子不适合记太复杂、太长的内容。父母可以通过以下方法,帮助孩子提高记忆力。

(1) 欲要记得,先要懂得。小学生理解能力有限,所以有些知识需要父母详细地讲解,让孩子在理解的基础上去记忆,这样效果会更好。

(2) 父母帮助孩子找出最佳的记忆时间。有的孩子早上起床后学习最为有效,有的孩子睡觉前的记忆效果最好。父母需要对孩子的特点有所了解,让孩子在最佳的记忆时间里记忆,才可能有事半功倍的效果。

(3) 父母有意识地教会孩子记忆方法，如对比法、联想法、象形法等，帮助孩子提升记忆能力。

📖 知识窗 7-6

小学生记忆的发展特点

小学生的记忆发生了深刻的变化，具体表现为：有意识记逐渐占主导地位；意义识记逐渐发展；在形象记忆的基础上抽象记忆迅速发展。与此同时，他们记忆的发展还表现在以下几个方面：一是记忆容量的发展，7~9岁是短时记忆容量迅速发展的时期；二是记忆策略的发展，孩子运用记忆策略经历从无到有的过程，10岁以后记忆策略稳定发展；三是元记忆能力的发展，孩子关于元记忆的自我知识是随年龄增长而发展的，四年级之后的认识基本上达到了成人水平。

九、帮助小学低年级学生理解复杂问题的方法

小学低年级(一、二年级)学生的思维特点仍是以具体形象思维为主。他们对单纯出现的文字、数字或者字母的理解能力有一定的局限性。所以，需要家长采用一些方法，帮助孩子有效地理解复杂的问题。

(1) 把文字配上图片。小学低年级学生的认知方式仍然是具体的、形象的，他们对图片的理解要优于对文字的理解，把文字配上图片，孩子就能够很好地理解和记忆。

(2) 利用动画片和寓言故事等。动画片和寓言故事中的人物都比较简单，色彩也很丰富，动作、感情也比较直接，不需要深入地思考，也没有复杂的抽象概念，适合低年级孩子的思维特点，易于他们理解。

(3) 适当利用游戏让孩子体验事物背后的道理。小学低年级的学生往往需要通过亲身经历才能理解事物的道理，家长可以利用游戏让孩子参与其中，这样他们才能容易地理解抽象的概念。

📖 知识窗 7-7

小学生思维发展的基本特点

1. 经历一个思维发展的质变过程

小学时期主要是发展抽象逻辑思维，由具体形象思维逐步过渡到以抽象逻辑思维为主要形式。

小学中、高年级学生才逐步学会区分概念中本质的东西和非本质的东西、主要的东西和次要的东西，学会掌握初步的科学定义。同时他们还离不开直接经验和感性知识，思维仍具有很大成分的具体形象性。

2. 不能摆脱形象性的逻辑思维

童年期的逻辑思维在很大程度上受思维具体形象性的束缚，尤其是小学低年级或三年级以下学生，他们的逻辑推理需要依靠具体形象的支持，甚至要借助直观形象来理解抽象概念。在解决问题的思维活动中，往往是抽象逻辑思维与具体形象思维同时起作用，在两者的相互作用中抽象逻辑思维逐渐发展起来。这个发展过程是两种思维成分相互渗透，进行消长变化的发展过程。

3. 10 岁左右是形象思维向抽象逻辑思维过渡的转折期

在整个童年期，儿童思维发展存在着不平衡现象，也存在着具有关键性的转折年龄。一般认为，这个转折年龄在 10 岁左右，即小学四年级。也有研究指出这个重要阶段的出现具有伸缩性，根据教学条件，可以提前到三年级或者延缓到五年级。这里之所以强调思维发展具有重要的转折期，是要求教育应适应小学生思维发展的规律，发掘他们的巨大潜在能力，促进他们思维能力的发展。

十、正确对待小学生爱模仿动画片的行为

小学低年级的孩子喜欢看动画片，与他们认识世界的方式和思维特点有关。这个年龄段的孩子仍然以形象思维为主，他们通过具体的人物形象、动作和行为等来认识世界，学习方式以模仿为主。你会发现，即使给孩子讲了半天道理，他们好像也还有点儿不明白，因为这个时期的孩子还不习惯借助语言这种高级思维表达工具来进行抽象的学习，他们更喜欢模仿具体的动作和行为。

(1) 要尊重孩子的年龄特点，为孩子提供他们喜欢的动画片，如《大闹天宫》《哪吒闹海》《小猪佩奇》等，有针对性地加强教育引导。

(2) 利用孩子喜欢模仿学习这一特点，通过动画片培养孩子机智、勇敢等优秀品质和独特个性。

(3) 在观看动画片时，家长要有意识地为孩子讲解，哪些行为是好的，应该学习的；哪些行为是不好的，要拒绝的，避免危险、暴力等不良行为对孩子的影响。

📖 **知识窗 7-8**

蒙台梭利的教育思想

儿童做事没有规律，是因为之前曾经有人随意地强制他们有规律地去做事；儿童懒惰，是因为他们曾经被强制去进行工作；儿童不听话，是因为之前他们曾经被强制听话。

十一、帮助孩子面对考试失利的方法

考试成绩仅仅是对孩子之前学习情况的一个检验，所以面对考试失利的孩子，我们应

先有一个良好的心态，千万不要对孩子发火，相对于考试失利，应该更看重考试中发现的问题并帮助孩子解决这些问题。

(1) 要与孩子一起分析：哪些内容掌握得比较好，哪些内容是"死角"；丢分是因为粗心还是不会做；题没做完是做题速度慢，还是解题方法欠佳；等等。帮助孩子找出没考好的真正原因。

(2) 有针对性地帮助孩子解决学习上的问题，如重新制订更好的学习计划；适当加快做题的速度；寻找更适合的学习方法，帮助孩子提高学习成绩；等等。

(3) 应当庆幸通过考试发现孩子学习上存在的漏洞。学习是一个连续的过程，上一个阶段的学习会影响下一个阶段知识的掌握，只有及时地纠正错误，才能更有利于孩子未来的学习。

(4) 对于因考试成绩不理想而伤心难过的孩子，父母要做好心理抚慰，切不可斥责、抱怨甚至惩罚孩子。要积极接纳孩子的不良情绪，并帮助孩子正确认识考试的意义，找出考试失利的原因。

十二、帮助孩子消除消极情绪的方法

情绪是人对客观事物是否符合自身需要而产生的态度体验。孩子入学以后，学习成了他们主要的活动形式。在学习活动中，需要孩子付出一定的努力，克服一定的困难，这些变化，都会使孩子产生相应的情绪。在这些情绪中，有些是正常的，有些则需引起父母的注意。比如，当孩子长期(如2～3个月)都处在某种消极情绪中(如郁郁寡欢，不愿跟人交往、不能按时完成作业，甚至厌学等)，就要引起家长的关注，并帮助孩子及时解决。

(1) 要接纳孩子的情绪，让孩子感受到父母的关心和爱护。

(2) 帮助孩子找到情绪消沉的根源。孩子不良情绪的产生一般有以下几种原因：学习能力不足，跟不上正常的学习进度；学习习惯不好，不能按时完成作业；人际关系不良，常被人欺负；家庭氛围不良；等等。

(3) 根据以上不同情况，父母要针对性地帮助孩子解决。如孩子是因学习能力不足引起不良的情绪，则需要父母帮助孩子提高学习能力：可以找家庭教师辅导孩子的学习，或者到专业机构训练孩子的听、说、读、写、算等基本学习能力；如学习习惯不良引起的不良情绪，父母则需要在平时有意识地培养孩子按时完成作业，科学管理时间等习惯；如人际关系紧张引起的不良情绪，父母则要帮助孩子学会与小朋友相处的技巧，学会包容、接纳、感恩；如家庭氛围不良造成孩子的情绪问题，则需要父母注意夫妻关系的处理，营造和谐的家庭氛围，即使大人有矛盾，也不在孩子面前争吵。

(4) 多陪伴孩子。与孩子一起进行一些有锻炼性质的活动(爬山、远足、探险等)，这些活动既可以放松孩子的身心，也能增加孩子应对压力的能力，还能培养良好的亲子关系。

(5) 如果家长觉得自身无力解决孩子的情绪问题，一定要尽快寻求专业的心理咨询师，不可一拖再拖，不要以为孩子"长大了就会好了"，有些情绪问题就像滚雪球，会随着年龄越滚越大，成为孩子乃至家庭的负担。

(6) 要学会利用消极情绪出现的时机，促进亲子关系、夫妻关系的融洽，重新制定家庭教育的规则，使家庭氛围更加和谐友好。

十三、有效地管理孩子看电视或玩电子游戏的方法

孩子通过看电视可以拓宽视野，获得更多的知识；玩电子游戏可以使孩子的头脑更灵活，双手的操作能力更强；适度地观看电视、玩电子游戏也可以使孩子得到适当的休息和放松。但是，有些孩子因缺乏自律性，会把大量的时间浪费在看电视或玩电子游戏上，所以，面对这样的孩子，需要父母有效地进行管理。

(1) 拒绝"电子保姆"。孩子在婴幼儿时期，父母要抽时间多陪伴孩子，不要把电视或电子游戏机作为"电子保姆"，代替父母对孩子的看护。

(2) 家庭要制定观看电视或玩电子游戏的规则。上学后的孩子，父母需要和孩子一起制定观看电视或玩电子游戏的规则。制定规则时，要注意规则的可行性，规则要具体而明确。如规定孩子每天在什么时间可以观看电视或玩电子游戏(如晚饭前)；每次能观看多长时间电视(如 20 分钟)；可以观看哪些内容(如益智的、亲社会性的)；明确的奖惩措施，如果孩子遵守规则，会得到怎样的奖励；违背规则，会受到怎样的惩罚(如取消一次观看电视的机会)；等等。

(3) 我们与孩子一起遵守规则。在执行规则之初，父母一定要和孩子一起遵守规则，要求孩子做的父母首先要做到。

(4) 我们与孩子一起观看电视。父母与孩子一起观看电视，可以适时地向孩子解释所看到的电视信息。例如，攻击者的反社会动机，攻击者实施暴力行为后遭受的不良后果。围绕暴力和电视上的消极行为展开批判讨论，帮助儿童树立正确的是非观念。

(5) 树立好的观看榜样。父母观看电子产品的习惯会直接影响儿童。因此，父母观看电视、手机要有节制，这是在给孩子树立好的榜样。同时，注意观看的内容，不适合儿童的电视节目最好不要在孩子面前观看。

(6) 树立父母的权威。温和的、合情合理的限制可以使儿童对父母的控制更具反应性。

十四、帮助孩子拥有良好的同伴关系的方法

良好的同伴关系对孩子的心理发展具有非常大的促进作用，父母要注意帮助孩子拥有良好的同伴关系。

(1) 帮助孩子尽快适应新环境。对于刚入学的孩子，对学校和同学会有陌生感和孤独感，尤其是性格比较内向的孩子。此时，需要父母从情感上给孩子理解和支持，尽量用平静而温和的方式抚慰孩子。

(2) 教会孩子一些交友的小技巧。例如，尽可能地记住同学的名字；注意目光交流；主

动帮助同学；经常面带微笑；用心倾听同学的谈话；学会换位思考，多理解其他同学；等等。

(3) 创造机会提升孩子的交往能力。父母可以利用业余时间多给孩子创造一些与他人接触的机会和条件。例如，休息日邀请亲戚或朋友带他们的孩子到家里玩；也可带孩子到亲戚、朋友家去；还可以邀请孩子的同学及家长共同出游；等等。

(4) 鼓励孩子积极参加学校和班级的各项文娱活动，在活动中要勇于表现自己，父母经常与孩子一起分享孩子在活动中的收获和感想，激发孩子参与活动的兴趣。

(5) 尽力为孩子创造一种和谐健康的家庭环境。父母要注意自身的交往方式，为孩子树立榜样。如夫妻关系和谐、孝敬长辈、家庭氛围民主平等、亲切和谐等，孩子可以在观察中逐渐学会与他人平等和谐地相处。

📇 知识窗 7-9

同伴关系对小学生心理发展的作用

小学时期，小学生除了学习书本知识，还有一个重要的任务，就是进一步社会化。所谓社会化，是指个体与社会环境相互作用中，掌握社会行为规范、价值观念、社会行为技能，以适应社会生活，成为独立的社会成员的发展过程。小学生的社会化过程，更多的是在与同学的交往中完成的，小学生的同伴关系对小学生的心理发展具有非常大的促进作用：满足儿童集体归属感的心理需求、促进儿童的社会认知和社会交往技能的发展、有利于儿童自我概念的发展、培养儿童的良好个性品质和社会责任感。

十五、帮助孩子处理嫉妒情绪的方法

嫉妒是不良的心理状态，是个人与他人比较后发现别人在某一方面或某些方面比自己强而产生的一种由羞愧、不满、怨恨、愤怒等组成的负面情绪。一般的嫉妒不属于道德品质的范畴，但是它容易破坏孩子许多美好的天性，使孩子变得自私狭隘、意志薄弱，同时也会使孩子陷入痛苦。孩子嫉妒心强是不成熟的表现，需要父母帮助其正确解决。

(1) 要向孩子讲清楚嫉妒的危害。嫉妒会破坏人际关系，当一个人嫉妒另一个人的时候，就不会对那个人友善、热情，两个人的关系必然冷淡，这样你和伙伴的关系就会受到影响。

(2) 要告诉孩子嫉妒会增加自己的心理痛苦。一个嫉妒心强的人常常陷入痛苦不能自拔，甚至可能采取不正当手段去伤害别人，所以为了不让自己痛苦，要学会接纳比自己优秀的人。

(3) 要让孩子知道现实中的人必然是有差异的。一个人承认差异就是承认现实，要使自己某些方面好起来，只有靠自己奋进努力，嫉妒他人无益于自己，而且会影响自己的奋斗精神。

(4) 千万不可用贬低孩子嫉妒对象的办法来解决孩子的嫉妒心理，那样会导致孩子过多地去看别人的不足，而放弃自己的努力。

(5) 要帮助孩子提高自我意识水平。教育孩子经常反问自己"我现在各方面表现如何？有什么优点？有什么缺点？我该怎么办？"同时，教育孩子在班上给自己寻找追赶的榜样，看到别人的长处。这样，孩子的嫉妒心理就会慢慢打消，能够客观地评价自我，客观地评价别人。

(6) 平时多注意自己处理情绪的方式，在疏导孩子嫉妒情绪时，父母应力求成为孩子的良好表率。

📖 **知识窗 7-10**

小学生情绪的发展特点

情绪和情感是人对客观事物是否符合自身需要而产生的态度体验。

孩子入学以后，学习成了他们的主要活动形式。在学习活动中，孩子要承担一定的义务，这种生活条件和教育要求的变化，使他们的情绪和情感有了一定的发展。具体表现为：情绪和情感的内容不断丰富、情绪和情感的深刻性不断增加、情绪和情感更富有稳定性、情绪和情感的可控性逐渐增强。另外，孩子的道德感、理智感和美感也随年龄的增长不断提高。

但是，家长对孩子情绪和情感的发展也不要过高的估计。与成人相比，童年期儿童情绪和情感的各个方面的发展水平还是较低的。家长要根据孩子心理发展规律适时地帮助他们，使他们的情绪和情感向更高的水平发展。

十六、帮助孩子预防欺负行为的方法

小学生欺负行为的发生具有很大的危害，父母一定要预防小学生欺负行为的发生。具体可以做到以下几点。

(1) 要注意改善孩子所处的环境。孩子所处的环境有两种：一种是社会环境。比如，不同的社会发展阶段和不同的社区、学区等；另一种是家庭环境。一般来说，第一种环境的改变是比较困难的，而家庭环境的改善则比较容易，所以父母需要重视家庭环境对孩子的影响。如果孩子处在不良的家庭环境(如家庭成员之间不愿意相互支持和关爱、经常采用嘲笑、威胁或其他激进的方式交流，即强制性家庭环境)中，就容易出现攻击性行为。

(2) 要教给孩子减少冲突的有效措施。当孩子攻击他人或被他人攻击时，父母要严肃对待，教给孩子正确处理冲突的方法，既不能让孩子用武力攻击他人，也不能一味地让孩子委屈退让。要教会孩子有效地避免冲突的策略。如，可以和孩子假设，如果有同学抢你的球，你会怎么办？如果孩子实在没有办法，父母可以启发孩子，当同学抢你的东西时，你是否可以挠他痒痒？这样，既捍卫了自己的权益，又不伤害他人。

(3) 培养孩子的责任心，增加孩子对欺负行为有害后果的了解。当欺负行为发生后，父母一定要告诫孩子，不管是欺负他人还是被他人欺负，都要承担后果，为自己的行为负责。欺负他人者，要受到惩罚；被他人欺负者，也要反思，自己为什么会被欺负，怎样做才能保证以后不被欺负。

(4) 发挥榜样的作用。父母是孩子的第一任老师，父母的一举一动孩子都会看在眼里并模仿。所以，父母一定要注意自己的言行，为孩子树立好的榜样。

📄 知识窗 7-11

小学生欺负行为的发生

欺负是小学生一种特殊形式的攻击性行为。其主要特征在于：行为双方力量的不均衡和重复发生性。小学生的欺负行为主要有以下几种类型：直接的身体欺负、直接的言语欺负和间接欺负。小学生的欺负行为有以下发展特点：随年级升高而下降；言语欺负的出现率最高，其次是身体欺负，间接欺负最低；欺负行为有性别差异(男生身体欺负多，女生言语欺负多)。

小学生欺负行为的发生具有很大的危害：对于实施欺负行为的孩子，将来会更容易出现暴力倾向；经常被欺负的孩子身心会受到伤害，严重的可能导致自杀。所以，家长一定要预防小学生欺负行为的发生。

十七、处理孩子乱花钱的方法

(1) 要意识到给孩子零花钱是必要的、有益的。随着经济条件的改善，孩子手里有零花钱是正常的，也是必需的。

(2) 在给孩子零花钱时要注意以下几点：金额要相对稳定，不能凭父母的心情而随意增减；明确告诉孩子，零花钱的使用需要有计划，不能随意地改作他用。如有需要，可以和父母商量再另行支付。

(3) 在孩子使用零花钱时，父母可以给予一定的建议。提醒孩子"有钱不一定要花光""节约是美德"等；同时，可以帮助孩子制订一些计划，如怎样花钱，怎样才能节约用钱，怎样把钱花在最恰当的地方等。

(4) 支付孩子零花钱时，父母要端正心态。不能因父母忙于工作，陪伴孩子的时间较少，就以多给孩子零花钱作为补偿；也有的父母因特殊原因(如离异)不与孩子生活在一起，往往有负罪心理，常用钱来弥补对孩子的亏欠。这些做法，从感情上讲是可以理解的。但是，父母的情感中常常包含了软弱的成分，放纵软弱的情感就会损害孩子的正常发展。补偿是可以的，但只能在一定的分寸之内，况且物质满足不能代替孩子对父母爱的需要，两者不能简单取代。

(5) 要克服攀比心理。父母给孩子零花钱要根据家庭经济收入情况来定。孩子花钱如流水，三天两头要零花钱，有时是因为孩子不知道家里的经济收入情况，再加上父母有求必应，孩子根本就不知道计划花钱的必要性。所以，父母应该让孩子了解家中的经济状况，让孩子懂得为家庭分忧。

(6) 不能用金钱作为孩子考试成绩的奖惩。因为零花钱包括了一部分学习、生活的必要费用，应该无条件地给予保障。考试成绩不好的原因有很多，单纯靠金钱的刺激不可能解决考试分数低的问题。孩子学习成绩好坏，与四个因素紧密相关：学习能力、学习动机、学习习惯和学习兴趣。这几个问题解决不好，给多少奖励也是没用的。从这一点来讲，不应该把考试与金钱的奖惩挂钩。

(7) 家长最重要的是培养孩子自我管理的能力。使用零花钱时要量入为出，学会储蓄，花钱时要以现有的金额为准。如某件东西特别需要而攒的零花钱又不够时，要告诉孩子可以请父母帮忙，但不要随便向别人借钱；孩子的压岁钱很多的话，可鼓励孩子把平时积攒的不用的零花钱存入银行，让孩子明白积少成多的道理，培养孩子日后的自我生活管理能力。当孩子存的钱积攒到一定数量时，可以让他去买一件自己喜欢的大件物品或适当地投资，培养孩子理财的能力。

十八、帮助孩子正确对待挫折的方法

孩子遇到挫折，需要父母正确地帮助和引导，否则可能影响孩子身心的发展。

(1) 帮助孩子正确分析挫折产生的原因，避免或减少挫折的产生。

(2) 要鼓励孩子充满战胜挫折的信心。

(3) 可以适当采用强制手段禁止孩子某些不良的行为。

(4) 平时要注意通过成功的体验，培养孩子战胜挫折的信心和勇气。因为信心与挫折是一对孪生兄弟，即个体在从事有目的的活动中遇到障碍或干扰，产生挫折，便产生失望或失去自信。但对挫折的正确认识和迅速克服，正是信心产生的源泉。

📖 **知识窗 7-12**

童年期意志的发展特点

意志是指人们自觉地确定目的，根据目的支配、调节自己的行为，并通过克服困难实现预定目的的心理过程。

童年期意志发展的特点包括以下内容。首先，意志行动的动机和目的的发展，具体表现为：小学低年级学生行动的动机和目的，一般是比较短暂的、狭隘的、具体的，而且他们的行动动机多数是由活动本身所引起，或者由家长和教师的要求所引起。到了三、四年级，学生的学习动机可以由学校集体的要求和活动的意义等引起。其次，表现在童年期的意志行动的决定和执行之间的时间间隔一般不会很长，有时同时发生，有时比较接近，所以难以对各种方案做优化选择和科学而客观的分析。最后，意志的品质(自觉性、果断性、自制性和坚持性)随儿童年龄的增长，在生活和教学的不断要求下，逐渐发展起来。

十九、帮助孩子改善同伴关系的方法

良好的同伴关系，对孩子身心发展具有积极的促进作用。但是，孩子在与同伴交往中，难免会遇到这样或那样的问题，有时可能还会受到排挤，如何帮助孩子解决这一问题，是需要父母给予重视的。

(1) 包容接纳自己的孩子。孩子不受欢迎的首要原因往往是孩子的学习成绩不够理想。面对这种情况，父母一定要直接干预并发现其优点(比如孩子爱劳动、有爱心等)，让孩子感受到父母的关爱。

(2) 注意培养孩子的学习能力，帮助孩子提高学习成绩。父母可以请有经验的老师辅导孩子的功课，提高孩子的学习技能，增强孩子的自信心和成就感，使他们融入学校生活的主流，从而提高孩子的社交地位。

(3) 有些孩子不受同伴欢迎，往往和孩子上学年龄过早有关。有些父母急于让孩子早上学，导致孩子因为年纪小，能力弱，与同伴相处时往往容易被忽视和拒绝。对于此类孩子，父母要在平时多注意培养孩子的活动能力，以弥补与其他孩子之间的差异。同时，如有可能尽量不要让孩子过早地上学。

(4) 培养孩子的社交技能。有些孩子不受同伴欢迎，是因为缺少同伴交往技能，经常争强好胜、缺乏合作意识。这种情况需要父母运用以下方法提高孩子的社交技能，帮助他在同伴群体中获得更好的地位。

① 强化和榜样矫正。以早期学习理论为基础的社交技能训练包括：对儿童的合作、分享等适当的社会性行为给予强化；让儿童观察榜样的各种社交技能。

② 认知方法。实施模仿策略时伴随语言指导，儿童在社交技能训练中积极地进行认知卷入可以增加其对所学策略的理解和正确评价。

③ 指导。成人演示许多社交技能，详细解释运用的原理，允许儿童练习这些技能，并且针对儿童成绩的提高情况给予及时的肯定。

📖 知识窗 7-13

儿童同伴交往中的人气特点

儿童的同伴交往使其处于复杂的关系系统中，在这种关系系统中，儿童各自所处的地位和所扮演的角色并不相同，甚至差别很大。研究者根据在同伴交往中的人气特点，将儿童分为以下三种。

(1) 受欢迎的儿童。受欢迎的儿童一般学习成绩好；有主见，独立活动能力强；热情、乐于助人；善于交往并易于合作。

(2) 不受欢迎的儿童。不受欢迎的儿童通常具有攻击性，对人不友好；不尊重同伴，缺乏合作精神；常有一些不良主意，喜欢恶作剧。

(3) 受忽视的儿童。受忽视的儿童多表现为退缩、安静的性格特征；有依赖性或顺从性；既不为同伴所喜欢，也不为同伴所讨厌。

影响儿童在同伴中是否受欢迎的因素有多种，基本因素还是儿童本人的社会交往能力。因此，父母要培养儿童的社交技能，使其掌握同伴交往策略，改变自身的缺点。

二十、与孩子建立良好的亲子关系的方法

(1) 要多关注孩子的心理变化。尽量多抽出时间来陪伴孩子，了解孩子的性格，掌握孩子的需求，尽早发现孩子遇到的困惑并及时帮助孩子。

(2) 要正确定位自己的角色，跟孩子做朋友，多交流，平等对话。

(3) 要相信孩子，给他们自信，让他们感觉到自己的重要性。这样的亲子关系，可以让孩子变得有责任感。

(4) 要在孩子取得成就时，及时鼓励、表扬孩子。

(5) 坚决杜绝家庭暴力。家庭暴力下长大的孩子只会留下痛苦的体验，对家长产生恐惧感。真正的教育是充满温情和关爱的，应该学会与孩子进行心与心的沟通，平心静气地指出孩子的错误，分析错在哪里，告诉孩子下次应注意什么，然后宽容孩子，给孩子改正的机会。

📖 知识窗 7-14

小学生亲子关系的变化

首先，父母与儿童的交往时间发生变化。一方面，儿童和父母待在一起的时间明显减少；另一方面，父母关注儿童的时间也有所减少。研究发现，5~12岁儿童的父母比学前儿童的父母在教导儿童、与儿童谈话、为儿童阅读、与儿童一起做游戏等方面的交往时间减少了一半。

其次，在小学时期，父母在儿童教养方面所处理的日常问题的类型也发生了变化。在婴儿时期，父母主要处理的是诸如儿童发脾气、打架等问题。当然，有些问题在小学时期依然存在(如打架)，但也出现了许多新的更为复杂的问题，如是否应该要求儿童做家务？是否应该给他们安排家务？父母是否应该监督儿童的友谊模式，是否鼓励儿童与特殊个体交往？父母应该如何监控儿童在家庭之外的活动？父母和儿童如何处理情感关系的变化？等等。

再次，在小学期间，儿童与父母的冲突(如因父母坚持让儿童继续或停止某一活动而引起的冲突)数量也减少了。当冲突产生时，父母与儿童开始具有解决冲突的选择性模式。

最后，父母对儿童的控制力量也在变化。研究表明，随着儿童年龄的增长，儿童会越来越多地自己做出决策，父母只对孩子的行为加以解释和说明。

二十一、树立自己在孩子心目中威信的方法

要树立家长的威信，应该做到以下几点。

(1) 家长威信的树立，应建立在尊重、信任孩子和与孩子平等相处的基础上。

(2) 以身作则，在工作和生活中做个积极努力、勤奋向上的人。只有严格要求自己的家长才能做孩子的表率，树立起真正的威信。

(3) 家长之间相互尊重，家庭教育的一致、教育中的相互配合，是树立家长威信的基础。

(4) 家长不滥用权威，只有以民主平等的方式对待孩子，才能赢得孩子真正的敬重。而简单粗暴地以家长自居，不尊重孩子感受的家长，其威信往往是表面的，孩子对家长的惧怕也只是暂时的。同时，简单粗暴地对待孩子，易造成孩子性格的缺陷。

📄 知识窗 7-15

中小学生喜欢什么样的父母

(1) "非家庭主妇式"的母亲。既有中国妇女的传统美德——贤淑、勤劳、敬老爱幼，又有现代化修养，思想开放。

(2) 勤奋好学，在自己的工作和专业上有所成就的父母。

(3) 懂得孩子内心世界，性格豁达开朗，和子女有共同语言，能在某一方面给子女以启发和帮助的父母。

(4) 文化程度虽低，但不甘落后，坚持业余时间自学，不断提高自己的文化水平和工作能力的父母。

(5) 能帮助子女树立理想，并积极创造条件激励子女为之奋斗的父母。

(6) 以身作则，作风民主，赏罚分明，以理服人，不打骂，不以家长权威压制子女的父母。

(7) 在支配业余时间、安排业余爱好、交友参加社会活动等方面，尊重子女的独立性和自主精神并给予帮助指导的父母。

(8) 作风正派，廉洁奉献，乐于助人，在单位受到同事和领导好评、表扬和奖励的父母。

(9) 关系和谐，业余爱好高雅、不粗俗、不酗酒、举止文明的父母。

(10) 在子女的同学面前不冷淡并尊重他们人格的父母。

(11) 经常与孩子一起参加业余消遣，并能获得共同乐趣的父母。

(12) 和自己的亲属能保持良好人际关系的父母。

二十二、正确表扬孩子

(1) 表扬要具体。要具体指出哪里做得好，为什么值得表扬。

(2) 表扬要实事求是，恰如其分。一般的好事或进步表示赞许即可，孩子表现很好，就可用语言加以认真表扬，孩子表现十分突出就可用奖赏。

(3) 表扬和奖励要及时。对于未成年的孩子来说，思想情绪容易动摇、反复，所以及时地强化可以使他们的好思想、好行为得到巩固。

(4) 精神奖励和物质奖励相结合。一般来说，在家庭教育中要坚持精神奖励为主、物质奖励为辅的原则。

(5) 表扬要"因人施奖"。要根据孩子的年龄和喜好进行奖励，对孩子有一定吸引力的奖赏才能达到效果。

(6) 要表扬孩子努力的过程。成绩往往是努力的结果，过程对了，结果自然就不会差。

📖 知识窗 7-16

父母鼓励孩子的十句话

(1) 你很努力。当孩子将他的劳动成果拿给你看的时候，除了要表示对成果的认可，也要表示对孩子努力的认可。

(2) 尽管很难，但你始终没有放弃。当孩子完成了一件对他而言非常艰难的事情时，家长一定要肯定孩子的坚韧心态和永不言弃的毅力。

(3) 你做事的态度非常不错。有时候，失去成功并不可怕，可怕的是失去正确的态度，所以我们要鼓励孩子保持端正的态度。

(4) 你又进步了。当孩子能力有所提升的时候，家长应该从具体的细节表扬孩子的进步，让孩子养成注重细节的习惯。

(5) 这个方法很有创意。很多家长觉得孩子的想法纯属胡闹，其实天马行空的思维才是孩子的优势，家长应当保护孩子的创新力而不是扼杀。

(6) 你和小伙伴的合作很到位。未来社会一定离不开的就是人与人之间的合作。合作其实也是一种沟通能力的表现。赞赏合作能力，也是提升孩子未来竞争力的重要方式。

(7) 这件事情你很负责任。如果我们希望孩子成为一个领导者，就一定要从小培养孩子的责任心和领导能力，让孩子体会到，领导一件事情的感觉有多么好。

(8) 你帮同学完成任务，很棒！助人为乐是中华民族的传统美德，帮助别人，其实也是让自己进步的一种方式。所以家长应该鼓励孩子帮助同学做力所能及的事情。

(9) 你很重视别人的意见，非常好。当局者迷，旁观者清。有时候别人的意见对自己的决策会起到非常大的帮助，夸奖孩子重视别人的意见，其实也能帮助孩子拥有更宽广的胸怀。

(10) 很高兴你做出这样的决策。能出色地完成一件事情，有时候是因为一个人的努力和细心，有时候是因为一个人做出了正确的决策。表扬策略，实质上就是表扬聪明，但效果很不同。

二十三、正确批评孩子

(1) 批评对事不对人。父母批评孩子时要让他知道是因为哪件事情做错了，而不要对孩子全盘否定，更不能说损伤孩子自尊心的话，诸如"你真差劲""你怎么什么都做不好""你总是给我们添乱"等。

(2) 批评应有针对性，不要翻旧账。批评时要就事论事，不要对过去的错误喋喋不休；批评的指向重在改正，家长把改正方法说明，要说"做什么"，少说"别做什么"。

(3) 要选择适当的场合，不当众批评孩子。当众批评容易挫伤孩子自尊心，导致孩子羞愧、自卑，严重的可能引发社交焦虑，影响孩子心理健康。

(4) 父母不推卸责任，必要时父母先做自我批评。很多时候孩子是在不知情的情况下犯错，如果父母没有提前对孩子做出要求，孩子犯错，父母就应该首先做自我批评，向孩子讲明犯错的原因和理由，并强调以后不能再犯同样的错误。

(5) 批评孩子的事，父母也不要做。比如，不让孩子玩游戏，自己首先保证在孩子面前不玩游戏。

(6) 批评时应先肯定孩子的优点。在批评中包含鼓励和鞭策，在鼓励中包含信任和期望，使孩子认识到自己的错误而不丧失自尊，批评才能有较好的效果。

(7) 批评孩子要及时，该批评的立即批评。延误时机批评，不但效果不佳，还会产生逆反心理。

📄 知识窗 7-17

父母不该对孩子说的话

家长对孩子的表现不满意时，对孩子的抱怨和不当评价，不仅会伤孩子的自尊心，而且会产生更坏的结果。因此，家长要换一个角度，换一个心情分析孩子，激励孩子，引导孩子。切记，家长永远不要用下面的话批评孩子、抱怨孩子。

(1) "笨蛋，你怎么这么笨呢？"

如果你不想让孩子成为"笨蛋"，告诉孩子：你不笨！

(2) "闭嘴，你怎么这么不听话？"

给孩子争辩的权利，培养有主见的孩子。

(3) "我说不行就不行！"

惧怕不等于信服。学会与孩子商量，听听孩子的建议。

(4) "我再也不管你了！"

并不能做到真正的不管，别把父母的意愿以威胁方式强加给孩子。

(5) "玩儿！玩儿！玩儿！就知道玩儿！"

不可剥夺孩子玩耍的权利，教导孩子把玩儿和学习结合起来。

(6) "你看看人家！都是一样的孩子，你怎么就不如人家？"

不要总将自己家孩子与别人家孩子比，而应让孩子学会跟自己比进步。

(7) "没出息的玩意儿，啥也不是！"

给孩子机会，让他去锻炼，去除孩子自卑的阴影。

(8) "你看看！谁让你不听我的！"

证明你的绝对正确。那孩子永远也超不过你。

(9) "又做错了！你说说，你能干啥？"

允许孩子犯"错"才能成长，失败后孩子更需要鼓励而不是指责。

第八章　不同时期儿童心理发展与家庭教育——初中生篇

初中学生的年龄在 12～15 岁。孩子在这个时期身心发展非常复杂、充满矛盾，所以又称为"困难期""危机期"。此时学生的发展特点主要表现为：身心发展不平衡、成人感和半成熟现状之间的错综矛盾以及由这些矛盾所带来的心理和行为的特殊变化。

📑 **知识窗 8-1**

初中生常见的心理矛盾

青春期生理上的急剧变化冲击着初中生心理的发展，使他们身心的发展失去平衡。青春期心理活动的矛盾现象可归纳为以下几个方面。

1. 心理上的成人感与半成熟现状之间的矛盾

生理上的快速成熟使少年儿童产生成人感，但他们的心理发展相对缓慢致使他们仍处于半成熟状态。这种成人感和半成熟状态是造成青春期心理活动产生种种矛盾的根本原因。所谓成人感，是指他们认为自己的思想和行为已经属于成人水平，所以，要求社会、环境和周围成人平等地对待他们；同时，也要求与成人相应的社会地位，渴望社会、学校和家长给予他们成人式的信任和尊重。但是，他们心理发展的速度相对缓慢，心理水平尚处于从幼稚的童年向成熟发展的过渡阶段，他们的认知能力、思维方式、社会经验等都处于半成熟状态，于是就出现自己认为的心理发展水平与现实的心理发展水平之间的矛盾，即成人感与半成熟状态的矛盾。这是发展中的矛盾，是人生必经的矛盾冲突，是青春期的少年儿童不能回避的最基本的矛盾。

2. "心理断乳"与精神依赖之间的矛盾

"心理断乳"是指青少年随着青春期身心发育和成长，逐渐从依赖父母转为自行判断、独立自主的一个过程，它是以自我意识为中心的个体化心理发展的标志。精神依赖是指由于他们还没完全成熟，面对许多复杂的矛盾和困惑时，他们依然希望得到大人在精神上的理解、支持和保护。

3. 心理闭锁性与开放性之间的矛盾

中学生出现心理的闭锁性，往往会使他们将自己的内心世界封闭起来，不向外袒露，主要是不向大人袒露，这是成人感和独立自主意识所致。另外的原因是此时的中学生认为大人不理解他们，而对大人产生不满和不信任，又增加其封闭性的程度。但是，与此同时，中学生的诸多苦恼又使他们备感孤独和寂寞，很希望与他人交流、沟通，并得到他人的理解。这种开放胸怀的愿望促使他们很愿意向同龄朋友吐露心声。其实，他们也希望在一定程度上向自己认为可信赖的成人朋友吐露心声。

4. 成就感与挫折感的交替

中学生通常会表现成人式的果敢和能干。如果获得成功或良好成绩，就会享受超越普通的优越感与成就感。如果遇到失败，就会产生自暴自弃的挫折感。这两种情绪体验常常交替出现，一时激情满怀，一时低沉沮丧。

一、处理做错事的初中生的方法

秀秀是一位初二的女生，她不仅学习成绩优秀，而且乐于帮助他人，是家长、同学、老师眼里的好学生。有一天，放学回家后，她兴致勃勃地和父母说，她今天做了一件了不起的事情。原来，当天天气不好，下完雨又下了雪，交通不太顺畅，有几个同学要去老师家补课，等不到公交车，于是秀秀主动邀请同学坐她的专车去老师家补课，而她和另外一个同学打出租车到老师家。

知道事情的原委后，秀秀的父亲坐下来，轻声细语地和她说："孩子，以后如果再遇到这种事情，你最好换个方式解决，就是你还坐自己的车，然后你拿钱给出租车司机，让出租车司机送你的同学去老师家。交通法规有相关的规定，一旦车上的成员有意外，第一责任人是车主。我们的司机年轻，另外，我们的保险不如出租车多，这样做，既规避了风险，也保障了同学的安全。"

秀秀听了父亲的话之后，立刻就哭了。母亲上来安慰她说："我们没有批评你，你也没有做错，只是换个方式做会更好。"秀秀说："妈妈，我知道你们不是批评我，只是我后悔不知道有这些交通法规。我以后一定多了解法律知识，尽量避免这样的错误。"

从此以后，秀秀懂得了助人为乐要讲究方法，要知道法律的规则，避免好心办坏事。

这个事例告诉我们，父母对待青春期的孩子，一定要注意方法，不可生硬粗暴地训斥，而要耐心细致地说清道理。否则容易引起青春期孩子的逆反。

📖 知识窗 8-2

"请 wu 偷看"

某初中三年级女生喜欢本班的班长，并把这种感情写在自己的日记里，日记的封面上写着"请 wu 偷看"，但被同桌的男生看了日记的内容，于是该女生引发了心理困扰。

通过心理咨询师了解，该女生的意思是不想别人偷看自己的日记，即"请勿偷看"，而她的同桌却认为是请必须偷看，即"请务偷看"。其实，这件事情的发生真切地体现了这个女生的矛盾心理，就是既想保守自己的秘密，又希望别人能分享自己的幸福。

这个案例反映的正是初中生闭锁性心理与开放性心理之间的矛盾。

二、帮助孩子快速适应初中学习生活的方法

有些孩子进入初中之后，会出现一些不适应的问题，如不爱学习或不会学习、人际关系紧张、情绪困惑等，家长怎样做才能帮助孩子快速适应初中的学习生活？

(1) 要清楚孩子进入初中的学习和小学的学习有着很大差别。小学学习的基本任务是"学会学习"(培养良好的学习兴趣、学习动机、学习态度、学习能力和学习习惯)，而初中学习的基本任务是掌握各种知识，需要孩子全力以赴地投入学习中去。

(2) 培养孩子的学习责任心。初中生的父母要引导孩子，让他意识到学习是他自己的事情，他不是为父母学习，要让孩子为自己的学习负责。小学期间父母可以陪伴孩子一起学习，是为了养成孩子良好的学习习惯，但是，进入初中后，孩子需要自己独立学习，父母要尽量少陪伴孩子学习。

(3) 帮助孩子树立远大的理想，让孩子为实现自己的理想而学习。当孩子清楚了这个道理，学习就成了自然而然的事情。

(4) 有效地激励孩子学习。刚一进入初中，有些孩子还需要父母的鼓励，所以，父母需要发现孩子的进步，给予孩子及时的肯定和表扬。

(5) 培养理性认识问题的能力，教会孩子正确"归因"。进入初中后，有些孩子会因学习不习惯产生抱怨情绪，觉得是外界的环境改变影响了自己的学习成绩。此时，需要父母培养孩子正确的归因能力，让孩子明白每件事情都会受到多种因素的影响，这些因素有些是外在的、不可控的；有些则是内在的、可控的。我们能做的就是管理好自己的可控因素(如勤奋、认真、态度、情绪等)，而不必对外在的、不可控的因素(学校、老师、同学等)耿耿于怀。

(6) 继续培养孩子良好的学习习惯。有些孩子在小学时期没有形成良好的学习习惯，没有掌握正确的学习方法，所以进入初中后不能很好地适应初中的学习。此时，家长还需要为孩子重新制订学习计划，帮助孩子提高学习能力，并在日常学习中养成好的学习习惯，以跟上初中的学习进度。

三、帮助偏科初中生的方法

初中的学习科目比小学要多，各学科学习的方法也不尽相同，需要学生有更强的学习能力。有些学生一时难以适应，对一些学科不习惯、不感兴趣，出现偏科现象。对于这个问题，需要父母做好以下几个方面的工作。

(1) 我们先调整好自己的心态，不要过于焦虑。一般来说，初中生出现的偏科现象，会随着学生不断掌握不同学科的学习方法而发生改变，这需要一个过程。

(2) 鼓励孩子探究不同学科的学习规律。告诉孩子，不同科目有不同的特点，需要不同的学习方法。比如，文科类的科目需要理解和记忆；理科类的科目则需要理解基础上的推

理。找到每个学科的特点和规律，有针对性地进行学习，学习成绩就会提高，兴趣也自然会增加。

（3）帮助孩子调整心态，树立信心。引导孩子不要自卑，运用积极的心理暗示方法，在面对学习成绩不理想的科目时，在心中暗示自己："加油，我能行!"

（4）引导孩子接纳欣赏授课教师。初中阶段，孩子对某一学科的兴趣有时会受授课教师的影响，父母可以引导孩子多与教师沟通，接纳、欣赏授课教师，进而让孩子产生对该学科的兴趣。

（5）帮助孩子寻找学习上的"成长合伙人"，通过同学之间的相互帮助产生对学科的兴趣。家长帮助孩子寻找他喜欢的"成长合伙人"，鼓励孩子和他的"成长合伙人"利用假期和周末时间互帮互助。

四、帮助孩子避免让兴趣爱好影响正常学业

随着年龄的增长，初中生的兴趣爱好也会丰富多彩，如何不让兴趣爱好影响孩子的正常学业，需要父母做到以下几点。

（1）客观分析，科学对待。父母要仔细观察分析，科学辩证地对待孩子的兴趣爱好。如果孩子兴趣爱好过于广泛，或者过于痴迷，超出孩子本身的时间和精力，直接影响学习成绩，父母就要进行一定的行为干预，减少孩子花在兴趣爱好上的时间和精力，以免本末倒置；如果孩子的兴趣爱好在正常范围内，父母则不要过多地干涉，可以将孩子的兴趣爱好作为激励孩子好好学习的动力。

（2）创造机会，帮助孩子展示自己的特殊才华。父母要尊重孩子的兴趣爱好，尤其要肯定孩子在特殊兴趣爱好上表现出的良好天赋、执着的精神以及出色的能力。父母要创造机会，让孩子把自己的才华展示出来，增强孩子的自信心。

（3）家校携手。父母多与老师沟通，引导孩子把更多的精力投入学习中，摆正自己的心态，在学习的时候要全身心地投入、高效率地学习，尤其要提高课堂效率。在此基础上，可以根据孩子的具体情况，有选择地让孩子发展兴趣爱好。

五、帮助孩子缓解考试焦虑的方法

（1）考试前父母要管理好自己的情绪，营造轻松的家庭氛围。面对考试，家长应该先消除自己的焦虑情绪，保持家庭氛围的轻松、愉悦。同时家长要暗自留心孩子的情绪、行为等，在适当的时候与孩子进行交流，给予孩子情感上的支持。

（2）引导孩子用正确的方法进行考前复习。可以为孩子提供一些有价值的建议，例如，复习时紧跟课本、与老师的节奏保持同步、高效地利用时间等。

（3）考试后父母帮助孩子反思总结。在考试之后，家长要正确看待孩子的成绩，对孩子的成绩保持平和心，多关心孩子本身。若考试成绩不理想，则要与孩子一起发现问题、找

出原因，并且帮助孩子重建信心。

六、帮助青春期孩子顺利度过反抗期

青春期孩子心理上的一个重大变化就是自我意识的发展和强烈的独立自主要求，他们开始以"成人"的姿态自居，不愿意被当成小孩子；自尊心明显增强，对别人的态度非常敏感，渴望信任和友谊；对家长和教师的话不再唯"听"是从，并开始出现和成人公开顶撞的现象……这些都是由"成熟感"所引发的合乎逻辑的心理反应。面对这样的情况，家长可以从以下几个方面着手，帮助孩子顺利度过反抗期。

(1) 正确认识孩子的身心发展特点。青春期阶段，孩子的自主意识增强，渴望被当作成人对待，要求和成人建立一种新型的关系，在成人的世界中获取平等的地位。因此，家长应正确认识到这一变化特点，尊重孩子的独立自主要求，改变对待孩子的教育方式，尊重他们所需要的隐私权，遇事多与他们商量，倾听他们的意见，帮助他们顺利完成从依附向独立自主的平稳过渡。

(2) 学会适度放手。尊重孩子的意见，给予他们表达自己想法的机会，以成年人的交流方式对待孩子，给予孩子更多的尊重和平等，让孩子适度参与到成人世界，感受成人世界的规则与处事方式，同时培养他们的责任意识，帮助他们学会为自己的行为负责，学会合理规划和安排自己的生活和学习。

(3) 给孩子一些独立的空间。独立空间包括物理空间和心理空间。尊重孩子的物理空间，我们要做到进孩子房间前要敲门，不随便翻阅孩子的物品尤其是窥探其隐私等。尊重孩子的心理空间，包括善于倾听孩子的意见，不把自己的意见强加给孩子，理解孩子的内心矛盾、兴趣爱好等。要帮助他们摆脱烦恼并指出发展的方向，满足他们正当的兴趣爱好，让他们有更多与朋友相处的机会。

(4) 引导孩子逐渐树立正确的人生观和价值观。青春期的孩子刚开始思考人生观和价值观，他们树立正确的人生观和价值观的自我意识的迅猛增长与社会成熟的相对迟缓这一矛盾，导致他们不想依赖成人，可又不具备完全独立自主的能力。因此，家长在适度放手的同时，也要学会合理引导、关心照顾，不能一切都放手让孩子自己来。家长要在充分考虑孩子意见的基础上，给予孩子足够的建议和引导，以自己的生活阅历、眼界去帮助孩子，引导孩子做出最适合自己的选择。

🔖 知识窗 8-3

第二反抗期

儿童在反抗期中的反抗，主要是指儿童对父母的依赖与自主之间的纠葛，以及与父母对立而造成的子女与父母之间的矛盾冲突。这种状态的延续阶段就是反抗期。3~4 岁幼儿处于第一反抗期，初中少年(发展的不平衡，也可提前在小学高年级或延迟到高中初期发生)进入第二反抗期。

第一反抗期的独立自主要求，主要在于争取自我主张和活动与行为动作的自主性与自由权；第二反抗期的独立自主要求则是全面的，从外部因素深入内在因素，从行为表现到要求人格的独立。

1. 第二反抗期的表现形式

外显行为的强烈抵抗，表现为态度强硬，举止粗暴，即硬抵抗；对人或事物漠不关心，冷淡相对，即软抵抗；反抗的迁移，表现为迁怒于其他人或事物。

2. 第二反抗期产生的原因

第二反抗期产生的原因主要集中在生理、心理和社会因素三个方面。

(1) 生理方面：身体加速成长，生理迅速成熟，使初中生产生"成人感"——自以为已经成熟。又因为发展的不平衡，他们在知识、经验、能力方面并未成熟，只处于半成熟状态。这就造成成人感与半成熟状态之间的矛盾，这种矛盾是造就第二反抗期的主要原因。

(2) 心理方面：自我意识的飞跃发展，使初中生进入"心理断乳期"，在心理上要摆脱对父母的依赖，要以独立人格出现。因为发展的不协调，他们的心理能力明显落后于自我意识，从而呈现难以应付的"危机感"。

(3) 社会因素方面：进入初中以后，学习环境和教与学的要求都发生很大的变化，这种更高的要求，势必激励他们产生"长大成人"的责任感。另外，这个年龄阶段的个体非常重视自己在同龄群体和朋友中的地位，他们力求找到知心朋友，渴望得到别人的接纳和尊重。为此，他们要力争一个独立的人格。当自主性被忽视或受到阻碍，人格发展受阻时，就会引起反抗。

3. 第二反抗期的矛盾焦点

反抗期的矛盾焦点是：孩子的认识超前，父母的认识滞后。即孩子对自己成长状态的认识超越了自己的实际能力，而父母对孩子的发展能力认识不足。

反抗期的出现是青春期的孩子心理发展中的正常现象，在某种意义上说，也是发展的必经途径。对这一现象，父母应予以客观的正确认识，同时也要帮助青春期的孩子顺利度过这一特殊转折期。

七、与青春期孩子沟通的技巧

(1) 父母与青春期的孩子沟通时，切忌拿孩子与别的孩子做盲目的比较。有的家长总喜欢拿自己的孩子与别的孩子做比较，出发点可能想通过比较激发孩子学习的积极性和自觉性，但是结果往往适得其反。

(2) 不要感情用事。家长与孩子沟通时，要控制情绪，对事不对人，避免感情用事，不要打击孩子与父母沟通的积极性，以免产生不良影响。

(3) 不要失去自我。不要把自己对人生的梦想和对未来的希望都寄托在孩子身上，也不要为此把自己的全部精力都放在孩子身上。有的父母自己平庸却要求孩子出类拔萃，这令孩子很难接受，而且会让孩子承受巨大的心理压力。父母只有永远不迷失自己，才能让孩子感觉自己的父母是值得尊重的长辈与朋友。

(4) 认真耐心地倾听孩子的意见。倾听，是沟通最好的"语言"。家长与孩子沟通时不要只强调自己的观点，要与孩子做朋友，倾听孩子想说的各方面内容，让孩子感觉到自己是家庭成员中平等的一员。

(5) 尊重和理解孩子。站在孩子的角度，与孩子平等和谐地沟通。

(6) 正面表达感情，对孩子的赞赏要多于批评。恰到好处的赞赏是父母与孩子良好沟通的润滑剂。

(7) 避免无休止的唠叨。不要强迫孩子沟通，因为这样只会让孩子更反感。身教重于言传，家长可以多做事少说话，用无声的语言感化孩子，打开孩子的心扉。

(8) 寻找共同点，融入孩子的世界。家长要跟上孩子的步伐，适应社会环境的变化，主动到孩子的世界中去学习，寻找共同点。

八、处理孩子与异性朋友交往过密的方法

(1) 父母要与孩子坦诚沟通，表明自己的态度，赢得孩子的信任。坦诚沟通要先表明自己的态度，支持孩子与异性同伴的正常交往，在理解的基础上赢得孩子的信任。

(2) 注意培养孩子多种兴趣爱好，转移其注意力。有目的地引导孩子转移注意力，把孩子的注意力转移到学习和健康高雅的业余生活中来。

(3) 注意观察孩子的言行。通过观察孩子的言行，了解孩子的状态。需要注意的是，家长对孩子的观察既要用眼，也要用心。同时家长要多与老师沟通，及时进行疏导。

(4) 引导孩子在与异性交往中成长。首先，跟孩子表明立场，虽然自己不赞同他的行为，但会尊重他的选择。其次，从中立的立场，给孩子解释与异性同学交往过密的不利影响，以过来人的经验告诉孩子怎样处理与异性同学交往的问题。最后，培养孩子的责任感，让孩子学会对自己的未来负责。

(5) 引导孩子注意与异性同学交往的分寸。家长可告诫或建议他们把握好"自然"和"适度"两个原则。

九、教会孩子在挫折中成长

(1) 引导孩子自我接纳。建议父母养成和孩子聊天的习惯，时常陪孩子痛快地"疯玩"一下。只有亲子关系密切融洽，孩子才会愉快地接受父母的建议。在聊天的过程中引导孩子懂得每一个人都是独一无二的，只要心中有目标并努力去实现，自己就是最棒的。要正确地认知自己，接纳自己。

(2) 教会孩子以乐观积极的态度面对挫折。父母应该指导孩子以乐观积极的态度面对挫

折，给孩子找一些因挫折而奋发向上的教育素材。挫折一方面使人心理痛苦，行为失措；另一方面它又可以给人以教益与磨炼。

(3) 营造宽松的家庭氛围。父母要营造宽松的家庭氛围，接纳孩子的失败并积极地与孩子分析失败的原因，鼓励孩子勇敢面对。

(4) 引导孩子正确认识他人对自己的评价。青春期的孩子更在意同伴对自己的评价，所以，父母应该在孩子因遇到某些挫折而承受巨大的精神压力时，帮助孩子分析他人对自己不同评价的出发点、评价时的场景，让孩子准确认识他人对自己评价的意义。

十、处理孩子拒绝沟通的方法

(1) 家长首先需要了解青春期孩子的特点，进而发现孩子的变化，从而找到突破口，改进沟通方式。

(2) 认真倾听孩子内心的声音，将"我讲"变"我听"。在倾听时，保持注意力的高度集中，让孩子感受到您的关注与尊重；对于孩子讲得有道理的地方，通过语言、目光或体态表示肯定；对于孩子的错误观点不急于纠正，不打断孩子的讲话。当您对孩子的话题表现出兴趣与关注，孩子才会更愿意打开心门，家长才会有更多机会在沟通过程中发现问题，从而进行正确的引导。

(3) 学会赏识自己的孩子，不要只关心学习成绩，多从孩子的角度思考，增加沟通的话题。尝试换位思考：如果我是孩子，我想说什么，想听什么，感受如何？多从孩子的角度去想，沟通肯定会更顺畅，交流肯定会更融洽。

(4) 改变简单粗暴的解决冲突的方式。当冲突发生时，先彼此回避，冷处理。等双方冷静下来，彼此情绪都平复了之后，家长再心平气和地表明自己的观点，同时也给孩子机会让孩子表达自己的想法。在这个过程当中就事论事，不算旧账，在有商有量的氛围中解决问题与冲突。

(5) 提高自身素质，不推脱，做合格的家长。作为家长，我们不能停下学习的脚步，被时代"out"、被孩子"out"。我们要和孩子共同成长，不断提高自身素质，多看一些家庭教育的书籍，从中吸取经验。同时，无论多忙也要抽出时间来跟孩子聊一聊，了解他们内心的想法，不要等出事后再补救，因为那时可能为时已晚。

十一、处理孩子对学校老师不满的方法

(1) 当孩子表达对学校和老师的不满时，父母要学会倾听、接纳孩子的负面情绪。

(2) 父母千万不要和孩子一起抱怨，要理智地帮助孩子。要正确看待老师的急躁甚至批评，理解老师是"恨铁不成钢"，没有恶意，并非"有意找我们麻烦"。帮助孩子理解老师和家长的期望是一致的，从心理上帮助孩子消除对老师的敌对情绪。

(3) 换位思考，取长补短。作为父母，能不能也换位思考一下，站在老师的角度想一想：

老师一定希望学生们都越来越优秀。但面对那么多学生，老师可能难以保证面面俱到，兼顾每一个学生，老师可能会通过各个方面"立标杆""树榜样"来激励学生。作为家长，我们要鼓励孩子发挥自己的优势，帮助他们成为别人的榜样，或是学着取长补短。

(4) 鼓励沟通，统一思想。父母要知道，老师是孩子成长的"另一双眼睛"。面对孩子成长中遇到的问题和困惑，父母有必要找老师进行沟通，找到问题的症结所在。

(5) 给老师提合理化建议。若老师真的存在一些问题，可给老师提出合理化建议。

十二、帮助青春期暴躁易怒孩子的方法

孩子进入青春期之后，受体内刺激性激素分泌过多的影响，脾气变得暴躁和冲动。面对孩子的这种表现，父母与其针锋相对，造成双方关系的破裂，不如寻求合理的方法帮助孩子尽快改掉暴躁的脾气。

(1) 教会孩子自我克制。父母要教育、引导青春期的孩子遇事善于自我克制，防止冲动的言行。自我克制的办法有很多，父母可以指导孩子做自我暗示，如当孩子的暴躁行为将要发生时，提醒孩子默念"息怒""不要发火""保持冷静和镇定"等克制性语言，也可以做一些动作来疏导情绪。接着让孩子通过合理的方法发泄出自己的不良情绪。

(2) 转移兴奋点。当孩子遇到一件不开心的事情时，他往往会越想越难受，这是因为那个让孩子不开心的兴奋点是大脑中唯一存在的兴奋点，孩子的注意力全集中在这个兴奋点上，当然会钻牛角尖。但如果让他转移到另外一件事情上，之前那个让他难受的兴奋点可能就会受到抑制，不高兴的情绪即使当时不能立即消除，起码也会得到一定的缓解。

(3) 引导孩子换位思考。父母不妨教育孩子站在对方的角度，用对方的眼光去看待眼前的事情，豁达大度地体谅他人，进而平心静气地解决问题。

(4) 学会尊重他人。父母应教导孩子学会尊重他人的人格和尊严，任何时候、任何地点都不要说有损对方尊严的话，不要做有损对方人格的事。

(5) 营造和谐家庭氛围。父母要尊重孩子的情感，以平等的身份与孩子交流，把孩子看作自己的好朋友，在生活上无微不至地照顾他们，在心理上给他们发挥的空间，欣赏他们，赞扬他们，鼓励他们，多说一些肯定的话，解开他们的心结，增强他们的自信心。

📖 知识窗 8-4

青春期孩子暴躁易怒的原因

从生理角度来说，孩子的暴躁心理与孩子进入青春期后体内的刺激性激素的过度增长有关。青春期孩子体内所分泌的刺激性激素促使他们喜欢冒险和竞争，热衷于争吵和挑战，更偏向于较为激烈的活动而不喜欢安安静静地待着。

从心理角度来说，青春期孩子的暴躁心理与其自我意识增强、敏感度提高有关。进入青春期后，孩子的自尊心变得更强，他们更注重面子。即使遇到一些微不足道的小事情，

他们也会觉得"颜面扫地"，只有猛烈还击，才能证明自己的强悍，于是变得冲动而带有很强的攻击性。

📖 **知识窗 8-5**

初中生情绪活动的特点

初中生情绪活动的特点表现在以下几个方面。

1. 初中生情绪活动的两极性

人的情绪活动具有两极性，如喜与怒、高兴与痛苦、激动与平静等。初中生情绪活动的两极性表现极为强烈，而且转化迅速，从而使他们原来就充满热情的情绪活动，呈现丰富生动、不容易控制的特点。

(1) 情绪体验上的两极性。情绪体验上的两极性，表现在初中生对同一事物，同时出现两种对立的内心体验。例如，初中生面临考试，他既兴奋又不安，兴奋是带有跃跃欲试的心情，不安可能就是有一些担心。一旦考试结束，学生感到一阵轻松，而在轻松的同时，难免对成绩好坏产生担忧。这种快乐与悲哀、愉快与忧愁、肯定与否定的情绪体验，从性质上说应该是相互排斥、绝对对立的，然而在初中生的情绪活动中却同时表现，而且显示出协调与统一的一面，这反映了每一件事物对初中生这个主体具有多层次、充满生机的不同意义，反映了主客体之间相互作用的无限生动性。

(2) 情绪效能上的两极性。情绪效能上的两极性还表现在对于同一种情绪，可能会出现两种对立的效能。例如，恐惧与焦虑的情绪，可能使初中生出现旺盛的斗志，增强他们的活动力量；也可能减弱初中生的活动力量，在情景面前手足无措而丧失斗志。情绪效能上的两极性，主要表现在增力与减力的不同作用上，这是由初中生当时的心理准备状态决定的。就考试活动而言，初中生如果思想准备充分，知识积累扎实，多设想几套准备应付的方案，就能有效地防止减力情绪对考试成绩的影响。在体育竞赛中也是如此，学生如果充分了解对手的技术特点，设想几套临场变换方案，坚持发挥本身的特长，往往就能克服惧怕的心理反应，冷静地处理赛场上瞬息万变的情况。

(3) 情绪性质上的两极性。情绪性质上的两极性，是以情绪效能是不是有利于初中生身心健康，或者是不是有利于初中生当前活动任务的完成而区分为积极性情绪和消极性情绪。积极性情绪和消极性情绪，要求结合具体情境与需要加以确定，不能一概而论。例如，轻松的情绪状态可能有利于初中生的身体健康，然而却不利于工作任务的完成，按照心理要求，适当的紧张度是出色完成工作任务不可缺少的。

2. 情绪体验迅速

初中生情绪活动在反应时间上的特点是情绪体验迅速。他们的情绪反应来得快，平息得也快，维持的时间相对较短。尤其在初中低年级的学生身上，教师还经常见到他们像儿童那样"破涕为笑"的现象，可见初中生的情绪活动仍然存在着喜怒无常的不稳定性。

情绪体验迅速，意味着初中生的情绪反应会很快达到激烈的程度。研究表明，无论是快乐的还是悲痛的情绪反应，或者是出乎意料之外的突然事件，都会因为初中生心理准备状况的不同而出现反应强度上的差别，越是意外的、突然出现的诱发因素，导致的情绪反应也越强烈，不管它是快乐的还是悲伤的、肯定的还是否定的，无一例外。

根据初中生的这一特点，我们对初中生的思想工作要做到有预见性，对可能的极端情况要防患于未然。那种缺乏思想准备、突如其来的劣性刺激会使初中生产生强烈的情绪反应，降低理智的调节作用，初中生容易出现不顾后果的轻率行为。反之，若教师能够帮助初中生掌握分析问题的方法，多做几种心理准备，即使产生情绪上的波动，也不会出现极端的反应。

3. 情绪活动的外露性

初中生的情绪活动，相比之下还是外露的占多数。有经验的教师，比较容易从学生的面部表情和学生对某一事物的态度来了解他们的内心世界。初中生敞开心扉接受大千世界带给他们的无穷无尽的信息，像海绵吸水那样吸吮着出现在周围的各种各样的知识，纯洁、天真、单纯是他们情绪活动的基本面，遇到高兴、欢乐的事，他们无遮无拦、开口大笑；遇到困难、伤心的事，他们双眉紧锁、哭丧着脸。因此，在课堂上，注意学生表情的老师，不仅可以从初中生的脸部、身体动作上了解到学生是高兴还是不高兴，是满意还是不满意，而且还能看到初中生是听懂了还是不太懂，是遇到困难还是思想开小差。初中生情绪活动的外露特点，给教师提供了了解学生的方便途径，即使遇到不易暴露思想的个别学生，教师也不能采用简单的办法，不能急于求成，而只有通过耐心细致的工作，才能慢慢开启学生的心扉，以取得良好的教育效果。

初中生随着年龄的变化，到了高年级以后，学生的外露性情绪特点也会随着他们内心秘密的增加而变得复杂起来，这时文饰的、内隐的情绪活动增多，情绪活动的闭锁性将部分替代外露性，出现转向青年阶段的情绪特点。

十三、帮助青春期性格孤僻孩子的方法

(1) 为孩子创设一个良好的家庭氛围。父母应给孩子创造和睦、融洽、民主的家庭氛围，让孩子感到家庭的温暖，体验到家庭生活的快乐。

(2) 扩大孩子的生活空间。父母应让孩子从"自我"的小圈子里走出来，让孩子多与他人交流。如利用节假日带孩子串门、走亲戚，减少孩子对陌生人、不同情境的陌生感，增强其交往的需要与兴趣。

(3) 改变孩子的认知观念。父母要引导孩子改变原有的认知观念。告诉孩子与人交往的两个基本点：一是多看人家的优点；二是不能用一个尺子去绝对化衡量。

(4) 增强体质。父母可以多带孩子投身大自然中，去旅游参观、登山、游泳等。

（5）给孩子树立良好的榜样。父母应以身作则，在言行、人际交往等方面给孩子树立一个良好的榜样。

（6）给予孩子肯定的评价。父母多给予孩子一些肯定的评价，如"虽然你没有成功，但我仍要表扬你，因为你已经努力了""你一直在努力，再加把劲，一定能做得更好"。

📖 知识窗 8-6

青春期孩子性格孤僻的原因

（1）从小缺少家庭关爱。孤独的孩子一般都缺少温暖、关爱和理解。在这样的家庭中，家长常常因为工作繁忙和心情不佳，很少关注孩子的需求，忽视孩子对亲情的渴望。在这样的家庭中生活，孩子很容易形成一种防卫心理，与人接触时会不由自主地产生厌烦、发怵、猜疑和戒备情绪，久而久之便会形成孤僻的性格。

（2）性格内向。性格内向的人平时更多地习惯于独处，他们的活动多半在自己的小圈子里进行，不愿接触外界的人和事。这样的孩子对社会交往和人际关系不感兴趣，不善于或不愿意去关心、帮助别人，因而也很难得到别人的关注和理解。

（3）自我意识的增强。孩子进入青春期后，自我意识逐渐增强，在他们的心中常会出现动荡不安的感觉。他们希望了解自己，更希望别人也能了解自己；希望得到别人的理解，但又害怕得不到。他们这种略显幼稚的思想和行为往往使父母和老师仍然把他们看成孩子，可他们却认为自己各方面都已经很"成熟"了。这种认识上的不协调，使他们常常会感到"没有一个人了解我"，常常会处于一种无依无靠的感觉中。孩子的这种心理如果得不到及时疏导，就可能导致他们形成孤僻的性格。

十四、处理孩子依赖手机的方法

（1）面对孩子的手机依赖问题，父母一定要正确认识并分析问题的原因，切忌情绪激动，避免出现没收手机、摔手机的极端行为。

（2）解决孩子过分依赖手机的问题是一个循序渐进的过程，父母和孩子一定要互相提醒、互相监督，按照制定的手机使用规则努力地坚持下去，不可中途放弃，相信共同坚持和努力就一定会有很好的效果。

（3）关爱孩子，和孩子一起培养 1～2 项共同的爱好，和孩子一起参加有意义的体育或娱乐活动。

（4）对于个别孩子痴迷于手机不能自拔，玩网络游戏成瘾，如果家长干预没有明显效果，或者手机依赖已经造成孩子心理上比较严重的问题，父母可以寻求心理医生的帮助，借助更加专业的知识和措施，帮助孩子早日走出手机依赖症的阴影。

十五、处理青春期亲子关系变化的方法

青春期处于从幼稚向成熟过渡的一个阶段，孩子不断地要挣脱父母的保护，父母因担心孩子不肯放手，于是，亲子之间不断上演冲突大战。面对孩子渐渐的疏离，父母往往怅然若失；面对孩子的叛逆，父母又不知所措。那么，如何面对孩子与父母关系的变化呢？

(1) 变管制为尊重。青春期是中学生生理和心理迅速发展期。生理上的成熟使他们在心理上产生成人感，渴望获得成人的某些权利，如独立自主权、隐私权、发言权等。寻找新的行为标准并渴望变换社会角色。因此，父母要把这种心理需求看成正常的心理需求，要理解和尊重孩子，尽量少管制孩子，要给孩子一定的自主权和决定权。父母的角色应从指导者变为辅助者。

(2) 变说教为身教。说教容易变成教训，因为说教的态度是居高临下，前提是把自己的话当成真理，孩子必须听。但实际上许多青春期的孩子很反感父母的说教。比说教更有力的是身教。身教起到榜样和示范作用。要身体力行，做给孩子看，而不是喋喋不休地说给孩子听。不要把温馨的家庭变成说教的课堂，多说不如多做给孩子看。

(3) 变命令为商量。专制型的父母喜欢命令孩子，把自己的意愿作为孩子行动的方向。但青春期的孩子不再惧怕家长的威慑，对这种带有强制性的命令开始阳奉阴违，或公开反抗。与孩子商量也是对孩子的尊重，如果换成商量的方式，用温和的口气和孩子说话，就可以缓和亲子冲突，形成建设性的良好的亲子关系。

(4) 从台前到幕后。孩子小的时候，父母要站在孩子的前面，领着孩子；孩子长大的时候，父母要站在孩子的身后，跟随着孩子，看着孩子走，只需关键的时候扶一把。孩子小的时候，父母习惯在前台，"指挥"着孩子的成长；孩子大的时候，父母应该到幕后，让孩子上台主导生活。这个让位很重要，是让给了尊重、民主、平等、信任，是给孩子让出了成长的心理空间、自主的权利、选择的权利。同时也赋予了孩子责任。如果不这样让位，孩子要么长不大，要么为了自身成长的需要，用叛逆、对立来表示抗议。

(5) 学会沟通，学做朋友。青春期的孩子有时说话可能很"冲"，无缘无故地和你对抗，这也是孩子成长阶段的特征。所以，父母要学会包容孩子，放下架子，放下家长意识。和孩子做朋友，把孩子放在平等的地位和孩子交流。正如教育专家所说，理想中的亲子关系，应该是像朋友那样彼此知心、相互关心，把人性、尊严、平等放在至高的位置。如果父母一时做不到这一点，可以试着想象站在你面前的孩子，不是你的孩子，而是你的同事。这样一想，你就会减少怒气和不满，就会做到尊重孩子，由此良好的沟通就能进行下去。

教育专家李子勋的话是对有冲突的亲子关系的最好解释：亲情永远是孩子成长的动力。尽管在一些时候，亲子间的互动会有这样或那样的矛盾，但父母只要保持心平气和，再叛逆的孩子也会在亲情的抚慰下回归。同样，孩子只要保持对父母的尊重之心，亲子间再激烈的冲突也会化于无形。

十六、处理孩子早恋的方法

面对孩子早恋，有些父母会采取极端的方式，比如一味地指责、讥讽甚至惩罚孩子，并说一些伤害孩子自尊的话；或者采取跟踪、盘问、调查的方式；有的甚至去找学校、找对方父母；或向邻居诉苦，弄得满城风雨。这些做法，不但帮助不了孩子，还会令孩子反感，激起孩子强烈的逆反，造成"罗密欧与朱丽叶效应"。所以，面对早恋的孩子，父母首先要做到以下几点。

(1) 保持心态平和，平静面对问题。青春期的孩子对异性萌发出爱慕之情是很自然的，所以需要家长以平常心对待，理解和包容孩子的行为，给孩子充分的尊重和理解。

(2) 要认识到，早恋的孩子往往是因缺少父母的关爱导致的，也是情感缺失的表现。所以，父母需要反思，自己是否给予了孩子足够的爱，在教育孩子的方法上，是否应该做调整。

(3) 讲究沟通方式，倾听理解孩子。父母一定不要急着讲早恋如何不好，可以先问孩子，你为什么喜欢他，他什么地方吸引了你？当孩子如实相告时，父母要从积极的方面加以引导，让孩子感受到父母对孩子的关爱。

(4) 我们可以利用自己的亲身经历，或者电视上、书刊上的一些爱情故事，通过和孩子谈新闻、聊天的方式，向孩子讲解爱情的社会道德，把正确的价值观、道德意识、恋爱观传达给孩子。还可以利用身边的事例，比如亲戚邻里、朋友受早恋影响的孩子，从反面来教育孩子，帮助他权衡利弊，让孩子看到早恋可能带来的危害，正确处理好学习和早恋之间的关系。

(5) 鼓励孩子积极参加有益身心健康的活动，转移孩子的注意力。培养孩子广泛的爱好，开阔孩子的视野，减弱或转移"早恋"的情感。也可以引导孩子养成写日记的习惯，把心里话通过日记表达出来，减轻心理上的压力。

若父母能做到以上几点，孩子也会很冷静、客观地看待这段关系，至少不会越陷越深。有的孩子也可能从这段关系中吸取有益的部分，把这种关系转化为学习的动力。

知识窗 8-7

罗密欧与朱丽叶效应

罗密欧和朱丽叶是莎士比亚作品中的一对情侣，两人在一次化装舞会上相识、相爱，并私定婚约。第二天，请神父主持了婚礼。由于两人的家族长期敌对，他们的爱情受到双方家族粗暴的干涉。然而，干涉越升级，他们爱情反而变得越坚定。一次，罗密欧为替朋友复仇，在街上杀死了仇敌，被国王放逐。罗密欧走后，朱丽叶的父亲逼迫她嫁给亲王的亲戚，朱丽叶又求助于神父，神父让朱丽叶在婚礼前一晚上喝了一瓶药液，使脉搏停止跳动，假装死亡，但 42 小时后就会醒过来。罗密欧得知朱丽叶的"死讯"后，立即带着毒药赶到墓地，喝下毒药，以死殉情。朱丽叶醒后看见此情景，也用匕首刺胸自杀。

"罗密欧与朱丽叶效应"给我们的启示是：父母对子女爱情的干涉程度越高，子女与恋人的爱情就越强烈。家长的干涉越强烈，当事人越是要保持自己的自尊心，坚持自己选择的正确性，结果与家长的关系越来越僵，对恋人的爱慕越来越强。

📑 知识窗 8-8

孩子易早恋的家庭

早恋的孩子大多来自缺乏关爱的家庭。

(1) 单亲家庭。因离婚或一方去世，造成孩子父爱或母爱的缺失。

(2) 不和睦的家庭。夫妻关系不和谐，亲子沟通不畅。

(3) 教育方式有问题的家庭。简单粗暴的教育方式，父母不能理解孩子。

(4) 只关注孩子学习的家庭。这种家庭只关注孩子的学习成绩，而忽视孩子其他的需要。

这种家庭往往夫妻关系不和睦、亲子之间沟通不畅，甚至亲子关系紧张，两代人经常发生冲突；有的父母甚至经常打骂孩子；有的父母忙于工作，没有时间照料孩子，只满足孩子的物质需求而忽视孩子的精神需求；等等，这些都容易造成孩子情感饥渴。

这种家庭的孩子，常因得不到关爱和温暖，再加上青春期独有的特点，就容易把感情投向外界，从异性中寻找精神寄托。

📑 知识窗 8-9

帮助有早恋倾向的孩子的方法

小强的妈妈在收拾房间时，发现书桌上有小强留下的一张纸条，上面写满了一个女孩子的名字，妈妈知道，儿子可能早恋了，他在暗恋这个女孩子，但又没有向对方表达的勇气，或者已经被对方拒绝。妈妈非常着急，因为再过几个月孩子就要参加中考了，怎么办？如果直接问孩子，他肯定不会承认，而且容易使矛盾激化，效果不好；如果告诉老师，则可能使孩子处于完全被动的境地，后果不堪设想，甚至出现"罗密欧与朱丽叶效应"；如果直接找女孩子的妈妈，也可能解决不了问题，反而产生更坏的影响。

最后，机智的妈妈也拿出一张纸，在上面写了几句话，"如果一个国家足够强大，那么它就不怕被侵略！如果一个人足够优秀，那么他就不怕被别人拒绝！"言外之意，你现在之所以不能获得自己的爱情，是因为你还不够优秀，要想优秀就要努力学习，获得他人的认可。当小强回家看到妈妈的留言后，深情地对妈妈说："妈妈，谢谢你！"

一场早恋困扰就这样被智慧的妈妈化解了。

十七、对孩子进行性心理教育的内容

父母对孩子进行性心理教育的内容有以下几个方面。

(1) 进行性心理的基本知识教育。为解除青少年对性的神秘感，父母应该有计划、有步骤地让孩子认识自身的生理变化，使其对性成熟的心理变化有充分的思想准备。对孩子进行性心理辅导，应重点放在男女交往中的道德伦理教育上，并把提高道德认识、道德思维能力和行为训练结合起来。让孩子多参加学校举办的青春期教育讲座、心理咨询、观摩、研讨等活动，帮助孩子树立正确的性观念，消除恐惧、焦虑、罪恶的错误心理。

(2) 加强自尊、自爱、自重、自强教育，培养孩子的理智感。一个具有良好理智感的人能积极进行自我调节，用理智控制感情，让自己的行为服从社会道德规范，符合社会生活的基本准则。父母应该教育孩子树立正确的人生追求目标，使爱情服从于人生的理想，培养孩子的荣誉感、成就感，不搞低级趣味。同时，要教育孩子维护自己的名誉和人格，不轻信、不盲从，不为外界的性刺激所动摇。

(3) 进行良好的性心理适应力训练，培养道德感。青少年性欲念的强度是随外界性刺激的增强和性体验的积累而递增的，要努力培养孩子的性道德，促使其遵守道德规范，完善自我人格。

十八、对孩子进行性道德教育的内容

(1) 提高孩子的性道德认知水平。父母帮助孩子正确认识两性关系的社会属性，使他们认识到性行为的社会约束性、社会功能及性偏差行为的社会危害性，在这个引导过程中，父母需注意，既要反对封建礼教对性的压抑，也要反对对性的放纵，要帮助孩子建立健康、文明的性道德的风尚。

(2) 发展孩子的性道德情感。分清友谊和爱情的界限，教育孩子在男女交往时，应注意时间、地点的适当，把握情感分寸，不做超越朋友界限的事。在与异性交往时，要心胸坦然，行为大方，对异性产生好感时，应时时提醒自己用理智驾驭感情。当收到异性"纸条"或"求爱信"时，应谨慎对待，态度明确，不可感情用事。

(3) 养成孩子良好的性道德行为习惯。父母要告诫孩子，在日常生活中，男女交往时要举止文明，不用污言秽语谩骂异性，不随便给异性起绰号，当异性遇到困难时，要主动关心、帮助。

(4) 增加孩子的审美观念，丰富孩子的生活内容。父母应该教育孩子分清美与丑，对文艺作品中的一些性的渲染，要有一个正确的认识，不可盲目模仿。同时，还要让孩子主动寻求转移性兴趣的方法，如使用升华和补偿等方法，将精力与能量释放到学习、文娱、体育等有益的活动中去。

📖 知识窗 8-10

青春期性意识的发展

性意识是指人关于性问题的心理活动，它反映出人对性问题的认识水平。个人的性意识与其所处的社会文化背景有密切联系。

初中生性意识觉醒是他们身体发育逐渐成熟的结果。有学者对初中生进行了调查，结果发现：女生主要是从月经初潮、乳房发育、阴毛生长、整体上的女性感等方面意识到自己的身体在成熟，其中以月经初潮带来的影响最大；同时，初中女生也意识到自己很想注意异性，并且对生殖方面的问题也产生兴趣。而初中男生主要是从变声、阴毛生长、阴茎能勃起、整体上的男性感等方面意识到自己身体的成长；同样，男生也意识到自己想注意异性，也对生殖方面的问题产生兴趣。

可见，初中生的性意识是由发生在他们身上的变化，尤其是性器官、性机能方面的变化引起的。这些变化使得初中生开始关心性，他们对生殖方面的知识产生兴趣，他们注意到两性关系以及恋爱和婚姻问题，而且，他们对文学作品、医学书籍以及影视中的有关性和爱情的描写也产生兴趣。这时，初中生意识到两性的差异，他们开始关心自己的容貌打扮；同时，他们也产生了接触异性、与异性交往的强烈愿望。此外，初中生也感受到性的兴奋和冲动。所有这一切表明，初中生在性心理方面发生了前所未有的变化。

青少年对性产生好奇，渴望了解异性和接近异性，对异性产生爱慕和内心深处涌动性的渴望，是青少年性生理和性心理发展的正常现象。适当的性幻想是青春期心理需求的合理宣泄，是没有什么副作用的。但是沉湎于性幻想中，想入非非，会令人神情恍惚，延误和影响学习、工作和生活，也有害身体健康。有的还可能导致病态的结果，乃至误入歧途，走上犯罪道路或产生性心理障碍。

📄 知识窗 8-11

父母应关注青春期孩子的哪些行为

青春期孩子容易对异性产生兴趣，如果父母能及时引导孩子，那么孩子在这个问题上出错的机会就会大大减少，所以，父母需要多多关注青春期孩子的行为举止。

(1) 青春期孩子开始关注自己的外貌，而且对自己的穿衣和仪表很关注，花费的时间明显增加。

——说明他有可能想得到异性的关注和展现自己的美丽或力量。

(2) 青春期孩子睡觉时入睡困难，辗转反侧，难以平静。

——说明他内心有事情在困扰着，无法解决，或者是在想某一个事情，而这个事情深深地吸引了他。

(3) 青春期孩子突然自己洗内衣或者将内衣藏起来。

——说明他开始遗精或者手淫。

(4) 青春期孩子开始评价班级中异性之间的交往，而且往往是在随意的情况下评价，或者评价的内容正好是你想说的，或者评价时比你说的还要坚决。

——很有可能青春期他说的这个人正是他自己喜欢的人，只不过是在试探父母的反应而已。

（5）青春期孩子的情绪不稳定，忽高忽低像过山车，而且原因不明。

——说明他身边很有可能出现了一个异性，让他动心了。

（6）青春期孩子突然写日记，而且不让父母看，或者还有另一本日记。

——说明他开始有自己的秘密了。

（7）青春期孩子开始对电视和书籍中的言情和爱情内容感兴趣，有时还害怕家长发现自己在看。

——说明他很有可能出现了困惑，在寻找解决的办法。

（8）青春期孩子和同学聚会，特别是两个人聚会的次数增加，回家的时间延长。

——说明他很有可能在寻求情感支持。

（9）青春期孩子突然开始长时间地看电视或玩电脑。

——说明他的内心可能有了困惑难以解决，需要转移，或者是处在情绪的低落期无法排解。

父母要关注青春期孩子出现的这些行为，及时了解孩子的状态，并且及时从合适的角度引导孩子及时说出自己的困惑。家长一定要记住，只要孩子讲出来，男女之间交往的不安全系数至少会减少一半。

第九章　不同时期儿童心理发展与家庭教育——高中生篇

高中阶段是青年期的开始。青春期和青年期在发展内容和年龄上有某些重叠，但它们是两个不同的概念。青春期指的是人在成长过程中，以第二性征为起点，身心各方面发生重大变化的时期，生理学把青春期又叫青春发育期。青春期的开始，从生理上说，以性发展为其主要标志；从心理上说，以意识到自己不再是孩子为主要标志。青年期不仅是一个人生理发育成熟的时期，也是一个人形成并树立世界观、人生观的时期，同时还是一个人完成社会化，作为一个劳动主体达到成熟的时期。青年期的年龄下限起于性的迅速发育期，年龄上限止于社会、心理成熟期。在这个人生发展阶段中，个体心理的发展并非定时均匀渐进的，而是量变与质变交替进行的。青年初期，年龄为15～18岁，大致相当于高中生阶段。

一、高中生心理发展的基本特征

作为青年期开始的高中阶段，个体心理的发展有以下几个基本特征。

1. 心理发展具有不平衡性

青年期是个体在生物性和社会性的发展上走向成熟的时期。作为青年初期的高中生，正处于从青春期向青年期过渡的时期。在这一时期，高中生的生理发展迅速走向成熟，而心理的发展却相对落后于生理的发展，他们在理智、情感、道德和社交等方面，都还未达到完全成熟的指标，还处于人格化的过程。也就是说，高中生的生理与心理、心理与社会关系的发展是不同步的，具有较大的不平衡性。

2. 心理发展具有动荡性

高中生生理、心理发展的不平衡性，以及生理和某些心理发展同道德或其他社会意识发展之间的不平衡性，一方面，创造了个性发展以及道德和社会意识发展的条件；另一方面，也造成了高中生心理发展过程的种种矛盾和冲突，表现出一种成熟的动荡性。这种动荡性表现在知、情、意、行等各个方面。例如，他们思维敏捷，但片面性较大，容易偏激；他们热情，但容易冲动，有极大的波动性；他们的意志品质也在发展，但在克服困难中毅力还不够，往往把坚定与执拗，勇敢与蛮干、冒险混同起来；在行为举止上表现出明显的冲动性，是意外伤亡率最高的年龄阶段；在对社会、他人与自我之间的关系上，容易出现困惑、苦闷和焦虑，对家长、教师表现出较普遍的逆反心理和行为。

3. 心理发展具有自主性

随着身体的迅速发育，自我意识的明显加强，独立思考和处理问题能力的发展，高中生在心理和行为上表现出强烈的自主性，迫切希望从父母的束缚中解放出来，开始积极尝试脱离父母的庇护和管理。他们具有很强的自信心和自尊心，热衷于显示自己的力量和才能，不论是在个人生活的安排上，还是在对人生与社会的看法上，都开始有了自己的见解。他们已不满足于父母、教师的讲解，或书本上的现成结论，对成年人的意见不轻信，不盲从，要求有事实的证明和逻辑的说服力。对许多事情都敢于发表个人意见，并为坚持自己的观点而与他人争论不休。

4. 心理发展具有前瞻性

青年期是连接过去与将来的中间环节，是从过去通向未来的过渡阶段。处于青年初期的高中生有着最广阔的未来前景，他们对未来充满了憧憬和向往。这种面对未来的前瞻性使得高中生特别富于理想，它引发高中生迫切地追求自我发展。

5. 心理发展具有进取性

生理上的迅速发育成熟，以及心理上的迅速发展，使高中生精力充沛，血气方刚，反应敏捷，上进心强，不安于现状，富于进取，颇具"初生牛犊不怕虎"的劲头。他们对于新事物常常满怀希望，乐于开拓。

6. 心理发展具有社会性

高中生对社会现实生活中的很多现象都很感兴趣，喜欢探索新鲜事物，希望像大人一样对周围事物做出褒贬的评论，对社会生活的参与日益活跃。尤其对未来生活道路的选择，成为他们意识中的重要问题。他们在考虑未来的志愿及抉择时，比小学生和初中生更具现实性和严肃性，而这种对未来道路的选择，对高中生心理发展的社会性具有重要的影响。

二、高中生学习活动的特点

1. 高中生的学习以掌握系统的、理性的间接经验为主

间接经验是指别人或前人所积累的经验，它是人类在长期的社会实践活动中所创造的宝贵精神财富，是人类认识世界和改造世界的有力武器。高中生所掌握的间接经验比小学生、初中生更系统、更复杂、更理性化、更加接近科学文化知识的完整体系，但是又不同于大学生的专业化的间接经验。高中生的主要任务是掌握系统的、基本的科学文化知识和技能，为将来的工作和劳动打下坚实的基础。高中生掌握理性的间接经验，其主要途径是课堂学习。然而，间接经验并非高中生亲自实践得来的，有可能理解得不深刻。间接经验可以转化为能力，但缺乏自己的探索。因此，高中生在学习书本知识的同时，还应适当地参加一些社会实践活动，积极参加丰富多彩的课外活动，亲自获得一些直接的经验，以加

深对间接经验的理解，培养自己综合运用知识，主动探索新知识和创造性解决问题的能力。

2. 全面提高身心素质，为升学就业打好基础

高中教育属于基础教育，不是专业教育，也不是职业教育。高中生应以德、智、体、美、劳全面发展，知、情、意、行协同发展，身心素质的全面和谐发展作为学习的目标，形成知识、能力、个性和特长协同发展的高效能的学习系统，把自身素质的整体性发展与国家的需要统一起来，以适应升学和就业两方面的需要。

3. 高中生学习的主动性增强

高中生学习的主动性增强，主要表现在以下四个方面。①高中生学习目的更明确，学习动机更强烈，学习的社会责任感增强，观察力及有意识记、有意注意、有意想象占优势，思维的方向性、目的性更明确。②随着认知能力的发展，他们独立分析和解决问题的能力有很大的提高，依赖性减少。③学习的选择性有所发展。随着高中选修课的开设，高中生对学习内容具有一定的自主选择的权利。他们应学会根据社会的需要和自己的特长，主动地选择学习内容。④学习的计划性增强。高中生能科学地安排自己的学习活动，自主学习的能力明显提高。

4. 高中生的学习策略和技巧更完善

高中生的识记策略是，注重及时复习，有重点地重复。高中生的加工策略是，对于较简单的无意义的学习材料，人为地赋予意义，或采用各种记忆方法；对于复杂的有意义的学习资料，通常使用分段、归纳、类比、扩展、评价、自问自答、列提纲、分类、列图表等方法。高中生的元认知能力逐步发展，他们经常思考怎样学习效果才好等问题。他们常给自己确立学习目标，制定达标的措施。在学习过程中不断评价自己的达标情况，并根据反馈信息来修正学习策略。他们能较主动地控制自己的学习过程，学习活动的自组织水平有较大提高。他们常能自觉地反省自己的学习过程，不断地总结学习的经验和教训。

5. 高中生的学习途径、方式和方法多种多样

高中生不仅注重向书本学习，而且注重向社会学习，他们积极参加各种课外活动和社会公益活动，广泛地吸取信息。他们不光是增加知识的数量，而且开始意识到掌握基本知识结构的重要性，重视学习知识的系统化和综合化。他们开始重视把书本知识和实践活动结合起来，形成知识、能力和个性的协调发展。他们既重视勤奋学习，又重视改进学习方法和策略，对不同学科采取不同的学习方法。他们既重视学习质量，又重视学习速度，快速阅读、快速作文、快速解题的能力迅速发展。他们既重视知识的吸收、理解和巩固，又重视知识的实际应用。同时他们还能运用现代化的多媒体技术来提高学习效率。

高中生的学习活动是一个统一的过程，上述特点也是相互联系的统一体。只有全面体现上述特点，才能使学习活动有效地进行。

三、高中生学习动机的特点

1. 内在学习动机占优势

高中生的内在学习动机占优势地位。高中生绝大多数的入学学习主要是由内在学习动机引起的，维持和控制内在学习动机则是由内在的心理因素引起的，如学习兴趣、好奇心、求知欲、学习目的、学习态度、学习志向等。内在学习动机比较持久并具有主动性。另外，高中生也有外在学习动机，但内在学习动机占优势，起主导作用。

2. 间接学习动机起主要作用

根据学习动机的指向性不同，又可将学习动机分为两类：直接学习动机和间接学习动机。直接学习动机是指向学习活动本身的动机及对学习内容和学习活动本身有兴趣。直接学习动机在中小学生的学习中占主导地位。他们的好奇心、好胜心很强，新奇的、活动的事物容易引起他们的学习兴趣，因此对中小学生来说，教学内容生动形象，教学方法变化多样是很重要的。对于高中生来说，直接学习动机同样是不可忽视的，因为学习兴趣与愉快情绪相联系是学习的强大动力，所以要注意发挥直接学习动机的作用。间接学习动机是指向学习活动的结果，它持续作用的时间长，但需要很好的意志力的支持。高中生的间接学习动机占主导地位，他们对于抽象的枯燥无味的学习内容也能坚持。高中阶段有些知识学习起来无趣，但他们知道，掌握这些科学知识技能，对于将来的职业素养是必要的，所以他们能坚持学习。这就是间接学习动机的作用。

3. 长期学习动机占主动地位

根据动机所指向的目标大小，可将学习动机分为长期学习动机和短期学习动机。短期学习动机的目标较小，较具体，也较容易实现。短期学习动机的概括水平不高，受这种动机支配的人往往因学习上取得了一点小的成绩而沾沾自喜，受到一点挫折就垂头丧气，学习积极性不高。高中生短期学习动机还占一定比例，但长期学习动机占主导地位。长期学习动机指向长远的未来，比较抽象和概括。长期目标不可能立即实现，需要长期艰苦的努力，要有很强的预见性，要对事物发展规律的深刻认识，要有坚强的毅力。

📖 知识窗 9-1

测验孩子有精神压力的问题

下列 10 个问题可测验孩子精神压力的程度。如果你的孩子占有其中 6 条，就必须对他进行心理调整。

(1) 夜里睡不好觉，或醒后仍很疲倦。

(2) 没有耐心听别人把话说完，中间总是打岔。

(3) 常常自言自语。

(4) 一个星期内不止一次抱怨同学、老师或父母。

(5) 当手里拿着纸、笔或书本时，手不停地抖动。

(6) 早晨上学时，不喜欢排队等车。

(7) 一个星期要发一次脾气或有两次以上的不高兴或抑郁。

(8) 别人的批评或一句微不足道的闲话就会使他情绪发生变化。

(9) 有习惯性的紧张动作，如拽弄头发、磨牙、咬指甲、扳手指等。

(10) 经常责难同学、老师和父母，并造成人际关系的紧张。

如果存在以上问题中的多数问题(6 个以上)，就要考虑改变其生活和处事态度了。

📖 知识窗 9-2

帮孩子减轻心理压力的方法

父母应采取以下办法调整孩子的生活节奏。

(1) 多和孩子讨论一些有益的课外书籍。

(2) 多培养孩子一些有益的爱好。

(3) 在节假日带孩子去郊游。

(4) 适当让孩子做一些家务活。

(5) 创造机会让孩子多参与一些人与人之间的日常谈话。

(6) 请孩子的朋友或同学到家里为他过生日。

(7) 带孩子去看心理医生等。

四、高中生考试心理的特点

频繁的考试是高中生学习生活的重要组成部分。考试成绩直接影响高中生的前途，因此，考试是师生、家长和全社会共同关心的问题。面对考试，尤其是高考，高中生的心理活动很复杂，了解高中生的考试心理，帮助他们正确地对待和顺利地通过考试，是关系高中生身心健康的大事。

考试心理是在考试活动中，主试者与被试者相互作用所产生的心理活动。考试，大多会引起痛苦、恐惧、内疚等情绪。不论学生的成绩好坏，考试分数引起的情绪体验均是不良情绪居多，良好情绪较少。

五、帮助高中生应对考试焦虑的方法

考试焦虑是高中生一种较普遍的考试心理问题，是由考试评价情境所引起的焦虑。考试焦虑严重的人往往把考试视为对个人的威胁，因而产生紧张、忧虑、神经过敏和情绪冲动。高中生在考试前和考试中，特别是在高考前，常易产生焦虑情绪。他们怀疑自己的能力，忧虑、紧张、不安、失望、行动刻板、记忆受阻、思维呆滞，并伴随一系列生理变化，如血压升高、心率加快、面色苍白、皮肤冒汗、呼吸急促等。这些生理变化，会影响考试成绩。这种状态持续时间过长，会出现坐立不安，食欲不振，睡眠失常，影响身心健康。

帮助高中生克服考试焦虑，可以从以下几方面入手。

1. 帮助高中生提高学习能力

考试焦虑与学习能力有关。学习能力强者，考试把握大，信心足，情绪较稳定，焦虑程度低；学习能力弱者，在考前和考试中信心不足，产生害怕、紧张、不安情绪，考试焦虑严重。所以，适当地帮助高中生提高学习能力，如记忆力、逻辑推理能力等，都有助于高中生克服考试焦虑。

2. 帮助高中生拥有适当的抱负水平

如何帮助高中生拥有适当的抱负水平，方法如下。①家长要强化孩子的成就动机。②调节孩子的抱负水平。③创造追求上进的氛围。④把握孩子的归因方向。

3. 帮助高中生缓解焦虑情绪

适当的焦虑，可以使高中生努力学习，沉着应考，以提高考试成绩，但过于焦虑就容易影响考试状态。因此，要帮助高中生建立适当的考试心理调控机制。第一，要加强学习目的的教育，克服为分数而学的思想，培养学生远大的理想，激发学习动机；第二，考试的难度要适当，频率要适中；第三，教学中要注意努力和非智力因素的协同培养；第四，培养学生对考试心理的自我调控能力；第五，学生的学习要有计划、有目标，目标要具体，难度要适中，即通过努力可以实现；第六，考试后要总结经验教训，利用反馈信息调整学习状态。

六、高中生情绪、情感发展的趋势

与初中生、小学生相比，高中生情绪、情感的发展具有如下趋势。

(1) 从情绪表现的形式看，是以外显为主向以内隐为主发展。

(2) 从情绪控制的情形看，是以冲动为主向以自制为主发展。

(3) 从情绪引起的动因看，是以直接、具体为主向以间接、抽象为主发展。

(4) 从情绪体验的内容看，是以生理性需要为主向以社会性需要为主发展。

七、高中生情绪体验的特点

情绪体验是人在主观上的感受、知觉或意识到的情绪状态。随着高中生认知能力、意识水平的提高，其情绪体验呈现如下特点。

1. 延续性

在小学、初中阶段，学生的情绪具有易激性、易感性、易表现性，情绪活动延续时间较短。高中阶段，情绪爆发的频率降低，作为心境的延续时间加长，再加上情绪控制能力的提高，情绪体验的时间延长，稳定度提高。例如，幼儿发怒不超过 5 分钟，高中生可长达数小时。甚至有的情绪体验可长期影响学生的成长，甚至改变一个人的个性特征。

2. 丰富性

高中生正处在多梦的年龄阶段，几乎人类所具有的情绪种类都可在高中生身上体现出来，并且各类情绪的强度不一，有不同层次。例如，就"惧怕"来说，高中生所怕的事物主要与社会的、想象的、抽象复杂的事物和情形有关，如怕考试、怕陌生人、怕惩罚、怕寂寞等，与幼儿所惧怕的猫、狗之类的具体、单纯的实物不尽相同。高中生步入了一个丰富多彩的情绪世界，他们的体验也是丰富多彩的。

3. 特异性

高中生自我意识的迅速发展，为他们的情绪体验增添了一团团独特的"光晕"，这里面包含个性的差异、自我感知的差异、性别的差异。例如，同是忧虑，有人如林黛玉般郁郁寡欢，有人如范仲淹般深沉宽广；同样是消极情绪体验，男生倾向于发怒，女生倾向于悲哀和惧怕；同样是日常心境的感知，外向的学生容易被兴奋、乐观所笼罩，内向的学生容易被悲伤、忧郁所感染。

八、帮助高中生受到挫折的方法

高中生在目标实现的过程中，有时能克服困难达到目标，有时却因阻碍或干扰，致使动机不能实现，需要不能满足，导致挫折。高中生受到挫折的原因主要有两个方面。

1. 客观方面

(1) 人际关系。如老师偏见，不受老师喜爱；父母教育方法不当；学习竞争性大，大家为升学而产生隔阂。

(2) 学习条件。主要是指学校教学条件差；家庭作业多，不能按时完成；没编入理想的班级或座位编排不好；老师的教学内容与方法不合适。

(3) 生理条件。如近视，不能选择自己喜爱的专业；个子太矮，不能参加运动队；健康不佳，学习心有余而力不足。

2. 主观方面

(1) 兴趣愿望。如个人的兴趣和爱好得不到大人的支持，受到过多的限制和责备。

(2) 抱负水平。个体的抱负水平不同，对同样一种活动结果，有的会体验到挫折，有的则不会，如在成绩方面，甲的标准是优，乙的标准是及格，如果两个人都得到良好，这时，甲就会体验到挫折，而乙就不会有挫折感。

(3) 学习能力方面。如学习能力弱，总是徒劳无功；智力水平较差，学习总是顾此失彼。

高中生的目标挫折是多方面的，尤其是学习、人际关系和自尊方面受挫折的概率要高于其他方面。

挫折具有两重性：一方面，使人失望、痛苦、沮丧、冷漠或引起对抗行为(如侵犯、倒退、固执)；另一方面，又给人以教益，使人接受教训，改弦易辙，或砥砺意志，使人坚强。而挫折后的行为和情绪反应能影响个性的形成和发展。所以，高中生要学会应付挫折，以提高挫折的容忍力。挫折的应对方法有以下几点。

第一，采取宽容态度。不同的人，之所以在同样情境内受到相等强度的挫折会有不同的反应，原因之一在于容忍力不同。面对挫折最好的方式是抱有宽容接纳的态度。

第二，提高认识，正确归因。把自己的行为结果归因于外部的人，常常埋怨别人与环境；把自己的行为结果归因于内部的人，能找到自身的弱点，但常常过多地责备自己。对外部归因的学生，要在学习内容与方法上给予其具体指导，稍有进步便及时鼓励，使之确信自己努力程度与结果之间的关系；对内部归因的学生，帮助学生发展平衡内外原因的方法，引导学生做实事求是、准确的归因。

第三，再接再厉，锲而不舍。许多高中生有一个共同的心病，就是害怕失败。遇到一点挫折常使某些人一蹶不振或裹足不前。而人生之路铺满了大大小小的无法预料的挫折，若没有"跌倒了，爬起来"的精神，就无法成为一个意志坚强的成功者。

九、帮助高中生交朋友的方法

(1) 教会高中生掌握交友的基本原则有以下几个方面。①真诚待人。真诚是友谊的润滑剂，真诚待人就能交到真正的朋友。朋友之间要以诚相待，彼此经常真诚沟通或交流思想才能不断增进感情。②乐于助人。人生之路不可能一帆风顺。学习上碰到疑问，生活上遇到困难，心中产生烦恼，都需要别人的帮助。此时如果能有一双援助之手毫不犹豫地伸过来，就是雪中送炭，自然会加深彼此的友情。③接受他人的个性。每个人都有自己独特的个性，与朋友相处时，我们要用坦然的心态接受他人的个性，不要试图去改变别人，也不要强迫别人接受自己的观点。只有坦然接受别人的个性，别人才会尊重自己，朋友间的友谊才会真诚长久。

(2) 教会高中生一些交友小技巧。如：①尽可能记住别人的名字；②目光交流；③主动提供帮助；④面带微笑；⑤用心倾听，提出交谈点；⑥学会换位思考。

(3) 创造机会提升高中生的交往能力。家长可以利用业余时间多给高中生创造一些与他人接触的机会和条件，例如，休息日可以邀请亲戚或朋友带他们的孩子到家里玩，也可以带孩子到亲戚、朋友家中去，还可以邀请同学及家长共同出游等。

(4) 父母注意自身的交往方式，为高中生提供学习的榜样。

十、帮助孩子恢复破裂朋友关系的方法

(1) 教给孩子心理调适的方法。在孩子的认知上，需要家长正确引导孩子合理地对待得

失，让孩子知道世界上完美的事情很少，不应苛求别人。当同学不能满足自己的需求时，尝试理解他人的情绪和行为，不要仅从"我"的角度看待事情，要学会换位思考。

(2) 树立孩子真诚交往的态度。教导孩子在同伴那里感受到真诚的关心后，应回报给同伴更多的热情。当看到同学有困难时，更要主动去帮助和关心。这样相互之间才能产生友好、亲密的关系。

(3) 帮助孩子创设沟通的机会。孩子若和同伴发生矛盾，作为家长应为他们创设交往的机会来缓和矛盾。

(4) 相信孩子处理问题的能力。家长应该给孩子处理问题的机会，鼓励孩子想办法自己解决遇到的问题，而孩子只有在一次次成功或失败的思考中学会与人相处的道理，才能不断成长、成熟。

十一、培养高中生健康心理的方法

1. 树立正确的人生观和世界观

人生观和世界观的确定是防止心理异常的根本条件，是高中生心理健康的重要保证。正确的人生观和世界观能使高中生正确认识外界与个人的关系，充分发挥自己的作用和能力，协调并处理好各种关系，保证心理反应的适度，防止异常。如果一个人的需要、观念、理想、行为违背了社会准则，自然会到处碰壁，遭受挫折，陷于无穷无尽的烦恼与痛苦中，导致心理不健康。可见，正确的人生观和世界观是保证个人心理健康的思想基础和心理基础。

2. 了解自我，接受自我

俗话说：知人容易知己难。不能正确认识自我往往是形成心理障碍的重要原因之一。要保持心理健康，高中生不仅要了解自己的长处、兴趣、能力、性格，更要了解自己的不足和缺陷，并正视它们。如果对自己不了解、不接受，那么，自己不是感到怀才不遇、生不逢时，就是愤世嫉俗、狂妄自大，或是过分自卑焦虑，导致心理的不平衡。因此，高中生应有自知之明，在充分了解自我的基础上，坦然地接受自我，既不过高估计自我，也不自欺欺人，这样才会心安理得，减少心理的冲突，保持心理健康。

3. 认识现实，正视逆境

人在现实中生活，而客观现实又不以人的主观意志为转移，只能要求个人去充分认识和了解现实，适应和改造现实。这就要求高中生面对现实，把个人的思想、愿望和要求与现实社会统一起来。当然，高中生有权进行"自我设计"，但是这种设计绝不能偏离现实的轨迹，否则"自我设计"只能是空想。此外，高中生有时身处逆境也是不可避免的，如学习的困难、成绩的退步、班干部工作的辛苦、考试的失利、专业的限制、就业的艰难、同学间的摩擦、初恋的烦恼等。对此，高中生应鼓起勇气，培养自己遇事不乱、应付自如的心理品质。而要形成这种良好品质，必须热爱生活、热爱学习和工作，学会全面、客观地看问题，不斤斤计较，不以人之短比己之长，不好高骛远，要有随时都会遭遇困难、挫折的思想准备，要有善于调整自我与社会关系的能力。

4. 建立良好的人际关系

良好的人际关系既是心理健康的条件，又是心理健康的表现。良好人际关系的建立，不是靠逢迎谄媚，而是靠诚实友善、严于律己、乐于助人等高尚的品格。因此，高中生应在社会交往中锻炼自己的良好品质，要自信信人，自尊尊人，自助助人。妥善处理好人际关系，即处理好与父母、老师、同学、朋友、异性的关系，其中尤以朋友关系最为重要。

5. 劳逸结合，科学用脑

一定的学习压力可以激起高中生的学习兴趣，提高学习效率，对心理的健康发展大有裨益。因此，我们提倡勤于用脑。但是，过度用脑，则会使大脑的神经活动遭到破坏，导致心理疲劳，使智力下降、精神萎靡、失眠疲惫。心理疲劳的高中生不但完不成学习任务，而且严重妨碍心理的健康发展，所以不仅要勤于用脑，而且要科学用脑，做到劳逸结合。所谓科学用脑，是指让学生大脑的各种神经细胞依次交替活动，使大脑的兴奋和抑制过程平衡协调。为此，一要学会科学地安排一天的学习、工作和生活时间，学习时间最好控制在 10 小时之内；二要休息好，保证充足的睡眠；三要加强体育锻炼，积极参加课外活动，拓宽兴趣范围。这样，学习、生活有紧有松，生动活泼，便能更好地提高学习效率，保持身心健康。

6. 保持健康的情绪，掌握克服不良心境的方法

情绪是影响身心健康的重要因素，因此要身心健康就要保持健康的情绪，要做情绪的主人，不做情绪的奴隶，用理智的力量去抑制情绪的冲动。要及时疏导已形成的消极情绪，解除精神的压力。

7. 积极参加课外活动，丰富学习生活

中学生的课外活动内容丰富、形式多样，富有时代气息，是心理健康发展的场所之一。如参加各类社会实践活动，可以了解社会实际，为自己今后适应社会、接近社会奠定基础；参加科技兴趣小组的活动，可以充分发挥自己的潜能，激发广泛的兴趣，增强动手动脑的能力；参加琴棋书画、体育锻炼和郊游等活动，既可以陶冶人的情操，锻炼人的意志，扩大社交范围，形成开朗乐观的性格，又可以发展能力，缓解心理的紧张，释放多余的"能量"。事实证明，多才多艺的学生极少出现心理障碍。

📑 知识窗 9-3

人生观、价值观的含义及影响因素

人生观是人们对人生目的和意义的根本看法和态度。价值观是个体认定事物、辨别是

非的一种思维或取向。人们对于人生的看法和认识，归根结底凝结在一个人的价值观上。

影响青年人生观和价值观的因素主要有以下五个方面。

(1) 人生价值观的形成和发展受个体成熟因素的制约。这表现在它的形成需要必要的心理条件做基础，这些心理条件是：①思维发展达到抽象逻辑水平，辩证逻辑思维开始发展并逐步提高水平；②自我意识迅速发展，并逐步走向成熟的水平；③社会性需要和社会化达到趋于成熟的水平。这些条件都是人生问题进入意识领域不可或缺的前提。

(2) 价值观是在青年期的社会化过程中发展和形成的，它不可避免地受到各种社会因素的影响，但各种影响对个体价值观发挥作用的程度受到社会背景和文化条件的制约。

(3) 受家庭教育环境的制约。父母的人生观和价值观会在潜移默化中影响一个人对人生的看法和态度。

(4) 个体的自我调节因素。如与个人命运相关的突发事件等。个人的经历和生活经验也明显地影响着个体的理想和价值观念。

(5) 社会历史事件和个人遭遇的非规范性事件的影响。

十二、高中生常用的情绪疏导方法

(1) 释放。心中有烦恼、不痛快、伤心的事，不要闷在心里而要找有关的人、自己的朋友或亲人倾诉。即使他们找不出好的解决办法，自己说出来也是一种释放，于身心有益。长期压抑情绪，会使内心的体验变得更加强烈，从而有可能导致心理疾病。有这样一句名言：一份快乐两个人分享，就变成了两份快乐；一个痛苦两个人分担，就变成了半个痛苦。哭也是一种释放积聚能量、调整机体平衡的方式，所以在忧愁、烦恼时，大哭一场也未尝不可。

(2) 升华。升华是指个体遭受挫折后，把压抑于心里的情绪冲动转向社会许可的其他活动中去，使精神有所依托，获得新的、更高的精神满足。如德国作家歌德的小说《少年维特之烦恼》，画家达·芬奇的名画《蒙娜丽莎》都是他们失去爱情后情感升华的结果。高中生应把精力放在学习活动、集体活动、课外活动及体育锻炼上，使自己的精神世界在这些活动中达到更高的境界。

(3) 转移。转移是把注意力从消极的心理紧张和焦虑转向其他事物，以淡化或忘记那些令人不快的情绪反应。如心情不佳、忧愁郁闷或发怒时，最好去大自然中散散步，游览广阔无垠的大地；或是听听轻松愉快的音乐和相声；或是去看看喜剧电影、幽默漫画；或与人聊聊天；或去参加一些公益活动；或是逛逛街，买一件自己喜欢的小玩意儿；等等，均可以在一定程度上排遣一个人内心的不快。

(4) 幽默。幽默在保持心理健康上有着奇特的功效，它可以放松紧张的心理，解除被压抑的情绪，缓解人际间的紧张关系，摆脱尴尬难堪的困境，减轻焦虑、活跃气氛、冰释前嫌。幽默的方式有多种，如故意开玩笑，说一些幽默有趣的小故事或俏皮话，做一些滑稽好笑的动作，等等。但是，幽默并不一定都使人发笑，更多的则是启发人们思考。要使自己成为一个具有幽默感的人，高中生首先应培养自己乐观开朗的性格、坚强的意志，养成遇事不愁不恼的处事态度，树立起对学习和前途的坚定信念。其次要积极投身于具有创造性的学习和劳动之中，增长知识、提高修养、培养机智。

(5) 同情。同情可以解除人的消极情绪，化干戈为玉帛。因此，高中生应培养自己的爱心和同情心。当生活中有人触怒了你，只要你能体谅他人的处境，多从好处着想，认为事出有因，情有可原，就可以淡化自己的愤怒和不快的情绪。

(6) 自我安慰。自我安慰又称"酸葡萄"和"甜柠檬"效应。"酸葡萄"效应出自《伊索寓言》，是说饥饿的狐狸因吃不到树上的葡萄，便说葡萄是酸的，吃不到便以此安慰自己。它是人们得不到某物或不及某物而贬低此物的做法。如当我们未考上某重点学校时，便说这所学校也不怎么样，并可罗列一些不足；有的人因自己相貌一般，便自我安慰说：漂亮有什么用，又不能提高成绩或升学，诸如此类。"甜柠檬"效应与"酸葡萄"效应正好相反，它是对自己原本不满的事物大加赞赏，数其优点的做法。如考入一所普通高中，便大说特说其好处；分到楼下较暗的教室则力赞其安全方便；等等。自我安慰法看似消极、愚蠢，甚至可笑，但是它却可以在心里不安、苦恼时进行心理自卫，以求得心理的平衡。遇到挫折、产生苦恼时，不妨适当进行一些自我安慰，这对个体的心理健康有一定的"积极"意义。

📖 知识窗 9-4

一则教人如何发泄愤怒情绪的幽默故事

一天，美国前陆军部部长斯坦顿来到林肯那里，气呼呼地说一位少将用侮辱的话指责他偏袒一些人。林肯建议斯坦顿写一封内容尖刻的信回敬那家伙。

"可以狠狠地骂他一顿。"林肯说。斯坦顿立刻写了一封措辞强烈的信，然后拿给总统看。

"对了，对了。"林肯高声叫好，"要的就是这个！好好教训他一顿，真写绝了，斯坦顿。"

但是当斯坦顿把信叠好装进信封里时，林肯却叫住他，问道："你干什么？"

"寄出去呀。"斯坦顿有些摸不着头脑了。

"不要胡闹。"林肯大声说，"这封信不能发，快把它扔到炉子里去。凡是生气时写的信，我都是这样处理的。这封信写得好，写的时候你已经解了气，现在感觉好多了吧？那么就请你把它烧掉，再写第二封信吧！"

十三、高中生考试过度焦虑的原因

许多高中生在应试时都会受到情绪的困扰。事实上，适度的焦虑对于调动身心能量，积极投入复习和考试之中是有必要的。但是，过度的焦虑却起到相反的干扰和破坏作用。有的学生在考试前忧心忡忡，惶恐不安，精神萎靡，难以自控；有的在考场上焦虑过度，精神上往往产生一种无形的压力，造成行为的慌乱和失调，在较长的时间内难以将注意力集中到审题解题上，不仅无法保持正常的答题状态，面对平时能答的问题也会"束手无策"，严重的甚至会出现晕场的现象；有的在考试期间头晕、恶心、呕吐、食欲不振、失眠等。这些都是属于考试焦虑过度的表现，会直接影响考试效果，导致考试失败。

产生考试焦虑过度的心理机制比较复杂，原因主要有以下几点。

(1) 对考试缺乏正确而全面的认识。有些考生，过早地考虑考试结果，总是担心考不好怎么办，考不上怎么办，造成精神负担过重。

(2) 考前缺乏充分准备，对考试毫无把握。如果考前依照复习大纲，合理安排时间，认真复习，准备充分，胸有成竹，面对考试自然泰然处之，就不会产生过度焦虑的情绪。

(3) 人格因素。如气质抑郁、个性脆弱或自尊心太强，因而怕考不好丢面子，怕到一个陌生的考场，怕看见监考人员等，这些都会不由自主地产生应试焦虑及临场紧张。

(4) 生理原因。如体弱多病或考前身体欠佳，也容易出现过度焦虑。

十四、帮助高中生在考试前避免考试焦虑的方法

(1) 抛开各种杂念干扰，减少不必要的精神负担。作为学生，只要是在教师的指导下，平时认真学习，复习准备充分，就应该对自己充满信心。不要多想考试结果，不要老是想考不好怎么办。把时时困扰自己的问题换个角度加以分析，你或许会发现，那些曾经使你感到强烈的威胁，令人焦躁不安的因素，实际上并不存在，或者并没有那么可怕，它们只不过是被你想象出来的夸大的东西。当你生机勃勃地向它们宣战时，它们竟不攻自破了。观念上的转变，将使你振作精神，重获自信，把考试当作对自己的挑战，而不再是威胁。

(2) 提高对考试的适应性。例如，参加一些有针对性的模拟考试，熟悉考题类型、题量大小、答题要求等；考前到考场去走走看看，熟悉环境。这样可使自己在心理上对考试有个适应与缓冲的过程，降低考试时可能产生的焦虑。

(3) 注意劳逸结合，合理安排复习。

(4) 营造一个舒适的复习氛围。

(5) 保持乐观而自信的心境。

十五、高中生在考场上应对考试焦虑情绪的策略

(1) 自我激励法。坚信慌乱是可以克服的，树立定能考好的信心。配合用言语激励自己，如"我已做了充分准备""我一定可以考好"等，充分调动自控力战胜怯场。

(2) 言语暗示法。如反复地自言自语"我现在很镇定""我感到很轻松"等，可以在一定程度上抑制焦虑带来的神经紊乱。

(3) 闭目养神法。拿到考卷，不妨先闭目静坐一会儿，等到紧张心情缓和下来以后，再聚精会神答题。

(4) 专注思考法。即把全部精力专注到答题解题上，反倒会忘了紧张和恐慌。

(5) 其他方法。如深呼吸、默默数数等调节方法，只要对自己行之有效，均可使用。

十六、高中生应对考试的技巧

(1) 充分做好考前的准备工作，包括物质准备、知识准备、体能准备和心理准备等。

(2) 做好答卷前的前沿性事项。

(3) 全面浏览考题，统筹考试全局，主要是了解试卷的分量、题目的难易程度，确定答题的先后顺序和时间分配等。

(4) 审题要稳。答题前要细心，认真审题，明确题意和答题要求，以免答非所问或遗漏问题。

(5) 答题时，要处理好质量和速度的关系。

(6) 注意不同题型的解题策略，答题时既要考虑简明扼要，又要避免过于简单。

(7) 对试题答案无法确定的题目，要冷静分析、仔细推理，必要时可进行合理的猜测。

(8) 保持卷面工整美观，增加隐性得分的可能。

(9) 重视复查环节，把好最后一关。

(10) 科学把握时间，不必提前交卷。

十七、对高中生进行专业选择指导

可利用下列题目为高中生做职业倾向测评，有利于高中生做出正确的专业选择。

下面有两组选题共20道，请根据你的实际情况，做出"是"或"否"的选择。

第一组

1. 就我的性格来说，我喜欢同年龄较小而不是年龄大的人在一起。

2. 我想我心目中的伴侣应该具有与众不同的见解和活跃的思想。

3. 对于别人求助我的事情，总乐意帮助解决。

4. 我做事情考虑较多的是速度和数量，而不是在精雕细琢上下功夫。

5. 总之，我喜欢"新鲜"这个概念，如新环境、新旅游点、新朋友等。

6. 我讨厌寂寞，希望与大家在一起。

7. 我喜欢语文课。

8. 我喜欢改变某些生活惯例，使自己有一些充裕的时间。

9. 我不喜欢那些零散、琐碎的事情。

10. 假如我进入招聘员的经理室，经理抬头瞅了我一眼，说声"请坐"，然后就埋头阅读他的文件，不再理我，可我一看旁边并没有座位，这时我没有站在那里等，而是悄悄搬个椅子坐下来等经理说话。

第二组

1. 我很喜爱数学课。

2. 我看了一场电影、戏剧后，喜欢独自思考其内容，而不喜欢与别人一起讨论。

3. 我书写整齐清楚，很少写错别字。

4. 我不喜欢读长篇小说，喜欢读议论文或散文。

5. 业余时间我爱做智力测试、智力游戏类的题目。

6. 墙上的画挂歪了，我看着不舒服，总想方设法将它扶正。

7. 收音机、电视机出了故障时，我喜欢自己动手摆弄、修理。

8. 我做事情时总希望精益求精。

9. 我对一种服装的评价是看它的设计而不大关心它是否流行。

10. 我能控制经济开支，很少有"月初松、月底空"的现象。

评分规则

选择"是"记 1 分，"否"不记分，各题得分相加，分别计算两组得分。假设第一组得分为 A 分数，第二组得分为 B 分数。你的 A 分数为_____，B 分数为_____。

A＞B：你的思维活跃，善于与人交往。你喜欢把自己的想法让别人去实现，或者与大家共同去实现，适宜你的职业是记者、演员、推销员、采购员、服务员、人事干部、宣传机构的工作人员等。

B＞A：你具有耐心、谨慎、肯钻研的品质，是个精深的人。适宜选择编辑、律师、医生、技术人员、工程师、会计师、科学工作等职业。

A＝B：你具备 A、B 两类人的长处，不仅能独立思考，也能处理好人际关系。供你选择的职业包括教师、护士、秘书、美容师、理发师、各类管理人员(如科长、厂长、经理等)。

📖 知识窗 9-5

掌握选择职业的技巧

首先，做到三个了解。合理选择职业应做到了解自己、了解职业和了解社会。了解自己包括了解自己所受的教育、求职意愿、能力倾向、个性、健康、动力等；了解职业包括了解职业的内容、报酬、要求及合作共事者的特点等；了解社会包括了解社会需求量、竞争系数及社会的发展趋势等。

其次，把握四个准则。在正确职业价值观的指导下，选择职业时应把握四个准则，即择己之所爱、择己之所长、择己之所需和择己之所利。但在实际择业过程中会出现许多矛盾，这就要分清主次，进行科学决策。在对能力、兴趣与满足需要三者考虑的权重上，应以能力是否胜任为前提；在能力与兴趣一致的情况下，职业价值应与社会现实统筹考虑，应从可能谋求的职业中选择那些能满足心理期望的职业。

参 考 文 献

[1] 顾晓鸣. 家庭教育指导师培训教程[M]. 青岛：中国海洋大学出版社，2008.

[2] 刘梅，王芳. 儿童发展心理学[M]. 3版. 北京：清华大学出版社，2021.

[3] 李中莹. 亲子关系全面技巧[M]. 北京：中国华侨出版社，2013.

[4] 刘梅. 儿童问题的心理咨询及行为矫正[M]. 北京：九州出版社，2002.

[5] 刘金花. 儿童发展心理学[M]. 上海：华东师范大学出版社，2005.

[6] 詹姆斯·卢格. 人生发展心理学[M]. 陈德民，周国强，罗汉，等译. 上海：学林出版社，1996.

[7] 刘国权. 小学教育心理学[M]. 北京：人民教育出版社，2004.

[8] 杰弗里斯·麦克沃特. 危机中的青少年[M]. 寇彧，等译. 北京：人民邮电出版社，2009.

[9] 孟昭兰. 婴儿心理学[M]. 北京：北京大学出版社，2005.

[10] 罗伯特·费尔德曼. 发展心理学：人的毕生发展[M]. 4版. 苏彦捷，译. 北京：世界图书出版公司，2007.

[11] 谢弗，等. 发展心理学：儿童与青少年[M]. 邹泓，等译. 北京：中国轻工业出版社，2005.

[12] 冯利. 心理健康教育[M]. 北京：机械工业出版社，2007.

[13] 黄希庭. 中学生心理健康[M]. 北京：新华出版社，1999.

[14] 王敬群，邵秀巧. 心理卫生学[M]. 天津：南开大学出版社，2007.

[15] 邹小兵，等. 发育行为儿科学[M]. 北京：人民卫生出版社，2005.

[16] 张雅楠，杜进勇. 最新孕育知识指南[M]. 天津：天津科技翻译出版公司，2006.

[17] 爱睿. 胎儿发育与胎教[M]. 哈尔滨：黑龙江科学技术出版社，2005.

[18] 林崇德. 发展心理学[M]. 杭州：浙江教育出版社，2009.